高等院校物流管理与工程类专业创新应用型人才培养立体化系列教材

物流服务运作与创新
（第2版）

刘伟华 刘希龙 编著

清华大学出版社
北京

内 容 简 介

本书全面、系统地讲解物流服务运作与创新的有关理论、思想和方法体系,从基础篇、运作篇和创新篇三个方面进行了系统的阐述,既有理论方法的描述,又有运作技术和案例的详细说明,是一本集系统性、创新性和实用性于一体的物流服务运营管理专业教材。

本书适合用作物流管理专业、物流工程专业的本科生教材,也可以满足工商管理专业、物流管理专业、物流工程专业的研究生及 MBA、EMBA 的教学需要,对物流与供应链管理领域的管理人员和技术人员也有一定的帮助。

本书封面贴有清华大学出版社防伪标签,无标签者不得销售。
版权所有,侵权必究。举报: 010-62782989,beiqinquan@tup.tsinghua.edu.cn。

图书在版编目(CIP)数据

物流服务运作与创新/刘伟华,刘希龙编著. —2 版. —北京:清华大学出版社,2023.10
高等院校物流管理与工程类专业创新应用型人才培养立体化系列教材
ISBN 978-7-302-64554-2

Ⅰ. ①物… Ⅱ. ①刘… ②刘… Ⅲ. ①物流管理—高等学校—教材 Ⅳ. ①F252.1

中国国家版本馆 CIP 数据核字(2023)第 167109 号

责任编辑:吴梦佳
封面设计:常雪影
责任校对:刘　静
责任印制:曹婉颖

出版发行:清华大学出版社
网　　址:http://www.tup.com.cn,http://www.wqbook.com
地　　址:北京清华大学学研大厦 A 座　　邮　编:100084
社 总 机:010-83470000　　邮　购:010-62786544
投稿与读者服务:010-62776969,c-service@tup.tsinghua.edu.cn
质量反馈:010-62772015,zhiliang@tup.tsinghua.edu.cn
课件下载:http://www.tup.com.cn,010-83470410

印 装 者:北京同文印刷有限责任公司
经　　销:全国新华书店
开　　本:185mm×260mm　　印　张:15.25　　字　数:367 千字
版　　次:2017 年 9 月第 1 版　2023 年 10 月第 2 版　　印　次:2023 年 10 月第 1 次印刷
定　　价:48.00 元

产品编号:099736-01

序 一

近年来,全球经济发展进入深度调整期,我国经济开始进入新常态。党中央、国务院重视物流业发展,物流业的产业地位显著提升。2014年,国务院出台了《物流业发展中长期规划(2014—2020年)》,将物流业定位于支撑国民经济发展的基础性、战略性产业。在经济平稳较快增长和发展环境持续改善的推动下,我国物流业取得了新的进展:行业兼并重组、战略联盟异军突起,跨界融合、供应链整合风起云涌;满足消费需求的快递、电商、冷链物流保持高速增长,产业物流加快转型升级;快递、快运等领域掀起"上市潮",供给结构适应性显著增强;以"互联网+高效物流"为标志的"智慧物流"加速起步,催生了一批新模式、新业态、新技术;无车承运人试点启动,线上与线下加速融合;车联网、自动仓库、无人机送货、智能快递柜、仓储机器人等先进技术装备推广应用,我国物流企业的整体竞争力正快速提高。

在物流产业发展浪潮的推动下,物流服务的运作与创新管理问题日益受到物流企业的重视。本书的作者刘伟华和刘希龙都是我的博士生,二人合作开展了物流服务运作与创新的专题研究,并在深化研究基础上提炼形成了适合本科生与研究生学习的教材。本书共有三篇,分别是基础篇、运作篇和创新篇:基础篇对现代物流的基本概念、利润空间、企业组建和政策环境等运营管理所必需的载体和外部环境等问题进行了阐述;运作篇则对物流企业运营管理的基本方法、业务模式设计和服务改进问题进行了系统的介绍;创新篇则对供应链服务运作管理与创新、"互联网+"下物流服务运作创新、变革视角下的物流服务运作创新等进行了有益的探索。通过三篇的论述,可以让读者深刻了解物流服务运营管理的核心内容和关键方法,并对物流服务创新的趋势有更前瞻性的了解。

本书突出强调了以下三个方面的创新:一是充分结合高年级本科生和研究生教材使用的特点,注重对相关理论知识的寻根溯源,将相关的理论给读者娓娓道来,同时对一些物流运营的理论进展也进行了论述,使得书稿更适合高年级本科生和研究生阅读;二是充分注重书稿的可读性,在全文中添加开篇案例、教学案例以及课后案例,使全文更加生动;三是注重趋势性引导,在创新篇中既突出服务创新的原理和典型模式,也突出服务创新的趋势性分析,有助于学生对物流产业发展趋势有深刻的理解与认识。

本书是刘伟华教授和刘希龙博士合作的结果。他们发挥各自特长,从不同的视角对物流企业运营进行了审视与总结,把学术理论与企业实践相结合,写出了这本值得推荐的好书。基于他们多年来对物流企业运营的观察与总结,本书不仅适合广大从事物流相关专业的本科生和研究生阅读,也适合广大物流企业管理者阅读与参考。

愿本书的出版能对学界与企业界有实实在在的帮助,引导人们从一个新的角度去理解和管理物流服务,也期待中国的物流企业运营管理迈上新的台阶。

上海交通大学　安泰经济与管理学院

季建华　教授

2017 年 4 月于上海

序 二

刘伟华和刘希龙这两位管理学博士同师出上海交通大学季建华教授门下。十几年来,一位在学界辛勤耕耘,另一位在政界默默奉献。他们结合各自工作实际,运用深厚的理论功底,"连天""接地",上下求索,不断有物流服务方面的新作问世。早在2009年,二人出版了专著《服务供应链》,系统阐释了相关理论。可以说,"二刘"已经在这一研究领域取得了"一流"的研究成果。

后来,刘伟华出国访学,回国后升任博士生导师,并当选为中国物流学会最年轻的副会长;而刘希龙赴广西挂职锻炼,深入企业调研,在政府现代物流工作管理部门业绩突出,积累了丰富的经验。可喜的是,两位年轻人在繁忙的教务和政务之余依然笔耕不辍,向研究的深度和广度进军。最近,两位又写出了适合高年级本科生和研究生使用的教材《物流服务运作与创新》。本书成稿之际,受二人委托,我有幸先睹为快并为之作序,这也是我第二次担此重任。而欣然应允之后我又诚惶诚恐,生怕当了"歪嘴和尚"。一来自己对物流服务运作缺乏系统研究,二来对本书的立意和精髓的理解尚不深入。只好根据本人的粗浅认识,先做一个"开场白"。

物流服务运作与创新是物流产业发展进步的助推器,离不开物流产业地位的确立和提升。2006年《中华人民共和国国民经济和社会发展第十一个五年规划纲要》确立了物流的产业地位,2014年国务院出台的《物流业发展中长期规划(2014—2020年)》将物流业明确为"基础性、战略性"产业。过去的10年是物流业产业地位确立并逐步提升的10年,也是加速结构调整、动能转换,补短强基、提质增效的10年。与10年前相比,我国社会物流总额由2006年的59.6万亿元扩大到2016年的230万亿元;社会物流总费用与GDP的比率由2006年的18.3%下降到2016年的14.9%。在此期间,高速发展的中国物流业新旧矛盾交织,多重困难叠加,新模式、新技术、新业态大量涌现,物流服务运作的新模式、新方法和新格局层出不穷。这也成为本书丰厚的"土壤"和不竭的"源泉"。

物流服务运作与创新是物流企业降本增效的有力"抓手",离不开企业的深入实践与系统总结。近年来,我国物流企业顺应国家"互联网+"战略部署,深入开展理念创新、业态创新、模式创新、技术创新,全面推进互联网与传统产业深度融合。物流行业的兼并重组、战略联盟异军突起,跨界融合、供应链整合风起云涌,物流运营模式研究日益受到关注。这些模式与方法既有鲜明的时代背景与企业烙印,也需要理论工作者系统提炼和总结。

物流服务运作与创新是物流企业响应市场需求的必然选择,离不开企业的应用、推广与提升。随着我国经济进入"新常态",增速变化、结构优化以及动能转化,将为物流市场需求带来深刻影响,新的物流服务运营模式在实践中不断得到应用与提升。尤其是在农业现代化、"中国制造2025"、流通业变革、三次产业结构变化、城镇化及消费升级等新的背景下,物流服务创新的步伐越来越快,物流服务运营的科学规律也在不断演化与发展。

作为对当前我国物流服务运作与创新的系统总结与提炼,本书思路清晰、结构严谨、富有新意,通篇活跃着"创新"的元素;从实践案例的剖析来看,实践性、针对性和可操作性显而易见,"鲜活"的场景跃然纸上。全书注重高年级本科生和研究生教材的特点,突出对相关理论知识的追根溯源,并强调对服务创新的趋势性引导分析,有助于学生深化对物流服务发展前沿理论的理解与认识。同时,本书也可为对此问题感兴趣的产学研各界同仁提供参考借鉴。

物流服务运作与创新是一个持续发展与动态演进的过程,也是物流业发展"永恒的主题",需要物流实践和理论工作者长期不懈的努力。刘伟华和刘希龙两位博士为我们开了个好头。希望他们认准目标,持之以恒,百尺竿头,更进一步。同时期待有更多的物流学者、企业家身体力行,不断推进我国物流服务运营理论与实践的创新,以"创新"引领和推动我国由"物流大国"向"物流强国"迈进。

中国物流与采购联合会副会长
中国物流学会执行副会长
2017年4月于北京

前言

进入"十三五"以来,我国物流业以习近平新时代中国特色社会主义思想为指导,以供给侧结构性改革为主线,不断开创发展新局面。物流市场规模保持稳定增长,需求结构不断优化,运行效率有所提升;综合交通运输体系和物流节点网络融合发展,基础设施条件大为改善;全国 A 级物流企业总数不断增多,电商、快递、快运、汽车、冷链等细分领域出现了一批规模实力较强、引领带动作用较大的领军企业;以智慧物流、供应链创新、多式联运、网络货运等为标志的新技术、新模式、新业态逐渐推广应用。

党的二十大报告中明确提出:从现在起,中国共产党的中心任务就是团结带领全国各族人民全面建成社会主义现代化强国、实现第二个百年奋斗目标,以中国式现代化全面推进中华民族伟大复兴。现代化强国的发展以现代经济为支撑,需要现代交通和现代物流加持。而现代经济要高效发展,离不开现代供应链的集成管控与优化,因此,必须要充分重视现代物流与现代供应链的发展。

2021 年是"十四五"开局之年,也是党和国家历史上具有里程碑意义的一年。2021 年,中国制造业采购经理指数(PMI)均值为 50.5%,高于前两年水平,经济复苏带动物流需求增长。全国社会物流总额达 335.2 万亿元,同比增长 9.2%,高于 GDP 增速 1.1 个百分点。全年物流业景气指数平均为 53.4%,维持在景气水平。2021 年,物流企业和个体工商户等物流市场主体超过 600 万家,就业人数超过 5 000 万人。其中,A 级物流企业接近 8 000 家,规模型 5A 级企业超过 400 家。与此同时,物流服务创新步伐明显加快。2021 年,习近平总书记提出"大力发展智慧交通和智慧物流",物流行业数字化转型提速。截至 2021 年年底,全国共有 1 968 家网络货运企业,整合社会零散运力 360 万辆,全年完成运单量近 7 000 万单,平台经济焕发新生机。物联网、云计算、大数据、人工智能、区块链等新一代信息技术与传统物流相融合。无接触配送机器人投入生活物资保障,自动驾驶卡车在港口、矿山等物流场景加快商业化落地,全国第一条常态化大型货运无人机专用航线开通,数字物流仓库大幅提升周转效率,海运行业"全球航运商业网络"(GSBN)区块链联盟正式运营,科技创新对物流产业升级的引领带动作用持续增强。

正是有感于这个快速变化的时代,编著者在 2017 年出版了《物流服务运作与创新》,然而,伴随着物流业改革步伐的不断加快,新技术、新模式的不断兴起,物流服务运作与创新也在不断升级。在近五年的本科生和研究生教学中,编著者深刻地体会到物流运作理论和案例正面临快速的变化,传统的物流服务运作方法虽然仍具有较好的使用价值,但产业界不断涌现的模式与方法已经无法满足教学要求,一些经典的物流服务案例也需要在新的时代环境下进行必要的更新，以更好地适应读者的需求。因此，迫切需要将书稿进行必要的更新，以分享给广大的读者。

此次再版仍然基于阶梯式提升的思想，本书共分为基础篇、运作篇和创新篇，篇章的知识要求与能力要求也不断提高。本次改版主要体现在以下三个方面：一是立足中国国情和实践，更新了绝大部分案例，收集了许多对物流行业和物流企业发展有用的资料；二是更新了部分前沿的物流服务模式，凸显新的时代变化，如增加了章节"5.3.4 基于平台的物流增值服务设计"和"7.4 供应链平台服务创新"，对"智慧物流服务模式创新"部分也进行了全面的更新；三是增加了课程设计内容，便于教师更好地使用本书。

本书共7章：第1章现代物流的核心内涵和基本运作模式，是导论内容；第2章现代物流服务的利润空间和物流政策环境，是物流服务运作的基础；第3章现代物流企业的组建方式及其经营管理，介绍物流服务运作的必要条件；第4章现代物流企业运营管理，介绍服务运作流程设计和服务方案设计；第5章现代物流服务创新与转型方法，介绍物流服务创新的理论、模式和方法；第6章物流服务——从经营走向精营，介绍物流服务的新理念及其实践；第7章供应链服务运作管理与创新，重点介绍供应链服务五大经典模式。此外，第8章"互联网＋"下物流服务运作创新和第9章智慧物流服务运作与创新，介绍了在新技术、新业态和新模式下的物流服务创新的发展趋势，由于篇幅限制，这两章内容以二维码形式展示，感兴趣的读者可扫描前言下方的二维码获取相关内容。

本书撰稿在过程中，中国物流与采购联合会贺登才副会长、国家发展和改革委员会卫勇处长、上海交通大学安泰经管学院博士生导师季建华教授、西安交通大学管理学院院长冯耕中教授、中国物资储运协会姜超峰会长、天津德利得公司物流总监恽绵、管理学界和物流领域的许多前辈和专家，给予编著者极大的支持，并提出许多指导性意见。

本书是多年物流服务运营管理本科生课程和研究生课程的教学结晶，书稿第1版作为天津大学"物流服务管理"本科生课程的主要教学用书，该课程已于2021年获批天津一流本科课程。2022年1月，本书获评天津大学研究生求是教材奖一等奖。这些荣誉的获得是推动本书不断完善的动力。在本次书稿修编的过程中，天津大学研究团队中的袁超伦、陈之璇、高培源、刘婷婷、高永正、曹悦男、张竞文、刘羽菲、曾勇明等同学都作出了重要的贡献，本书的出版更是团队协作的成果。在此，对大家的奉献表示诚挚的谢意！

本书在写作过程中参考了许多国内外同行的著作和文献，引用了部分资料，特向这些作者表示感谢。

希望本书能够成为学生以及社会各界关注中国物流服务运作和创新的重要参考书。本书不仅适合用作物流管理专业、物流工程专业的本科生教材，也可以满足工商管理专业、物流管理专业、物流工程专业的硕士研究生及MBA、EMBA的教学需要，对物流与供应链管理领域的管理人员和技术人员也有一定的帮助。

本书的出版得到了国家社科基金重大项目"智慧供应链创新与应用研究"（项目编号：18ZDA060）、科技部国家重点研发计划"智慧物流管理与智能服务关键技术"子课题（项目编号：2018YFB1601401）、国家自然科学基金项目（项目编号：71372156、71672121）、天津大学研究生创新人才培养项目资助（项目编号：YCX16018）等大力支持，并被列为天津大学研究生示范教材，在此一并表示感谢。

物流服务运作与创新是一个全新而富有挑战的研究领域,各种新生的问题不断涌现。由于研究资料、数据和时间的限制,以及研究视角的选取等,本书存在不足之处,敬请各位读者批评、指正和不吝赐教。

刘伟华　刘希龙

2023 年 5 月

第 8 章　"互联网+"下物流服务运作创新

第 9 章　智慧物流服务运作与创新

课程设计之一:S 地铁公司物资库存研究

课程设计之二:H 公司 M 物资供应链异常分析与处理策略研究

目 录

第1篇 基 础 篇

第1章 现代物流的核心内涵和基本运作模式 ………………………………… 2
 1.1 现代物流的概念 ……………………………………………………… 3
 1.2 现代物流与传统物流的区别 ………………………………………… 5
 1.3 现代物流的特征与发展趋势 ………………………………………… 5
 1.4 物流服务运作的概念与特点 ………………………………………… 11
 1.5 物流服务运作的基本模式 …………………………………………… 18
 1.6 物流服务运作模式的选择 …………………………………………… 25

第2章 现代物流服务的利润空间和物流政策环境 …………………………… 32
 2.1 德鲁克的物流观 ……………………………………………………… 34
 2.2 物流服务的利润空间 ………………………………………………… 34
 2.3 物流服务模式设计 …………………………………………………… 40
 2.4 政府的物流政策选择 ………………………………………………… 45

第3章 现代物流企业的组建方式及其经营管理 ……………………………… 52
 3.1 现代物流企业的主要业务取向 ……………………………………… 53
 3.2 现代物流企业的组织架构和职责 …………………………………… 58
 3.3 现代物流企业的人力资源协调 ……………………………………… 62
 3.4 现代物流企业的行政管理协调 ……………………………………… 66
 3.5 现代物流企业经营行为监督与经营管理 …………………………… 68

第2篇 运 作 篇

第4章 现代物流企业运营管理 ………………………………………………… 76
 4.1 服务运营管理的基本理论 …………………………………………… 77
 4.2 典型物流业务运作流程设计 ………………………………………… 81
 4.3 物流服务方案的基本构成 …………………………………………… 84

4.4　物流运作方案的详细编制……………………………………………………… 86
　　4.5　服务供应链管理环境下的扩展型物流企业管理………………………………… 88

第5章　现代物流服务创新与转型方法…………………………………………………… 96
　　5.1　服务创新的基础理论…………………………………………………………… 97
　　5.2　物流服务创新的基本理论和概念框架………………………………………… 102
　　5.3　物流增值服务的设计与服务技巧……………………………………………… 115
　　5.4　物流服务创新实践案例分析…………………………………………………… 127
　　5.5　现代物流服务的技术创新研究………………………………………………… 133
　　5.6　物流企业如何开展服务转型…………………………………………………… 137

第6章　物流服务——从经营走向精营………………………………………………… 145
　　6.1　新服务与新理念………………………………………………………………… 146
　　6.2　服务是本难念的经……………………………………………………………… 155
　　6.3　服务——从经营走向精营……………………………………………………… 156
　　6.4　怎样做到精营服务……………………………………………………………… 167

第3篇　创　新　篇

第7章　供应链服务运作管理与创新…………………………………………………… 174
　　7.1　供应链服务的兴起与内涵分析………………………………………………… 175
　　7.2　供应链服务的五大经典模式…………………………………………………… 182
　　7.3　供应链金融服务创新…………………………………………………………… 189
　　7.4　供应链平台服务创新…………………………………………………………… 206
　　7.5　供应链服务发展趋势…………………………………………………………… 214
　　7.6　智慧供应链服务创新…………………………………………………………… 215

参考文献……………………………………………………………………………………… 231

第1篇

基 础 篇

第 1 章

现代物流的核心内涵和基本运作模式

学习目的

- 增进对我国现代物流服务运作新发展方向的认识;
- 了解现代物流的基本概念;
- 理解现代物流与传统物流的区别;
- 了解现代物流的特征与发展趋势;
- 了解物流服务运作的概念与特点;
- 掌握物流服务运作的基本模式;
- 掌握物流服务运作模式的选择。

第 1 章微课

案例 1-1

日日顺物流的现代物流发展之路

成立于 1999 年的日日顺物流在把握机遇的过程中,逐步提升自己的核心竞争力。日日顺从企业物流到物流企业再到平台企业的转型发展过程中,凭借着优秀的企业管理经验、核心企业文化、与时俱进的物流理念以及先进的物流技术创新,辅之以核心的网络优势,搭建起了"以大件物流为核心"的综合物流服务平台,并逐步向专业化、标准化、智能化迈进。在此发展过程中,日日顺物流不断优化用户体验,依托四网融合的核心竞争力(即仓储网、配送网、服务网、信息网),为客户提供全品类、全渠道、全流程的极致体验式物流服务,打造优秀的供应链管理一体化服务解决方案。

日日顺物流通过开放的智慧物流平台,以居家大件物流专业的场景解决方案,赋能家电、家居、健康、出行等行业用户乃至其他物流服务商,为各行业的生态伙伴提供智慧供应链支撑,成为平台级"新基建"的参与者。近年来,日日顺展现出了供应链快速协同能力,释放"新基建"效益。日日顺物流将自身在智慧供应链方面的能力和对用户需求的理解,赋能生态合作伙伴,实际上是为多个产业提供平台型基础设施。正如日日顺物流总经理于贞超所说:"各行业企业都在推动智能化、数字化转型,日日顺物流基于消费者的全流程物流配送体验迭代,通过整合人工智能、大数据、云计算、5G 等核心技术,把从工厂到用户的全链条打通,实现消费者诉求在整个供应链体系的无缝对接。"例如在出行方面,2020 年 2 月日日顺物流与雅迪电动车联合推出"先预约、再消毒、无接触"的特殊时期物流保障计划,用户能顺利收货。

（案例来源：A5 创业网."场景＋智慧＋平台"日日顺物流解码"新基建"[EB/OL]. (2020-06-19). https://www.admin5.com/article/20200619/957238.shtml. ）

1.1 现代物流的概念

物流一词和人类有史以来的战争是紧密相连在一起的，最早指搬运和调度兵力、装备、物资及供给。这些历来是决定交战双方胜负的关键因素。其实物流一词就是来自法语 Logistique 一词，意指拿破仑军队中的一种官职，其责任是为部队寻找住所，为战马等牲畜供给饲料。后来，物流应用逐渐演变为物资的物理性运动，大多数是指物资从生产地到消费地的运动。从这种意义上讲，物流活动自古有之，并随着生产发展而不断演进（卢山等，1998）①。

物流的产生是社会生产力和科学技术进步的共同结果：活动区域的不断扩大，地域间资源差异造成的交流需求，使得物流成为连接生产力、生产系统以及经济、经济系统不可缺少的组成部分。作为商品交换的媒介，商业的产生和发展不仅造就了物流这样一个新兴的、独立的行业，也对社会经济生活产生了十分深远的影响。在社会化大生产的条件下，生产者所需的原材料要通过一定的方式进入生产流程，经营者所购的商品要通过一定的途径到达消费环节，这就有了产生物流的经济动因。长期以来，人们将物流视作产销过程中必不可少的环节。想要实现生产过程的连续，完成从商品到货币的转换，物流环节不可或缺。

虽然物流业在很早以前就产生了，但是它在以往的商业活动中扮演着默默无闻的角色，并没有引起社会和企业界过多的关注，所以物流的发展较为缓慢。随着现代企业经营管理理念的发展，以及电子商务的兴起，企业界迅速将注意力转移到物流业，第三方物流蓬勃发展，现代物流业进入高速发展的黄金时期。

各国家物流的起源与发展历程各不相同，物流活动的特点与方式也有所不同。因此对物流活动的定义也各有侧重。美国学界对物流概念的研究最早可以追溯到 1901 年，约翰·F. 克罗韦尔（John F. Crowell）首先研究了物流问题，而后经过学者们的不断研究与拓展，最终形成了较为完整的理论体系（见表 1-1）。

表 1-1 美国学界对物流概念的研究过程

时间	定义的内容	备注
1901 年	约翰·F. 克罗韦尔（John F. Crowell）首先研究了物流问题，他在为美国政府提供的《行业协会关于农产品配送报告》中的第一部分研究了影响农产品配送成本的因素	
1905 年	美国昌西少校琼西·贝克（Major Chauncey B. Baker）提出"与军备的移动和供应相关的战争艺术的分支就叫物流"	

---

① 卢山，姜秀山，张文杰. 论物流概念的发展及内涵[J]. 物流技术，1998(6)：129-131.

续表

时间	定义的内容	备注
1915年	阿奇·肖(Arch Shaw)在1915年哈佛大学出版社出版的《市场流通中的若干问题》一书中说道,"物流是与创造需求不同的一个问题,是为了计划、执行和控制原材料,使在制品库存以及产成品从起源地到消费地能够有效率的流动而进行的两种或多种活动的集成"	
1935年	物流是包含于销售中的物资资料和服务与从生产地到消费地的流动过程相伴随的各种活动	由美国营销协会提出
1931—1945年	在第二次世界大战期间,美国海军因为军事需要提出实物配送理论,即对于军事物流的供应实行后勤管理,并取得显著成效。随后,美国社会开始出现后勤管理,并在企业中逐渐演变为流通后勤	
20世纪50年代	美国唐纳德·J.鲍尔索克斯(Donald J. Bowersox)提出了物流模型	
1963年	物流是为了计划、执行和控制原材料、在制品库存及产成品,从原产地到消费地的有效率的流动而进行的两种或者多种活动的集成,这些活动包括但不限于顾客服务、需求预测、交通、库存管理、物料搬运、订货处理、零件与服务支持、采购、包装等	美国实物配送管理协会(NCPDM)提出
1986年	物流是对于货物、服务以及相关信息从起源地到消费地的有效率、有效益的流动和存储进行计划、执行和控制,以满足顾客需求的过程。包括进向、去向、内部和外部的移动以及以环保为目的的物料回收	1986年美国实物配送管理协会更名为美国物流管理协会(CLM)
1992年	物流是以满足客户需求为目的,对产品、服务以及相关信息从供应地到消费地的高效率、低成本的流动和存储而进行的计划、执行和控制	美国物流管理协会修改
1998年	物流是供应链过程的一部分,是对于货物、服务及相关信息从起源地到消费地的有效率、有效益的流动和存储进行计划、执行和控制,以满足顾客需求	
2003年	物流管理是供应链管理的一部分,是对于货物、服务及相关信息从起源地到消费地的有效率、有效益的正反向流动和存储进行计划、执行和控制,以满足顾客需求	

除了美国物流概念的研究,1994年欧洲物流协会(European Logistics Association, EIA)发表《物流术语》,将物流定义为:物流是在一个系统内对人员和商品的运输安排及对与此相关的支持活动进行计划、执行和控制,以达到特定目的。

2001年8月,我国正式颁布实施了中国国家标准——《物流术语》(GB/T 18354—2001)。其中对物流给出明确的定义:物品从供应地向接收地的实体流动过程。根据实际需要,将运输、存储、装卸、搬运、包装、流通加工、配送、信息处理等基本功能实施有机结合。2021年正式修订实施的《物流术语》(GB/T 18354—2021)基本沿用了上述定义:根据实际需要,将运输、储存、装卸、搬运、包装、流通加工、配送、信息处理等基本功能实施有机结合,使物品从供应地向接收地进行实体流动的过程。

如何理解现代物流的内涵呢?从某种角度上来说,现代物流是将运输、仓储、库存、装卸搬运、包装以及信息等物流功能综合起来的一种新型的集成式管理活动,其任务是尽可能降低物流的总成本,为顾客提供最好的服务。现代物流是在传统物流的基础上,利用新的信息技术手段如云计算、大数据、互联网等,对物流信息进行科学管理,从而使物流速度加快,准确率提高,最终达到减少库存、降低成本的目的,增强物流活动的透明度,延伸并扩大了传统的物流功能。

1.2 现代物流与传统物流的区别

物流能够克服时空差异,连接供给和需求,并且实现物的价值。现代物流一般包括运输、仓储、包装、装卸搬运、流通加工、配送、信息服务等环节的经济活动,相对于传统的仓储和运输等单独运行的物流环节而言,现代物流强调各种仓储、运输方式的系统集成,打破了运输环节独立于生产环节之外的行业界限,突出了定制化服务的内容。

传统物流一般指产品出厂后的包装、运输、装卸、仓储,而现代物流提出了物流系统化管理的概念,并付诸实施。以企业物流为例,就是使物流活动的范围向上下游两端延伸,从采购物流开始,经过生产物流,再进入销售物流,使企业的物流活动与社会化物流活动有机结合在一起。可以这样说,现代物流包含了产品从"生"到"死"的整个物理性的流通全过程,需要对整个物流活动进行全面的管理。

传统物流与现代物流的区别主要表现在以下几个方面。

(1) 传统物流只是提供物品的简单位移,不会在这一过程中改变物品的状态属性等,现代物流则能够在实现物品空间价值的基础上,在流通过程中进行必要的加工,增加其服务的附加价值。

(2) 传统物流的服务是被动性质的,是响应客户需求,现代物流所提供的服务则是主动性质的,往往是跟进并引领客户需求。

(3) 传统物流的服务往往不具有统一的标准,同一类型的服务过程不可复制,现代物流则更加注重服务的规范化和标准化,所提供的服务内容可以重复实施。

(4) 传统物流在实施过程中更多地依靠人为把控,现代物流则利用先进技术将服务信息化,从而实现信息化和透明化管理。

(5) 传统物流侧重的是点到点或线到线的服务,而现代物流注重构建服务网络,通过网络的规模化运作来提升运作效率,降低服务成本。

(6) 传统物流是单一环节的管理,现代物流则更加注重整体性,强调不同物流服务要素的可集成性,利用全局思维对服务进行优化和改进。

1.3 现代物流的特征与发展趋势

随着现代商业市场经济的不断发展,现代物流表现出许多发展特征,接下来将从服务特征、管理特征、经济特征三个维度展开讨论。

1.3.1 现代物流服务特征

现代物流的发展越来越强调服务的特性。如何更好地满足客户的需求,是所有现代化运作的物流企业必须考虑的问题。如果将客户的需求分为显性的需求和隐性的需求,那么满足显性的需求的过程就是实现运输、仓储等物流基本环节的过程,而想要满足隐性的需求,则需要站在客户的立场,深入挖掘服务过程,想方设法为客户提升服务的附加价值,从而达到甚至超过客户预期,使客户满意。由此,物流服务将变成新的盈利增长点。现代物流服务具有以下特征。

1. 物流服务的多元化与多样化

俗话说,不要把所有的鸡蛋放在同一个篮子中。从某种角度上这句话便能够解释物流服务的多元化转变。物流企业进行业务多元化发展,扩展服务范围,能够增加盈利点,提高企业的盈利能力。同时,服务范围的扩大,也能使企业为客户提供服务组合,增强客户服务的定制性和可选择性,赋予客户更多的主动权。但同时需要注意的是多元化带来的风险,可能导致企业资源分散,注意力不集中,影响服务质量。

案例 1-2

顺丰实施多元化战略

顺丰通过实施多元化转型,使得企业的战略布局不再局限于快递物流领域,而是将触角逐渐延伸至商业和金融领域,提高了经营的灵活性、整体性和协同性。

在物流领域,顺丰提供的物流产品不断创新,其服务范围和服务种类不断增多,充分满足客户的个性化需求。其提供的物流服务包括时效产品、同城产品、快运产品、冷运产品、医药产品、经济及仓储产品、国际产品和增值服务。在商业领域,顺丰的布局并不顺利,包括顺丰优选、"嘿客"等探索与尝试,由于缺乏专业的管理经验和清晰的布局定位,成效有限。目前,主要是顺丰优选网上商城与优选门店协同发展,以保持商业领域线上线下品牌发展的一致性。在金融领域,顺丰金融提供的业务主要包括信贷业务、金融科技与综合支付,依托主营业务,满足客户差异化、多元化、一体化的资金配置需求,为用户提供"物流+金融"综合方案。

(案例来源:郭倩."互联网+"下传统物流企业战略转型研究[J].合作经济与科技,2020(8):146-147.)

2. 物流服务的专业化和综合化

专业化的服务是指在某一个特定的服务上拥有很强的服务能力。综合化的服务是指物流企业能够提供多样化服务,满足综合性的服务需求。专业化和综合化是现代物流企业的发展方向。随着供需双方合作不断加深,服务模式的日趋完善,专业化的物流企业更加注重按照客户供应链的布局实施个性化的物流资源配置,提供个性化的物流解决方案。综合化的物流企业则更好地满足网络化和多元化的物流服务需求。

案例 1-3

京东供应链的综合化战略

京东一体化供应链物流服务既可以提供贯穿供应链战略到执行的解决方案,又可以提供从方案到网络再到运营的一体化落地支撑。物流服务方案涉及多个行业,包括针对3C行业的数字化集成供应链解决方案工业协同物流模式、针对快消行业的智能化园区全渠道多场景一盘货的模式、针对家电家居领域的渠道数字化变革仓干支装全链服务模式、针对汽车领域的为汽车企业提供售后备件国内国际一体化服务等。2021年8月,京东物流通过一体化供应链物流解决方案为沃尔沃汽车全国售后供应链进行改造服务。依托京东物流在库存布局、智能分析等方面专业的管理模式和信息系统,沃尔沃汽车实现了配送物流全链路的数据生产透明化、可视化,提升了整个供应链条的周转效率与决策智能化水平,配件仓库也由原来的4仓变成8仓,超半数经销商从中受益。

(案例来源:腾讯网.京东物流:一体化供应链物流服务助产业升级推动高质量发展[EB/OL].(2021-10-21).https://new.qq.com/omn/20211021/20211021A011IB00.html.)

3.物流服务的规范化和标准化

物流服务不同于实物产品,流水线能够生产出标准化的产品,但物流服务的标准化只能通过详细的规定、严格的监督和实时的反馈来实现。标准化和规范化的服务越来越受到顾客的青睐,企业只有不断向着标准化的方向迈进才能够提升服务质量,提高服务竞争力。例如,在政府部门的大力支持下,慈溪市公铁联运有限公司通过购置适合城区通行和乡镇行驶的厢式小货车,建立了城乡配送服务体系。在运作过程中,他们对配送车辆实行统一车型、统一标识、统一调度、统一运价和统一服务规范的"五统一"管理,为客户提供标准化的服务,获得了良好的客户反馈。

案例1-4

招商物流集团的标准化改革

招商局物流集团有限公司(简称"招商物流")为国资委直接管理的国有大型企业——招商局集团有限公司的全资下属子公司,经营总部设于中国香港,是国家驻港大型企业集团。招商物流在全国70个重要城市建立了物流网络运作节点,物流配送可及时送达全国700多个城市,经营的现代化分发中心面积达200万平方米,其中自建分发中心近100万平方米;同时,已在全国成功运作了12条区域间干线和1 225条中长途公路运输线路。

随着招商物流物流网络不断扩大,管理的社会运输车辆更加分散,企业的标准化管理提上了议程。为满足公司的进一步发展要求,招商物流引入"运作标准化管理"理念,总结多年的运作经验,严格实施运作标准化管理策略,为运作各个环节制定并实施统一、细致、科学、量化的运作流程或工作方法标准。在仓储运作及外协公路运输标准化的基础上,招商物流深入开展标准运作产品打造工作。通过提炼酒类、化工品类、日用品类、食品饮料类等行业客户产品的运作特性,设计推广适用于生产线的标准化运作流程、运作团队、资源配置、效率指标等,持续地进行项目的运作优化及提升,最终形成了稳定的运作产品,使之可以复制。通过实施标准化运作管理,招商物流从传统物流简单、粗放的发展模式转变成了精细化管理的现代物流发展方式,也给公司带来了巨大的经济效益。

(案例来源:中国物流与采购联合会,中国物流学会.物流行业企业管理现代化创新成果报告(2013—2014)[M].北京:中国财富出版社,2014.)

1.3.2 现代物流管理特征

现代物流管理以实现客户满意为第一目标,以企业运营绩效整体最优为目的,以物流信息为管理手段,在尽可能最低的总成本条件下实现既定的客户服务水平,即寻求服务优势和成本优势的一种动态平衡,并由此创造企业在竞争中的战略优势。总的来说,现代物流管理有以下几个方面的特征。

1. 物流管理方法的现代化

管理科学是随着经济与社会的进步不断发展起来的,同时在发展的过程中也产生了各种先进的管理办法。因此,在物流管理中应随时掌握管理方法的新进展,并积极利用先进的技术。例如,基于大数据分析技术的车辆调度优化系统的产生,彻底改变了传统的车辆调度方式,取代了通过电话联系的人工操作,进一步提高了效率,也降低了成本。案例1-5便充分说明了应用现代化管理方法的重要意义。

案例1-5

"互联网+"下宝钢湛江钢铁有限公司管理模式创新

宝钢湛江钢铁有限公司(以下简称"湛江钢铁"或"公司")是新建现代化大型沿海钢铁企业,致力于打造世界最高效率的绿色碳钢制造生产基地。公司物流区位优势明显,海运条件得天独厚,投产以来结合自身物流条件与业务管理特点,积极探索产成品出厂物流管理模式创新,推进钢制品智慧物流项目建设,推行信息化、精益化及自动化物流管理,提升物流作业效率与物流环节劳动效率,积极践行"简单、高效、低成本"的企业经营发展理念。湛江钢铁以"物流是企业的第三利润源"为宗旨,以充分发挥物流区位优势为目标,应用现代企业管理职能扁平化、流程柔性化发展理念,贯彻宝钢"一贯制"管理有效实践经验,借助信息技术、物联网技术及移动互联网等工具,开展湛江钢铁出厂物流管理创新探索实践活动,通过贯通生产组织与出厂物流界面流程,推行物流作业计划与指令精细化、自动化及信息化管理,驱动物流效率突破瓶颈水平,并产生直接经济效益,降本增效显著,进一步增强了企业的竞争力。

(案例来源:世界金属导报.湛江钢铁出厂物流管理模式创新与智慧物流探索实践[EB/OL].(2020-05-10). https://www.logclub.com/articleInfo/MjE1MDItYzc3OTg2ZjA=.)

2. 物流管理目标的整体化

现代物流管理的目标是实现系统的整体优化,而不是单个目标最优。在这一点上,现代物流与传统物流有较大的区别,传统物流更多的是关注某一个单独环节的最优,而不考虑各个环节之间相互存在的悖反效应,某一个环节的成本虽然最低,但可能导致其他环节的成本大大提高。现代物流则以整体最优为目标,通过统筹、协调和合理规划物流活动中的各要素,控制商品的整个流动过程,以达到总的效益最大和成本最小的目的,同时满足用户需求不断变化的要求。

案例1-6

基于全供应链的透明管理系统

深圳市易流科技有限公司提出了一体化的透明管理系统。该系统以"物流过程透明管理"理念为核心,以现代信息技术为手段,实现物流全过程管理的信息化、网络化和透明化,旨在为生产企业、商贸企业、物流企业等提供物流透明化管理服务,打造中国最大的公路货运产业链互联网平台。该体系以信息"透明"为核心,实现物流活动中人、车、货信息透明,物流单据流转过程信息透明,物流供应链组织过程信息透明。通过以上三个层次的信息透明,彻底打通物流操作环节之间、物流节点之间、供应链成员之间的信息壁垒,实现物流操作全流程的高效协调,提升整个供应链之间的组织效率和运行效率。

(案例来源:中国物流与采购联合会,中国物流学会.物流行业管理现代化创新案例报告(2015—2016)[M].北京:中国财富出版社,2016.)

3. 物流管理组织的网络化

物流组织网络是由许多相互关联的物流企业、物流相关企业及其相关机构,为了共同的利益,通过一定时期内的持续相互协作而形成的利益共同体。该组织网络要求以服务于客户物流需求为中心,以完善服务功能、增强服务能力为目标,组织网络内的资源进行整合共享,并打造有序的物流组织管理模式。通过物流的组织网络发展,可以对物流业务、物流资源、物流经营管理机构等要素进行一体化管理,以实现物流网络的快速反应、最优服务和减少物流费用等要求(陈永平和杨晨,2008)①。

案例 1-7

菜鸟网络的平台式发展

菜鸟网络科技有限公司(以下简称"菜鸟网络")成立于 2013 年 5 月 28 日,由阿里巴巴集团、银泰集团联合复星集团、富春集团、申通集团、圆通集团、中通集团、韵达集团等共同组建。菜鸟网络是基于互联网思考、基于互联网技术、基于对未来的判断而建立的创新型互联网科技企业,致力于在现有物流业态的基础上,建立一个开放、共享、社会化的物流基础设施平台,未来可实现中国范围内 24 小时内送货必达、全球范围内 72 小时送货必达。

自成立以来,菜鸟网络以数据为核心,通过社会化协同,打通了覆盖跨境、快递、仓配、农村、末端配送的全网物流链路,提供了大数据联通、数据赋能、数据基础产品等。菜鸟网络还打通跨境、仓库、配送链条,将不同服务商串接在一起,为商家提供了仓配一体解决方案、跨境无忧物流解决方案等服务,商家可以专心营销,仓储物流解决方案只需交给菜鸟即可。

菜鸟网络致力于打造一个数据驱动、开放、协同、共享的社会化物流平台。在菜鸟网络,有 40%以上的员工从事技术岗位,利用物联网、人工智能、大数据、无人技术等物流科技,结合物流行业数智化升级的痛点和需求,聚焦物流新技术和新产品的研发,已经广泛服务物流行业的企业,对于物流行业的降本提效产生了重要的促进作用,共同助力物流行业的数字化转型升级。

(案例来源:菜鸟网络官网,https://www.cainiao.com/technology.html? spm=cainiao.15079521.0.0.396c1ac6ARG001,2022-1-15.)

1.3.3 现代物流经济特征

现代物流的经济特征主要包括以下两点。

1. 强调资源整合

"互联网+"时代下的企业发展往往面临着两种对立的选择:整合别人或被别人整合。

---

① 陈永平,杨晨.物流企业组织网络化发展及其服务价值的创造分析[J].现代管理科学,2008(8):51-52.

面对我国物流服务市场上分散、割裂和无序竞争的状态,整合发展是必然的趋势。2015年申通快递与天天快递的战略重组、联邦快递收购TNT,都是整合的典型代表。资源整合可以使互补型的企业资源得到充分利用,双方物流企业共同开拓市场、共同开拓信息来源并反馈,共同增强各自在市场上的竞争力,最终使双方的企业价值都得到提升,也可以使合作企业更有效地使用资源。通过物流资源整合,可有效降低物流系统运作成本,并提供高效、优质的综合服务来满足各种灵活多变的物流需求。物流资源整合也将创造业务范围更宽广的大型企业,进而带来运作模式的创新,而资源的汇聚也势必创造出更大的价值。例如,目前世界最大的物流企业之一美国罗宾逊全球物流有限公司(CH Robinson),创建于1905年,总部位于美国明尼苏达州,是北美地区最受赞誉的第三方物流公司之一。通过资源整合,罗宾逊全球物流有限公司拥有218家分布在全球各个国家和地区的分公司,其中美国地区的分公司就有158家。

案例 1-8

得体科技面向服装行业,打造一站式柔性供应链平台

得体科技打造的得体供应链是平台赋能企业的S2B(Supply Chain Platform To Business)商业模式的典型代表。得体供应链提供服装供应链整合服务,为品牌商、分销商提供基于设计师原创设计的产品,进行OEM(Original Entrusted Manufacture)和ODM(Original Design Manufacture)产品的生产和组织交付。

得体供应链平台的背后是一个开放的SaaS(软件即服务)平台,服装行业生产链条上的所有角色,包括品牌商、分销商、设计师、样板房、面料商、辅料商、生产厂、物流商、金融服务机构等,能够借助这一平台完成自身角色的扮演。借助这一平台,得体供应链整合了服装行业供应链上的所有角色,为服装行业全环节的各类用户提供一体化的完备服务,包括设计图稿优选、版样出图、打版打样、选版下订单、生产分包、流程管理、质量和流程监督、收获验货、财务结算等服装行业的服务。得体供应链为服装行业带来的变化主要体现在提升生产效率,降低成本,行业信息更加透明。

得体科技利用一个一体化的IT(信息技术)系统,面向服装生产链条全客户打造了一个开放共享的平台,单个企业可以将财务、业务、客服等系统数据整合在一起,提高公司运营效率。对于整个服装行业来说,设计师、供应商、面料商、生产方等角色在一个平台上完成对接,缩短了业务流程周期,减少了信息损耗,同时也降低了经营成本。SaaS平台实现了订单、供需、供方与需方的背景、生产数据等各种信息的汇集和流转,增强了行业透明度,促进行业良性发展。得体科技的线上交易平台有服务人员进行流程监管,为客户减少线下的沟通成本。

(案例来源:数商云.智慧供应链——智能化时代的供应链变革之路[EB/OL].(2021-9-30). https://www.shushangyun.com/article-5084.html.)

2. 强调集成管理与科技创新

现代物流企业,从经济层面上讲更加注重集成式的管理与先进科学技术手段的应用。一方面,有效实现物流运作的一体化整体设计和系统集成服务是现代物流经营中获取利润

的重要来源,通过这种方式能够减少物流运作过程在时间和空间上的消耗,加快物流速度,提高物流运作效率;另一方面,运用先进的科技手段,提高物流全过程的科技信息含量,可以帮助物流企业实现物流作业的增值效益,也更加符合发展的趋势。尽管在最初的发展阶段,科技创新意味着大量的资本投入,但在激烈的市场竞争条件下企业必须通过这种方式保持竞争力,整体提升运作效率,从而获得利润的提高。

案例 1-9

基于大数据技术的运钢网物流交易管理云服务平台

基于大数据技术的运钢网物流交易管理云服务平台是由上海运钢网络科技有限公司自主研发的云服务平台。平台旨在解决钢铁物流公司规模小、运力分散、交易风险高、运输质量低等问题,顺应钢铁电商崛起的趋势,通过 App(应用软件)搭建起交易云服务平台,更好地整合钢铁社会运力,促进钢铁物流的发展。该平台整合社会上的钢材运输车辆,通过和正规物流公司签署运输合同的方式将公司名下车辆整合到平台上,并给企业内部司机安装运钢网车主版 App。通过 App 收集车辆运能、跟踪车辆忙闲动态、整理车辆常走路线,记录各路线上不同品种、规格及不同吨位的钢材价格数据,形成钢材运输价格数据库,为运钢网物流交易管理云服务平台做基础准备。加工配送企业、钢铁贸易企业和钢铁生产企业等不同的客户群在使用运钢网物流交易管理云服务平台后,均产生了显著的效果。

(案例来源:中国物流与采购联合会,中国物流学会.物流行业管理现代化创新案例报告(2015—2016)[M].北京:中国财富出版社,2016.)

1.4 物流服务运作的概念与特点

物流的本质是一种服务,它存在于人类社会的一切生产与生活活动之中。有效的物流服务可以使人们及时获取生活资料,使企业连续开展生产经营活动,甚至可以成为一个国家赢得战争的保证,这充分说明了物流服务的重要性。

1.4.1 物流服务运作的概念

一般来说,物流服务运作是指在特定绩效要求下,企业进行生产或者提供服务的过程中所进行的一系列物流服务计划和协调活动,这些计划和协调活动能够实现企业产品或服务的价值增值,以满足顾客的各种需求。

物流服务运作包括两方面的含义:一是带有特定绩效要求的物流活动,目标是满足企业的生产服务要求;二是既包含制造企业物流服务,又包含服务企业物流服务。制造企业物流服务是指从原材料的采购到产品在工厂被加工制造出来,再到产品被送达顾客手中所经历的一切物流活动,包括包装、分拣、存储等活动。服务企业物流服务是指服务型组织的物流响应活动,使得该组织能够动态地响应多样化的物流需求。

一般来说,物流服务运作包含以下三个基本要素(华中生,2009)①。

---

① 华中生.物流服务运作管理[M].北京:清华大学出版社,2009:2-3.

(1) 产品要素：能够提供顾客需要的产品或服务。
(2) 时间要素：能在顾客期望的时间内将产品或服务传递到顾客手中。
(3) 质量要素：所提供的产品或服务的质量能够符合顾客的期望。

1.4.2 物流服务运作的特点

无论是制造型企业还是服务型企业，物流服务始终贯穿整个生产经营活动。利用先进的信息技术和管理手段，通过供应链成员的有效协调，物流服务不仅可以实现产品的高效流通，还可以实现产品的价值增值。一般来说，物流服务运作具有以下三个主要特征。

1. 综合集成性

现代物流服务系统是一个综合集成的系统，它不仅为制造型企业提供多种实体物流活动，促使物资实现其空间和时间的价值，还为服务型企业提供服务响应物流服务，使非物资的服务在不同的配送渠道中向客户移动①。物流服务运作的集成性主要体现在以下四个方面。

(1) 将供应链上所有环节的企业看作一个整体，基于服务客户的共同目标，通过一定的制度安排和对供应链企业资源的整合，为客户提供一站式的物流服务。

(2) 将不同企业相同或相似的物流服务需求集中起来，通过服务资源总体优化配置和统筹安排，降低物流服务成本，提高总体服务水平。

(3) 以计算机网络技术和信息技术为支撑，以全球性物流资源为选择对象，综合各种先进物流技术和管理技术，将节点企业内部供应链和节点企业之间的供应链集成起来，形成一个有机的整体。

(4) 不仅可以提供仓储、运输、装卸搬运、流通加工等基本物流服务，还能够提供诸如订单处理、物流方案设计、货款垫付代收、物流系统规划等增值服务，同时也可以在实现多种物流功能的基础上，将各功能有机结合，实现物流系统的高效运转。

2. 价值增值性

物流服务运作具有价值的增值性，主要表现在物流服务的时间价值增值、空间价值增值、形态价值增值和信息价值增值等方面。

(1) 时间价值增值：从原材料的采购到产品送达消费者整个过程需要一定的时间，而通过加快产品的流通速度、缩短在途时间，就可以实现产品的时间价值增值。

(2) 空间价值增值：现代社会产业结构和社会分工的存在，使得商品在不同的地区具有不同的价值。通过物流活动进行产品的位置转移，就可以实现产品的空间价值增值。

(3) 形态价值增值：在产品流通过程中，通过流通加工的特殊生产形式，使产品以特定的方式被加工而增加其附加价值，这就实现了产品的形态价值增值。

(4) 信息价值增值：运用在物流活动中收集的、反映物流活动的实际情况和特征的各种数据、消息、情报等，可以帮助实现系统优化、操作改善等，从而实现信息价值增值。

3. 物流与商流、信息流紧密关联性

在物流服务运作中，物流、信息流与商流三个要素是不可或缺的内容，它们之间关系密

---

① 华中生. 物流服务运作管理[M]. 北京：清华大学出版社，2009：6-8.

切,互为依存。商流是商品所有权或使用权从生产企业转移到消费者手中的流通过程,物流是商品实体从生产企业转移到消费者手中的流通过程,信息流是物流和商流引起并能反映其变化的各种数据、情报、资料等。一方面,商流是物流存在的基础,物流是商流实现的必要条件;另一方面,三者相辅相成,互相促进,在此过程中以信息流为媒介,通过物流实现商品的使用价值,通过商流实现商品的价值。

1.4.3 物流服务运作的新发展

科学技术的进步和社会经济的快速发展,推动着物流服务的不断发展。一方面,物流服务的理论研究更加全面和深入。从物流服务运作模式上看,其分类更加详细,产业特性明显,一些创新的物流服务运作模式也相继涌现。孙贤伟和张忠明(2001)[①]将现代物流服务模式划分为顾客自我服务模式、供应商提供服务模式、第三方物流服务模式、第四方物流服务模式及类物流业服务模式五种模式;杨树乾和吴群琪(2007)[②]则将物流服务从功能层面归纳为单功能物流服务、多功能物流服务及一体化物流服务三种模式;骆丽红(2015)[③]针对两业联动发展的新动向,尝试探究了基于两业联动的一体化综合物流服务模式;杜维和刘阳(2016)[④]从失败学习的角度进行研究,提出制造企业可以根据自身失败学习能力的高低来选择合适的物流服务创新模式。另一方面,在社会生产实践中,近年来一些新的物流服务运作策略和领域不断出现,如快速响应物流、有效顾客反应、精益物流和敏捷物流、智慧物流、应急物流、逆向物流等。

案例 1-10

海尔物流的快速响应供应链

加上物流技术和计算机管理的支持,海尔物流通过3个JIT,即JIT采购、JIT配送、JIT分拨物流来实现流程同步。这样的运行速度为海尔赢得了源源不断的订单。目前,海尔集团平均每天接到销售订单200多张,每个月平均接到6 000多张销售订单,定制产品7 000多个规格品种,需要采购的物料品种达15万种。由于所有的采购基于订单,采购周期缩减到3天;所有的生产基于订单,生产过程降到一周之内;所有的配送基于订单,产品一下线,中心城市在8小时内、辐射区域在24小时内、全国在4天之内即能送达。总起来,海尔完成客户订单的全过程仅为10天,资金回笼一年15次(1999年我国工业企业流动资本周转速度年均只为1.2次),呆滞物资降低73.8%,同时海尔的运输和储存空间的利用率也得到了提高。

(案例来源:数商云. 海尔全球高增长背后:优化供应链强化创新能力[EB/OL].(2021-3-5). https://www.shushangyun.com/article-4349.html.)

1. 快速响应物流

伴随现代社会经济发展步伐的加快,消费者对于所享受的服务要求越来越高。现代物

[①] 孙贤伟,张忠明.我国现代物流服务模式及其发展研究[J].科学学与科学技术管理,2001,22(12):46-49.
[②] 杨树乾,吴群琪.物流服务模式分类新探[J].综合运输,2007(2):45-47.
[③] 骆丽红.基于"两业联动"的一体化综合物流服务模式研究[J].现代营销(旬刊),2015(1):77.
[④] 杜维,刘阳.制造企业物流服务创新模式选择研究:失败学习的影响[J].商业研究,2016,62(6):170-177.

流服务也更加注重顾客体验,而时间作为影响顾客体验的重要指标,就成为物流企业提供服务时首先要考虑的因素,快速响应物流因此得以产生和发展。在快速响应物流的运作中,决策者将买方与供应商联结在一起,以达到再生产和销售间商品与信息的快速与效率化的移动,以快速响应消费者的需求(储雪俭,2005)①。快速响应物流主要分为两种策略:延迟策略和JIT策略。

延迟策略又分为生产延迟和物流延迟两种。生产延迟是在获取客户准确购买信息之前使产品保持中性或半成品状态,以此提高响应速度。而物流延迟是推迟产品的运动,将库存部署延迟到收到客户订单的时候进行,减少配送的不确定性。

JIT(Just In Time,准时制)策略的思想最初产生于日本丰田汽车公司,其主要内容是:在必要的时间,对于必要的产品从事必要的生产或经营。其核心是在恰当的时间将货物递送到目标地点,从而达到加速商品流转、降低库存、及时进行补货和提高企业服务水平的目的。

案例 1-11

京东的极速物流

京东拥有庞大的仓储设施,其规模在全国电商行业中处于领先地位。截至2015年6月30日,京东在全国拥有七大物流中心,在全国44座城市运营166个大型仓库,拥有4 142个配送站和自提点,覆盖全国2 043个区县。京东专业的配送队伍能够为消费者提供一系列专业服务,如211限时达、次日达、夜间配和三小时极速达,GIS包裹实时追踪、售后100分、快速退换货以及家电上门安装等服务。与其他快递不同,京东快递庞大的仓储体系是其核心优势所在。由于就近仓储发货,在平时的网购中京东能够在很多城市实现次日达。

2021年京东"6·18"期间,京东物流将预售前置几乎扩展至所有中小件全品类,通过系统算法、供应链计划与多层级的库存前置,在消费者支付定金瞬间即开始仓储生产、打包,全国将有数百万量级SKU(库存量单位,即库存进出计算的单位,可以件、盒、托盘等为单位)的商品被前置在距离消费者最近的各级仓库,一旦支付成功,甚至可以实现部分城市当日送达。相比其他一些快递默认放快递柜或驿站,京东物流能够在每次派送提前联系收货人,必要时送货上门,对于普通消费者来说消费体验更好。

(案例来源:搜狐网.京东物流实现"极速达"的四种模式[EB/OL].(2016-09-01). http://business.sohu.com/20160901/n467093888.shtml;新浪网.智能快递车送货、预售极速达,这届618快递哪家强?[EB/OL].(2021-06-10). https://k.sina.com.cn/article_6105713761_16bedcc6102000xahs.html.)

2.有效顾客反应

作为一种新型的商业流通模式,有效顾客反应(Efficiency Customer Response,ECR)起源于美国食品行业。20世纪90年代,美国食品零售的发展出现供过于求的情况,制造业的主导地位被零售业替代,零售商与制造商为了争夺供应链主导权而展开了激烈的竞争,使供应链各环节的成本不断上升,供应链整体效率下降。为了解决这一问题,有效顾客反应的概念在1992年被首次提出。有效顾客反应是指一种通过对制造商、批发商和零售商各自经济

---

① 储雪俭.快速响应对物流企业运作影响的思考[J].物流技术,2005(6):99-100.

活动的整合,来消除供应链中冗余的成本,提高顾客价值的战略。

有效顾客反应的观念是将供应链从以往的推式系统转变为拉式系统,以消费者为导向,构建新的供应链补货系统和成员关系,建立一个敏捷的消费者驱动系统,实现精确的信息流和高效的实物流在供应链内的有序流动。有效顾客反应主要包括四个方面:高效分类、高效补货、高效促销和高效新产品引进。

案例 1-12

日日顺:顾客驱动供应链升级

日日顺供应链将其对制造和消费场景的充分理解,以数字化、精细化不断丰富供应链服务及方案,在行业首创了"场景物流"模式,为用户提供全生命周期一体化场景服务方案。全生命周期,意味着不只是送、装。聚焦健身、出行、居家服务、汽车、冷链等行业领域,在一个个细分场景里,日日顺供应链为用户送去的不仅是产品,更是好的、健康的、全方位的体验。

以居家服务场景为例,日日顺供应链场景服务师根据用户实际需求及家电清洗痛点,进行"服务化延伸",通过专业清洗设备,针对空调、冰箱、洗衣机、热水器、油烟机等家电产品,以高温蒸汽洗的方式,实现对家电的清洁、杀菌、消毒,并提供安全测电、装防护罩、还原验机等服务。

依托健身、出行、居家服务等场景延伸服务,日日顺供应链掀起了一场"场景物流"变革。这些服务场景看似细微,却真正做到了用户的心坎上,解决了用户的真实痛点,吸引了宜家、林氏木业、爱玛、亿健、卡萨帝等众多跨行业、跨领域的优质生态合作伙伴的加入。

(案例来源:青岛新闻.日日顺供应链管理"服务半径"延伸,驱动场景服务能级跃升[EB/OL].(2021-11-18). https://www.qingdaonews.com/content/2021/11/18/content_22973790.htm.)

3. 精益物流和敏捷物流

精益物流起源于精益生产,是精益管理的思想在物流服务管理上的应用。精益物流是指根据顾客需求,提供顾客满意的物流服务,同时力求把服务过程中的浪费和延迟降至最低,不断提高物流服务过程的增值效益,高效率、高效益地实现商品流动。精益物流的核心在于消除物流活动中的一切浪费现象。

与精益物流的起源类似,敏捷物流源于敏捷制造。敏捷物流是指以核心物流企业为中心,运用科技手段,通过对资金流、物流、信息流的控制,将供应商、制造商、分销商、零售商及最终消费者用户整合到一个统一的、快速响应的、无缝化程度较高的功能物流网络链条之中,最终实现物流的高效运作。敏捷物流是一种在供应链一体化的基础上实施的,强调成本与效率之间平衡的物流运作手段(见表 1-2)。

表 1-2 精益物流与敏捷物流的对比

因　素	精益物流	敏捷物流
目标	有效经营	灵活满足需求
约束	消除所有浪费	顾客满意
环境	长期稳定	对变化的环境做出反应

续表

因　素	精益物流	敏捷物流
业绩评定标准	生产率、利用率	提前期、服务水平
工作方法	标准化、制度化	易变的,更多本地控制
实施要求	正式的规划循环	较简单的人员授权结构

案例 1-13

厦门中远海运物流：深耕制造业精益物流

厦门中远海运物流有限公司在为跨国电力设备制造集团提供供应链一体化服务中,根据该集团 A 工厂 70 多家供应商 8 000 种物料管理的降本增效柔性安全的需求,提供了精细化的供应链物流服务。厦门中远海运物流采用可视化管理、流程优化改进、优化库存管理、设立线边库等技术,建立了适应跨国企业要求的制造业精益物流服务理念、产品体系、服务目标、标准化导入等一系列服务体系和服务模式,降低了库存,提高了效率,优化了资源,实现了供应链整体的提质、降本、增效,获得了供应商的高度赞扬。厦门中远海运物流的项目服务范围从厦门逐步延伸至福建漳州、天津、广东四会等地,使得客户能够专注于研发制造,实现零库存和精益生产,大大提升了制造业企业的竞争力。

(案例来源:胡皓琼.精益管理数字互联[N].中国水运报,2021-10-29(007).)

4.智慧物流

智慧物流是利用集成智能化技术,使物流系统能模仿人的智能,具有思维、感知、学习、推理判断和自行解决物流中某些问题的能力。智慧物流是一种通过全面分析、及时处理及自我调整功能,实现物流感知智慧、发现智慧、创新智慧和系统智慧的现代综合性物流系统(蔡丽艳,2010)①。智慧物流是以物联网为基础,以信息技术的全面应用为支撑形成的更高级形态。

智慧物流的基本功能是:①感知功能;②规整功能;③智能分析功能;④优化决策功能;⑤系统支持功能;⑥自动修正功能;⑦及时反馈功能。智慧物流的提出,顺应了历史潮流,也符合现代物流业自动化、网络化、可视化、实时化、跟踪与智能控制的发展趋势,有利于降低物流成本、提高效率、控制风险、节能环保和改善服务。

案例 1-14

一汽大众佛山工厂的智慧物流系统

一汽大众佛山工厂生产基地智能工厂项目引入移动机器人 47 台,携手智能设备提供商联合创新,打造了汽车行业首例"超市 2.0"解决方案,实现厂级协同的智慧物流系统。该智慧物流系统主要集成了移动机器人控制系统 RCS、仓储管理系统 iWMS(由智能设备供应商提供)、一汽大众的 FIS 系统以及 PLP 系统,四者无缝对接真正做到了生产与物流管理的系

---

① 蔡丽艳.物联网时代的智慧物流[J].物流科技,2010,33(12):95-97.

统化、一体化、透明化和智能化。汽车制造工厂中零部件的存储和拣选仓库被称为"超市"。佛山工厂为全球首例大规模使用二维码导航技术和自动化模式管理的零部件超市,超市面积约3 000平方米,使用47台机器人,存储500多箱零件。在一汽大众佛山工厂项目规划时,经过提炼各种复杂的业务场景解决六大类、104个系统相关问题后,攻克了项目的三大关键环节:通用件区分、技术更改零件切替、选装零件排序,从生产零件的仓储、拣选、排序到配送,整个作业流程全部由移动机器人系统来完成,实现了零部件的自动化存储和运输,覆盖了佛山工厂生产基地的生产车间和零部件仓库。

(案例来源:喜崇彬.一汽大众佛山工厂的智慧物流系统[J].物流技术与应用,2020,25(10):108-112.)

5. 应急物流

应急物流是指对应急的物资、信息和服务从供应地到消费地的有效率的流动进行计划、协调与控制,以满足受突发事件影响的人们的迫切需求的过程。应急物流作为物流服务的一种,具有一般物流服务的共性,如强调时间效用和空间效用,与信息流密切相联系等。但应急物流与一般物流相比,也具有特殊性,比如突发性和非正常性,需求的随机性以及时间的紧迫性等。另外,自然灾害的应急物流往往要在受损的网络上进行物资的运输与调度,物流运作的单位成本往往比普通物流的成本要高。

案例 1-15

京东物流的应急供应链解决方案

2020年,京东物流第一时间成立专项保障小组,依托布局全国的物流基础设施能力与积累十余年的供应链服务经验,合理规划线路、紧急调度运力,快速完成全国物资运输与运力之间的匹配决策,提出应急供应链解决方案。同时,京东物流合理统筹运力资源,把物流短链、智能、共生的理念在应急物资运输上进行了充分发挥。京东应急物流的能力得到了政府的认可,应湖北省政府的紧急需求,京东与湖北省政府展开合作,正式承建其应急物资供应链管理平台。截至2020年2月13日,京东物流累计承运了医疗应急物资约3 000万件、近万吨。

(案例来源:搜狐网.启示录:"战疫"30天,重新认识京东物流[EB/OL].(2020-02-20).https://www.sohu.com/a/374403612_343156.)

6. 逆向物流

逆向物流最早是由James R. Stock在1992年提出的。2002年,美国物流管理协会CLM给逆向物流定义如下:与传统供应链相反,为回收价值或合理处置,对原材料、中间库存品、产成品和相关信息从消费地到起始地的高效率、低成本的流动而进行计划、实施、控制的一系列过程。

逆向物流属于物流的一种特殊形式,因此也具有物流的基本特征,比如物品同样经过运输、仓储等环节,但是逆向物流与正向物流相比又有明显的不同之处。例如,逆向物流具有分散性和不确定性,所运输物品的种类、数量、起始地和时间都难以预见,也可能发生在产品正向流动过程中的任何环节。逆向物流是形成产品供应链闭环的重要环节,有着降低物料回收成本、改善环境影响等重要作用。在当前可持续经济发展渐成潮流的情况下,逆向物流成为许多学者研究的重点。

📖 **案例 1-16**

顺丰的逆向物流

顺丰一直在售后供应链方面不断试水,丰修是其逆向物流的一个代表业务。深圳市丰修科技有限公司(简称"丰修")于 2016 年 1 月开始运营,是顺丰集团的全资子公司。丰修依托顺丰覆盖全国的仓储、配送网络及逆向物流优势,助力品牌厂商快速建立售后服务体系,一方面通过"上门取件＋中央维修",解决品牌商的维修问题;另一方面通过顺丰中央或区域分仓,解决备件问题,降低了传统零售网点分布式的备件仓储成本。丰修相关负责人认为:"逆向物流的应用价值远不止退换货,其真正的能力在于跟踪整个产品周期。"目前,丰修可为企业客户提供维修、检测、备件仓储、高维、环境健康服务、安装服务等一体化解决方案。顺丰于 2020 年"6•18"前后发布了一条"退货用顺丰,平台补运费"的促销海报并罗列出拼多多、抖音、快手、淘宝天猫等平台的退货规则,开始布局电商退换货逆向物流。

(案例来源:亿豹网.顺丰拥抱拼多多等各大电商,巨头角逐逆向物流[EB/OL].(2021-06-22).http://www.expressboo.com/detail_9617_3.html.)

1.5 物流服务运作的基本模式

物流服务运作的模式是指物流服务活动的组织经营方式,主要分为自营物流模式、第三方物流模式、第四方物流模式以及物流联盟模式。接下来从这四种模式的定义、特点、优势与不足等方面展开详细介绍。

1.5.1 自营物流模式

所谓自营物流,是指有物流需求的企业自行设立物流部门/机构,实现相关交易物品的运输、仓储、配送等功能的物流模式。一些学者专门对自营物流模式进行了研究,高海晨(2004)[1]对以生产、制造为核心的企业自营物流模式进行了分析与探讨,总结了自营物流的两种形式和典型模式,分析了自营物流模式的利弊;丁怡和胡昊[2](2011)针对电子商务企业的自营物流模式进行了研究;张德军(2012)在研究电子商务企业自营物流优劣势的基础上,针对自营物流管理模式提出了三点优化建议[3];乔毅(2014)[4]针对食品行业的自营物流进行了研究,提出基础设施和管理模式是影响自营物流效率的关键因素。自营物流作为一种较为传统的经营方式,按照经营主体的不同又可以分为第一方物流和第二方物流。

第一方物流又称卖方物流或供应方物流,是指由产品的生产商或提供方来承担产品流动过程中的运输、仓储与配送等操作。第一方物流一般存在于生产制造型企业中,这类企业往往因为本身具有较大的生产量而需要大规模的物流操作,因此通常会在企业内部建立物流部门,负责满足企业内的需求,以此来降低运作的成本,也能更好地配合生产过程,实现产品的价值增值。

---

[1] 高海晨.工业企业自营物流模式分析[J].区域经济评论,2004(5):62-63.
[2] 丁怡,胡昊.电子商务企业的自营物流模式[J].物流工程与管理,2011,33(1):90-91.
[3] 张德军.电子商务企业自营物流管理模式优化研究[J].物流技术,2012(1):157-159.
[4] 乔毅.食品企业自营物流配送设计及优化[J].物流技术,2014(12):168-169.

第二方物流又称买方物流或者需求方物流,是指由产品的购买方或者需求方来承担产品流动过程中的运输、仓储与配送等操作。第二方物流一般适用于大型的商业企业,这类企业通过自己配备运输的工具和储存的仓库来满足商品的物流服务需求。

自营物流作为一种传统的物流模式,具有如下优点:①企业通过物流自营,能够获得物流过程的掌控权,在实施的过程中可以进行更有效的控制;②盘活企业资产,加快资金周转,为企业创造利润;③能够一定程度上避免物流外包过程中因信息不对称产生的额外交易成本,更方便获取信息;④能够避免商业机密的泄露,保证企业的竞争力。

自营物流也存在着一些缺点:①增加了企业的投资负担,削弱了企业抵御市场风险的能力;②基于企业自身需求建立的自营物流运作规模有限,利用率也会受企业业务情况的影响;③大多数选择自营物流的企业,都不具备物流经营的专业优势,因此难免效率低下,成本更高;④很多时候会因为缺乏专业的管理人才而运作效率低下。

通常来说,采取自营物流运作模式的企业,都是具备一定规模与实力的大型生产制造企业或商贸企业,它们往往具有如下特征:①具有覆盖面很广的代理商、分销商与连锁店,且业务集中在自身所能覆盖的范围之内;②产品较为单一,业务集中在企业所在城市,网络资源丰富且物流管理能力较强;③企业规模较大,资金雄厚且物流量巨大。

企业自营物流模式的实现,往往需要特定的组织结构的支持。首先是在企业内部建立独立的物流部门,然后通过各个部门之间的协调配合共同完成物流运作过程,在运作过程中形成网络状结构,如图1-1所示,物流部门与运输部、配送中心、生产车间、物流中心都存在紧密联系。

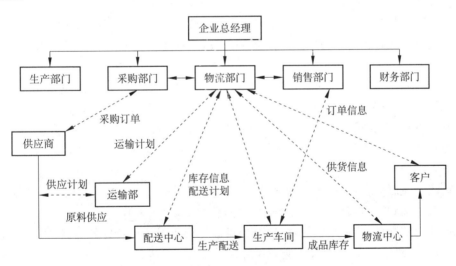

图1-1 自营物流模式组织结构

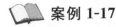

案例1-17

京东自营物流

2007年京东集团开始自建物流,2017年4月正式成立京东物流集团,2021年5月京东物流于香港联交所主板上市。京东物流是中国领先的技术驱动的供应链解决方案及物流服务商,以"技术驱动,引领全球高效流通和可持续发展"为使命,致力于成为全球最值得信赖的供应链基础设施服务商。京东物流建立了包含仓储网络、综合运输网络、配送网络、大件网络、冷链网络及跨境网络在内的高度协同的六大网络,具备数字化、广泛和灵活的特点,服务范围几乎覆盖了中国所有的地区、城镇和人口,不仅建立了中国电商与消费者之间的信赖关系,还通过"211限时达"等时效产品和上门服务重新定义了物流服务标准。2020年,京东物流助力约90%的京东线上零售订单实现当日和次日达,客户体验持续领先行业。截至2021年9月30日,京东物流运营约有1 300个仓库,包含京东物流管理的云仓面积在内,京东物流仓储总面积约2 300万平方米。

(案例来源:京东物流官网,https://www.jdl.cn/profile,2021-12-6.)

1.5.2 第三方物流模式(3PL)

第三方物流是在社会化生产与企业分工的过程中逐步产生的物流运作模式。第三方物流是指由产品的供应方、需求方之外的专业化或综合化的物流企业以契约合同的形式经由第三方网络向供需双方提供物流服务的形式。第三方物流企业是专业化的物流企业,这些物流企业并不拥有商品,也不参与到商品的贸易过程中,而是为顾客提供基于合同的诸如运输、仓储、包装、装卸搬运、流通加工、配送、物流信息、物流系统分析等专业化的物流服务,以此实现自身的收益。

国内外的学者对于第三方物流进行了许多研究。M. Berglund 等(1999)[1]在 20 世纪 90 年代末就开始研究第三方物流,总结了第三方物流的三次发展浪潮,并对未来第三方物流的发展做出预期;R. Leuschner 等(2014)[2]应用 Meta 分析法研究了 69 篇研究第三方物流的文献中的 54 个样本,并提出了第三方物流未来的研究方向。国内学者李燕(2007)[3]深入研究了基于大规模定制的第三方物流模式相关问题,提出了多种演进模型;范文革(2012)[4]对第三方物流模式进行了系统研究,提出第三方物流具有使企业合理配置资源、降低经营成本、加快资本周转、提升服务品质和创造更多价值等优势,同时有技术与信息风险、交易价格风险、信任风险和业务控制风险等劣势,并从企业发展的角度出发,提出了七种情形下的企业物流模式选择方案;姚利军(2009)[5]同样研究了第三方物流模式的优势,并提出了一种构建第三方物流的方法;梁芷铭(2014)[6]分析了影响顾客的价值和满意度的因素,进而提出提升第三方物流服务质量的方法。

与传统物流服务相比,第三方物流具有如下特征:①服务专业化,无论是从人员设施还是从操作技术上看,都具有专业的水准;②服务个性化,第三方物流能够根据顾客的不同要求提供个性化的服务;③管理系统化,这是提供综合集成服务必须具备的特征;④关系契约化,契约是规范第三方物流与客户企业关系的主要手段;⑤长期的战略伙伴关系,第三

---

[1] BERGLUND M, VAN LAARHOVEN P, SHARMAN G, et al. Third-party logistics: is there a future? [J]. The International Journal of Logistics Management,1999,10(1): 59-70.

[2] LEUSCHNER R, CARTER C R, GOLDSBY T J, et al. Third-Party Logistics: A Meta-Analytic Review and Investigation of its Impact on Performance[J]. Journal of Supply Chain Management,2014,50(1): 21-43.

[3] 李燕.基于大规模定制的第三方物流模式研究[D].武汉:华中科技大学,2007.

[4] 范文革.第三方物流利弊分析与企业物流模式选择[J].生产力研究,2012(8):205-207.

[5] 姚利军.第三方物流模式的优势及构建方法[J].赤峰学院学报(自然科学版),2009,25(1):97-98.

[6] 梁芷铭.基于客户价值和满意度的第三方物流服务模式分析[J].企业改革与管理,2014,(13):12-13.

物流为客户提供复杂的多功能的服务,与客户往往是长期的稳定合作关系;⑥信息化和网络化,利用信息技术可以实现物流服务数据的及时传递,而网络化使企业之间联系紧密。

第三方物流企业提供的服务范围比较广泛,主要可以分为常规服务和增值服务两类。常规服务包括仓储、配送、装卸搬运、运输等基本服务,而增值服务一方面指的是基础服务之上的延伸,仓储的延伸(包括原料之间、库存查询和补充、自动补货等),运输的延伸(如运输方式和路线选择、货物监控、报关、代垫货运费等);另一方面也包括从供应链角度对物流进行一体化的整合与集成,帮助客户提高物流管理的水平和控制能力。

第三方物流服务的方式可以分成如下几种:①签订长期的合作伙伴协议,一般维持在一年以上;②系统接管,指完全收购和接手客户的物流系统,然后为客户和其他企业提供物流服务;③合资,指客户仍旧保留物流设施的部分产权,并参与到第三方物流公司的物流服务作业中;④签订管理型合同,指客户委托第三方物流公司来管理自己的物流设施。

就第三方物流模式而言,依据资源整合方式和提供服务方式的不同,又可以细分为六种模式,如表1-3所示。

表1-3 第三方物流企业运作模式分类比较

第三方物流企业的运作模式	资源整合的方式	提供服务的方式	
		服务内容	服务范围
综合物流模式	资产型	高集成	窄
综合代理模式	非资产型	高集成	窄
功能物流模式	资产型	低集成	广
功能代理模式	非资产型	低集成	广
集中物流模式	资产型	低集成	窄
缝隙物流模式	非资产型	低集成	窄

(1)综合物流模式。第三方企业拥有大量的固定资产,为少数行业提供高度集成的多样化物流服务,如国内的中储、中外运等物流公司。

(2)综合代理模式。第三方物流企业不进行固定资产投资,而是整合具有互补性的物流服务提供商所拥有的资源、能力、技术,为少数行业提供高集成度的一体化供应链服务。

(3)功能物流模式。第三方物流企业使用自有资产为多个行业的客户提供低集成度的物流服务,比如只提供运输、仓储服务,一般不涉及高端的物流整合和管理服务。

(4)功能代理模式。功能代理模式与功能物流模式一样,只是物流企业不进行固定资产投资,而是通过委托他人或整合外部资源来提供服务,这类物流企业具有较强的管理整合社会公共资源的能力。

(5)集中物流模式。第三方企业拥有一定的资产和范围较广的物流网络,在某个领域提供低集成度的物流服务。例如,中铁快运提供大宗货物的快递服务,顺丰速递则专注小包裹的快速运输。

(6)缝隙物流模式。第三方物流企业拥有较少的固定资产甚至没有资产,整合度低,以局部市场为对象,将特定的物流服务集中于特定的顾客群。这种模式非常适合一些从事流通业务的中小型物流公司,特别是伴随电子商务发展起来的小型物流企业。如搬家综合服务、代收商品服务、网上订书和鲜花速递等个性化的消费品物流服务。

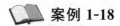 案例 1-18

北京华欣物流

北京华欣物流有限公司成立于2005年,是服务于医药行业的专业第三方物流公司,也是国内第三方物流公司中最早与新版GSP(全球定位系统)接轨的物流公司之一。公司在全国设立有38处自有分支机构,涵盖大部分省会城市、直辖市以及东部发达二线城市,具备航空、公路、铁路及多式联运能力,自建专业化全国运营的医药温控运输车队,为医药类客户提供可靠高效、服务领先、传递价值的服务。公司引入办公自动化系统,实现内部办公高效协作、简化便捷,应用自主开发设计的C-MIS系统(企业车辆管理信息系统)、C-WMS系统(智能仓库管理系统)、FRID(射频识别)条码管理等技术实现和满足客户多样化的信息需求。目前公司服务于众多国内外知名医药生产企业、医药分销及其分/子公司等企业,为客户提供一体化、一站式综合医药运输配送服务,并且逐步赢得了业内良好的口碑。

(案例来源:华欣物流官网,http://www.chinastarlogistics.com/jeesite/f/info.html?tab=0,2021-12-5.)

1.5.3 第四方物流模式(4PL)

第四方物流由美国埃森哲咨询公司于1998年提出。所谓第四方物流,是指一个供应链的集成商,协调管理组织本身与其他互补性服务商的资源、能力和技术,提供综合的供应链解决方案。第四方物流与第三方物流的核心区别在于,第四方物流是物流活动的管理者与监督者,而第三方物流是物流活动的实际执行者。第四方物流是外包物流的高级阶段,是物流活动的整合者,向客户提供整合的物流运作方案。第四方物流重视整个物流系统资源的整合与优化,而不像第三方物流那样专注于实际的物流运作,如运输、仓储等(Fulconis 等,2015)[1]。第四方物流负责物流方案的制定与优化,并分配给第三方物流实施(G. Stefansson,2006)[2]。第四方物流是客户与第三方物流之间的唯一连接,管理并监督第三方物流的工作,与客户分享物流管理的风险与收益(E. J. Visser,2007)[3]。由于第四方物流比第三方物流的发展层次和演进程度更高,因此,受到了国内外诸多学者的关注。

在理论研究中,国内外相关学者围绕第四方物流就以下几个方面展开研究。

(1) 第四方物流运作绩效评价研究。G. Büyüközkan 等(2009)[4]基于三类指标,即服务

---

[1] FULCONIS F, SAGLIETTO L, PACHE G. Exploring New Competences in the Logistics Industry: The Intermediation Role of 4PL[J]. Supply Chain Forum,2015,7(2):68-77.

[2] STEFANSSON G. Collaborative logistics management and the role of third-party service providers[J]. International Journal of Physical Distribution & Logistics Management,2006,36(2):76-92.

[3] VISSER E J. Logistic innovation in global supply chains: an empirical test of dynamic transaction-cost theory[J]. Geo Journal,2007,70(2):213-226.

[4] BÜYÜKÖZKAN G, FEYZIOḠLU O, ERSOY M Ş. Evaluation of 4PL operating models: A decision making approach based on 2-additive Choquet integral[J]. International Journal of Production Economics,2009,121(1):112-120.

能力、IT能力和管理能力，对第四方物流的运作模式进行了评价；J. H. Cheng等(2008)[1]基于模糊德尔菲法建立第四方物流评价指标体系，并利用模糊层次分析法对第四方物流的供应链整合能力和信息技术能力进行了评价；F. Krakovics等(2008)[2]研究了第四方物流模式下的物流运作绩效评价问题。

（2）第四方物流路径优化研究。陈建清等(2003)[3]建立了第四方物流路径优化问题的多维权的有向图模型，利用Dijkstra算法求解出最短路径；M. Huang等(2006)[4]建立了有关第四方物流路径优化问题的非线性整数规划模型，并利用嵌入Dijkstra算法的免疫算法进行求解。

（3）契约设计研究。王勇等(2007)[5]研究了第四方物流作业分包的契约设计，建立了一对多的多任务委托代理模型，进一步考虑了第四方物流为整合资源所付出的努力程度对第三方物流的影响，研究了第四方物流对第三方物流的分包与激励问题[6]。

（4）平台设计研究。Bourlakis C(2005)[7]基于交易成本理论研究了英国食品零售链第四方物流网络的创建，认为第四方物流平台能否利用信息技术"降低物流复杂度，减少交易成本"是零售商选择第四方物流的关键所在；毛光烈(2008)[8]从政府层面对第四方物流平台的流程设计进行了研究，分别从企业制度、政府管理制度和信用制度三个层面进行了制度设计。

与第三方物流相比，第四方物流具有如下主要特征：①集约化。协调供应链上的各方关系，进行资源的整合运作。②信息化。大量运用信息技术来降低运行成本，提高效率。③综合性。为顾客提供综合解决方案，包括供应链再造、功能的转化、业务流程再造等。④规范化。协调供应链上的各方关系，保证运作顺利。⑤国际化。伴随着经济全球化的趋势而产生的第四方物流往往带有国际化的特征，尤其是面向全球的第四方物流服务。

从服务的内容上看，第四方物流主要包括以下几方面：①准确把握客户的多样化需求，提供全面供应链解决方案；②根据客户的个性化需求整合和改善供应链流程；③承接多个供应链职能和流程的运作，其职能涉及制造、采购、库存管理、供应链信息技术、需求预测、网络管理、客户服务等；④协调供应链成员之间的关系，保证节点各个环节计划和运作的协调一致和紧密集成；⑤提供多个行业供应链解决方案的开发和咨询；⑥为客户提供其他增值性服务。

从第四方物流的运作环境来看，第四方物流服务商与供应链管理服务提供商、3PL服

---

[1] CHENG J H, CHEN S S, CHUANG Y W. An application of fuzzy Delphi and fuzzy AHP for multi-criteria evaluation model of fourth party logistics[J]. Wseas Transactions on Systems, 2008, 7(5): 466-478.

[2] KRAKOVICS F, LEAL J E. Defining and calibrating performance indicators of a 4PL in the chemical industry in Brazil[J]. International Journal of Production Economics, 2008, 115(2): 502-514.

[3] 陈建清, 刘文煌, 李秀. 第四方物流中基于多维权的有向图模型及算法[J]. 工业工程与管理, 2003, 8(3): 45-48.

[4] HUANG M, TONG W, WANG Q, et al. Immune Algorithm Based Routing Optimization in Fourth-Party Logistics[C]// Evolutionary Computation, 2006. CEC 2006. IEEE Congress on. IEEE, 2006: 3029-3034.

[5] 王勇, 杨金, 廖冰. 第四方物流作业分包的合同设计[J]. 系统工程学报, 2007, 22(5): 520-524.

[6] 王勇, 罗雪碧, 林略. 第四方物流努力水平影响的物流分包激励机制研究[J]. 中国管理科学, 2006, 14(2): 136-140.

[7] BOURLAKIS C. Information technology safeguards, logistics asset specificity and fourth-party logistics network creation in the food retail chain[J]. Journal of Business & Industrial Marketing, 2005, 20(2): 88-98.

[8] 毛光烈. 第四方物流平台流程与制度一体化的创新性设计[J]. 管理世界, 2008(4): 8-14.

务提供商、IT 服务提供商、电子商务合作者等多个主体具有紧密的合作关系,第四方物流服务商整合这些提供商的服务能力,为客户提供具有价值增值的服务,具体如图 1-2 所示。

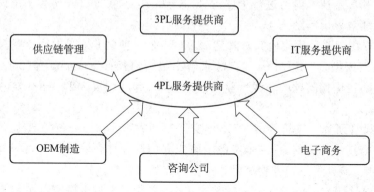

图 1-2　4PL 的支撑环境

从运作模式上分,第四方物流可以分为两种类型。一种是协同运作模式。由 4PL 服务提供商与 3PL 服务提供商共同开发市场,双方进行优势互补与合作,4PL 服务提供商向 3PL 服务提供商提供缺少的技术和战略职能,3PL 服务提供商替前者实现其策略的运作与实施。另一种是方案集成商模式。4PL 服务提供商为客户提供整体的供应链解决方案,同时整合 3PL 服务提供商资源与其他资源,为客户提供集成的一站式服务。

案例 1-19

深圳市创新源供应链集成有限公司

深圳市创新源供应链集成有限公司成立于 2002 年,是由招商局、华为、中兴及中海物流等技术骨干与资深专业人士共同发起组建的物流与供应链集成服务企业,是集现代化物流园区业务策划、规划设计、可行性研究、物流信息平台规划设计及开发运维、招商和运营管理全程化服务,物流与供应链管理一体化集成管理服务,物流云平台规划、设计、开发服务于一体的综合解决方案供应商。公司通过精深的专业能力、丰富的系统平台开发和运营经验、智慧物流领域创新技术的应用和周到的服务,现已成为物流和供应链集成服务领域的领导品牌。

(案例来源:创新源官网,http://www.cxycn.com/about.asp,2021-12-05。)

1.5.4　物流联盟模式

物流联盟是介于独立的企业与市场交易关系之间的一种组织形态,是企业间由于自身某些方面发展的需要而形成的相对稳定的、长期的契约关系。物流联盟是以物流为合作基础的企业战略联盟,是指两个或多个企业之间为了实现自己的物流战略目标,通过各种协议、契约而结成的优势互补、风险共担、利益共享的松散型网络组织(韩臻聪,2003)[①]。物流联盟既包括自营企业之间组成的联盟,也包括自营物流与第三方物流企业结成的联盟。

物流联盟的运作模式具有以下特征:①成员之间的依赖性;信任与依赖是联盟建立的基

---

① 韩臻聪.论企业物流战略联盟的建立[J].现代管理科学,2003(9):22-23.

础,在此基础上成员之间才能够资源共享,互相协作;②优势互补性,企业原本各自拥有一定的优势,通过联盟能够使优势互补,实现多方共赢;③竞争与合作并存,联盟企业所维持的是一种合作式竞争,不同于传统的对抗竞争方式。

根据组建方式的不同,物流联盟可以分成如下几类:①水平一体化物流联盟,多是以行业为划分形成的物流联盟,比如制造企业结成物流联盟,零售企业结成物流联盟。这种联盟方式可以进行业务的整合与集约化运作,整体降低成本;②垂直一体化物流联盟,企业与供应商或者企业与销售商之间的物流联盟,有利于完成供应链的一体化运作,提高效率;③混合一体化联盟,以第三方物流机构为核心,集上述两种模式的优点,共同承担风险与收益。

尽管物流联盟的组建有诸多好处,但也存在着一定的风险,因此对于风险的把控非常关键。可能面临的风险主要包括:①合作关系风险,企业文化、价值观念、信任程度、激励机制、战略目标和道德风险等因素都会导致合作风险;②能力风险,知识积累、实践经验、协调管理能力等不足都会导致能力上的风险;③信息与管理风险,包括信息传递、信息资源集成、核心能力集成和联盟的组织与管理等方面的风险。

 案例 1-20

建发钢铁物流联盟

建发股份钢铁集团深耕钢铁供应链业务领域多年,有丰富的产业基础,为了落实五年规划中物流赋能战略举措,于 2021 年 3 月成立了专业的钢铁物流公司——厦门建发钢铁物流有限公司(以下简称"建发钢铁物流公司")。建发钢铁物流公司凭借建发股份钢铁集团在供应链领域内的运营管理经验、资源调度优势,兼收并蓄糅合钢铁供应链上下游多层次、多类型业务场景资源,以仓储服务为主场景,助力钢铁集团建立广泛的物流联盟,为内外部用户提供厂内监管、多式联运、配送、装卸、加工、信息处理服务等全链条物流服务,同时为钢铁集团的投资及供应链项目提供整体物流解决方案。截至 2021 年 10 月,建发钢铁物流已在西南、西北、华中等核心地区增设多个大型自管仓作为枢纽点,物流联盟首批数家涵盖运输、仓储、加工服务内容的优质企业已通过考察及审核,正式融入建发钢铁的大服务体系中。

(案例来源:我的钢铁网.建发钢铁 | 物流布局行稳致远,打造钢铁物流新联盟[EB/OL].(2021-11-30). https://gc.mysteel.com/21/1130/11/25F6B152C425EEF8.html.)

1.6 物流服务运作模式的选择

不同的物流服务运作模式适用于不同类型的企业。对于企业来说,选择适合自身的模式有利于企业的长远发展,合适的模式将能够发挥企业的优势,使得企业更具有竞争力。制造企业或者服务企业在进行物流服务运作模式的选择时,应当综合考虑物流对于企业的重要性、企业经营物流的能力、物流服务的竞争力等因素。通常来说,模式的选择有定性和定量两种方法。

很多学者对于物流服务模式的选择做了大量研究,且大多数与行业实践相结合。按研究的相关行业来划分,主要包括电子商务物流[李隽波和刘巧(2014)[1]、牛莉萍(2014)[2]、梁晓音(2014)[3]]、冷链物流[杨光华等(2009)[4]、孙小婷(2011)[5]、邰英英(2015)[6]]、农产品物流[丁九桃(2014)[7]、李燕(2013)[8]、刘红亚(2015)[9]]和制造业物流[石传芳(2010)[10]、纪成君和栾玉晶(2014)[11]、葛蓓(2014)[12]]等;从研究的方法来看,多采用定性分析与定量分析相结合的方法,武钰敏(2014)[13]建立基于模糊AHP(层次分析法)的B2C电子商务物流模式评价选择模型,许颖(2016)[14]借助技术经济评价法和专家打分法研究了"互联网+"下江西特色农产品的物流模式选择,张成甦和宋山梅(2015)[15]运用多层次灰色关联法对热带农产品物流模式进行系统评价与选择,江琪和施杰(2014)[16]利用矩阵图决策法与比较选择价值系数对我国乳制品冷链物流模式选择进行了研究。接下来将详细介绍几种定性与定量的方法。

1.6.1 定性方法

典型的定性选择方法有以下两种。

1. Ballou 的二维决策方法

美国物流学家 Ronald H. Ballou 基于企业物流管理能力和物流对企业成功的重要程度两个主要因素,提出了二维决策矩阵模型,如图 1-3 所示。

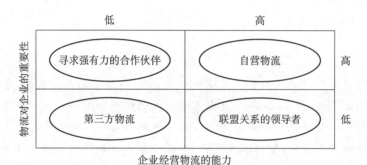

图 1-3 二维决策模型

---

[1] 李隽波,刘巧.基于供应链管理的B2C电子商务企业物流配送模式选择研究[J].商场现代化,2014(1):118-120.
[2] 牛莉萍.基于 AHP 的 B2C 电子商务物流模式选择研究——以天猫与京东为例[J].商业时代,2014(31):58-60.
[3] 梁晓音.电子商务企业物流能力的构成要素与物流模式选择[J].物流技术,2014(15):135-137.
[4] 杨光华,林朝朋,谢小良.生鲜农产品冷链物流模式与对策研究[J].广东农业科学,2009(6):200-203.
[5] 孙小婷.中国冷链物流模式选择与发展对策研究[D].哈尔滨:东北农业大学,2011.
[6] 邰英英.电子商务时代下江苏农产品冷链物流模式选择[J].物流科技,2015,38(5):128-129.
[7] 丁九桃.鲜销农产品物流模式选择问题研究[J].物流技术,2014,33(1):190-192.
[8] 李燕.广西农产品物流模式优化及选择性分析[J].物流技术,2013,32(1):44-47.
[9] 刘红亚.长沙市生鲜果蔬农产品物流模式优化研究[D].长沙:中南林业科技大学,2015.
[10] 石传芳.制造企业物流模式选择与协调策略研究[D].西安:西安理工大学,2010.
[11] 纪成君,栾玉晶.中小型红木制品企业物流模式选择研究[J].物流工程与管理,2014(5):89-91.
[12] 葛蓓.多层次灰色评价模型下的服装企业物流模式选择[J].物流技术,2014,33(3):129-131.
[13] 武钰敏.基于模糊 AHP 的 B2C 电子商务最优物流模式选择——以当当网为例[J].物流技术,2014(9):241-243.
[14] 许颖."互联网+"下江西特色农产品的物流模式选择研究[D].南昌:华东交通大学,2016.
[15] 张成甦,宋山梅.热带农产品物流模式选择研究[J].南方农村,2015(3):12-17.
[16] 江琪,施杰.经济效益最优条件下我国乳制品企业冷链物流模式选择[J].物流科技,2014,37(9):108-110.

对于有较高经营物流能力的企业来说,如果物流对于企业有较高的重要性,企业应该选择自营物流的方式,如果物流对于企业的重要性不高,企业应该选择组建物流联盟并且充当联盟的领导者;对于没有足够能力经营物流的企业来说,如果物流对于企业有较高的重要性,企业应该选择寻找合作伙伴,进行资源共享和优势互补,如果物流对于企业的重要性不高,企业应该选择将物流环节外包给第三方,以节约成本。

Ballou 二维决策方法是一种较为简便易行的物流模式选择的方法,一些学者进行了应用。例如,姜天和刘军[①](2013)以 Ballou 的物流二维决策模型为基础,针对电子商务企业仓储物流的特点对模型进行了改造,提出了电子商务仓储物流模式选择模型,应用在仓储物流模式的选择问题上。但是,该方法同时也存在着一定的缺陷。比如,在现实生活中,可能存在物流对于企业的战略很重要,同时企业也有能力去经营物流的情况,但是自营物流的运作成本很高,物流效益较为低下,这个时候如果按照上述二维模型去决策,企业有可能会花费较高的成本,反而得不偿失。

2. 综合分析法

综合分析法是通过综合分析企业经营物流的能力、物流运营成本与费用,以及物流服务的竞争力等因素,进行物流服务模式的选择。

(1) 企业经营物流的能力。企业物流的经营能力是企业在决定是否自营的时候首要考虑的因素,如果企业的经营能力不强,那么势必无法进行物流的自营,如果企业有足够的能力进行物流经营,那么就应进一步考虑成本等其他的因素。

(2) 物流运营的成本与费用。企业经营的最终目标是实现盈利,因此物流的运营成本和费用也是进行物流模式选择时一个很重要的考量因素。一般来说,企业进行物流运作的总成本为

总成本=运输成本+仓储成本+批量生产(采购)成本+库存成本+订单处理和信息费

(3) 服务竞争力。在现代物流市场服务化发展的今天,企业的服务竞争力水平也是进行物流模式选择时必须考虑的因素,如果企业有较高的服务水平,能够为客户提供高质量的服务,那么可以考虑自建物流。否则,即使企业有足够的经营能力,但是仍然难以同专业化的第三方物流进行竞争,此时可以考虑将物流业务外包或者寻找合作伙伴来提升服务水平。

1.6.2 定量方法

企业物流运作模式的选择是一个多因素考虑的综合决策过程,因此可以使用的定量方法有很多,最典型的也最常用的是层次分析法。

层次分析法(analytic hierarchy process,AHP)是美国运筹学家、匹兹堡大学 T. L. Saaty 教授在 20 世纪 70 年代初期提出的。AHP 是对定性问题进行定量分析的一种简便、灵活而又实用的多准则决策方法。将层次分析法应用于企业物流模式的选择决策,主要步骤如下。

(1) 明确企业物流战略的主要目标,并对目标进一步分解,形成物流模式决策评价指标体系。

(2) 用 AHP 的两两比较法确定各个指标的权重,进行判断矩阵一致性检验。

---

① 姜天,刘军. 电子商务仓储物流模式分析与选择研究[J]. 物流技术,2013,32(15):1-4.

(3) 计算每种物流模式的总分值向量,分值大的物流模式即为最佳的物流模式。

在理论研究中,AHP方法因为适用性好、决策合理而多为物流研究的学者们采用。吴聪(2005)[1]在研究我国连锁零售企业的物流模式选择问题时就采用了AHP方法帮助进行决策,牛莉萍(2014)[2]通过AHP方法对电商物流模式的选择问题进行探究,并以天猫和京东商城为例进行分析,其分析结果与现实情况基本相符,验证了AHP方法在此问题上的适用性以及所选的影响因素及重要性程度分配的合理性;王兴凯(2010)[3]将AHP方法进行改进,研究了基于模糊AHP的物流运作模式的相关理论,并利用该方法结合定量定性分析提出了物流模式的选择方法。

基于AHP的物流模式选择方法能够将影响物流成本和效率的诸多因素进行综合评价,既考虑了评价物流成本和效率中的定性因素,也考虑了决策过程中的定量因素,并将定性和定量因素有机结合起来得到各方案的综合评价权重,有效避免了决策中的片面性[4]。

除了层次分析法之外,也有一些其他的定量方法在选择物流模式时被学者们采用,如模糊综合评价法[刘志英和田晓飞(2005)[5]、王玉龙(2014)[6]、王国志和刘春梅(2014)[7]]。模糊综合评价法是一种基于模糊数学的综合评价方法。该综合评价法根据模糊数学的隶属度理论把定性评价转化为定量评价,即用模糊数学对受到多种因素制约的事物或对象做出一个总体的评价。模糊综合评价法具有结果清晰、系统性强的特点,能较好地解决模糊的、难以量化的问题,适合各种非确定性问题的解决。

此外,还有作业成本法[胡长杰和王颖(2011)[8],贺丽锦(2011)[9]]也能够帮助进行物流模式选择。所谓作业成本法是指通过对所有作业活动进行动态追溯,计量作业以及成本对象的成本,评价作业业绩和资源利用情况的成本管理过程。其一,鉴别消耗资源的作业,通过确定资源动因,将资源费用归集到相关的作业;其二,明确成本对象,确认作业动因,将作业汇集的成本分配给相关的成本对象,以完成成本的核算。

除此之外,一些方法(如改进的TOPSIS方法)也得到了应用。例如,姚铭和蒋惠园(2015)[10]提出了基于粗糙集的改进TOPSIS法的中小物流企业运营模式评价选择方法,知识约简是该理论的核心内容之一,即在保持知识库分类能力不变的条件下,删除其中不相关或者不重要的知识,而重要性理论主要借助信息量的概念,从客观的角度确定指标的权重。TOPSIS(technique for order preference by similarity to ideal solution)是一种求解多目标决策问题的有效方法。其中心思想是先选定一个正理想解和一个负理想解,然后找出与正理想解距离最近且与负理想解距离最远的方案作为最优方案。两种方法相结合,可以对物流运营

---

[1] 吴聪.我国连锁零售企业物流运作模式选择的AHP评价方法[J].交通科技与经济,2005,7(6):68-71.
[2] 牛莉萍.基于AHP的B2C电子商务物流模式选择研究——以天猫与京东为例[J].商业时代,2014(31):58-60.
[3] 王兴凯.基于模糊AHP的物流运作模式选择研究[D].武汉:华中师范大学,2010.
[4] 魏强,王少华.基于层次分析法(AHP)的物流模式选择研究[J].市场周刊:新物流,2006(9):50-51.
[5] 刘志英,田晓飞.企业物流模式选择的模糊评价方法[J].沿海企业与科技,2005(6):38-39.
[6] 王玉龙.基于模糊综合评判法的B2C企业物流配送模式选择[J].商业经济,2014(1):62-63.
[7] 王国志,刘春梅.基于模糊评价法的制造型企业逆向物流模式选择研究[J].物流工程与管理,2014(7):104-107.
[8] 胡长杰,王颖.基于作业成本法的中小企业物流模式选择[J].中国商贸,2011(5):129-130.
[9] 贺丽锦.基于作业成本法分析的企业物流模式选择策略[J].中国商贸,2011(28):178-179.
[10] 姚铭,蒋惠园.基于粗糙集和改进TOPSIS法的我国中小物流企业运营模式选择研究[J].物流技术,2016,35(1):63-66.

模式进行评价与选择，也是一种适用的方法，但这种方法操作相对复杂，在实际中较少采用。

本章小结

　　现代物流是包括运输、仓储、包装、装卸搬运、流通加工、配送、信息服务等环节的经济活动，相对于传统的仓储和运输等单独运行的物流环节而言，它强调各种仓储、运输方式的系统集成。现代物流与传统物流存在着较大的差别，传统物流一般指产品出厂后的包装、运输、装卸、仓储，而现代物流强调物流系统化和集成化。

　　与传统物流相比，现代物流的发展在三个方面表现出了不同的特征。①在服务特征上，现代物流服务具有多元化与多样化、专业化与综合化、规范化与标准化等特征。②在管理特征上，现代物流管理具有方法现代化、目标整体化、组织网络化等特征。③在经济特征上，现代物流强调资源整合特征、集成管理与科技创新等。

　　一般来说，物流服务运作是指特定绩效要求下企业进行生产或者提供服务的过程中所进行的一系列计划和协调活动，这些计划和协调活动能够实现产品或服务的价值增值，以满足顾客的各种需求。

　　物流服务运作具有综合集成性、价值增值性、"三流"紧密关联等特点。随着物流服务运作的逐渐发展，一些新的应用领域也逐渐出现，如快速响应物流、有效顾客反应、精益物流和敏捷物流、智慧物流、应急物流、逆向物流等。

　　物流服务运作的基本模式可以分为自营模式、第三方模式、第四方模式和物流联盟模式，不同的企业会适用于不同的模式，企业在进行模式选择时可以应用定性或定量的方法。定性的方法有 Ballou 二维决策方法、综合分析法等。定量的方法有层次分析法、模糊评价法、作业成本法等。

关键概念

现代物流　　物流服务运作　　物流模式选择　　定性定量决策

思考题

1. 请用自己的话给物流进行定义。
2. 现代物流的特点有哪些？
3. 现代物流服务的特征是什么？怎样去理解这些特征？
4. 请你比较一下自营物流、第三方物流、第四方物流与物流联盟这四种模式的优缺点。
5. 在进行物流模式选择的时候有哪些方法？不同方法的局限性体现在哪里？

课堂讨论题

1. 传统物流与现代物流的区别是什么？
2. 现代物流服务运作有哪些新的发展方向？
3. 现代物流有哪些代表性的物流企业？其运作模式如何？

第1章扩展阅读

案例分析

马士基：转型端到端物流公司

马士基集团成立于1904年，总部位于丹麦哥本哈根，在全球135个国家设有办事机构，拥有约8.9万名员工，在集装箱运输、物流、码头运营、石油和天然气开采与生产，以及与航运和零售行业相关其他活动中，为客户提供了一流的服务。马士基集团旗下的马士基航运是全球最大的集装箱运输公司，服务网络遍及全球。

1. 确立战略转型目标

物流业务是马士基公司战略转型的产物，这一业务可以追溯至2016年9月。彼时，马士基集团董事会宣布由集团管理层对公司的战略重新进行评估，并提出解决方案，旨在推动新增长，增加灵活性和协同配合，并长期为股东提供最大价值。董事会确认公司的定位是：打造一家综合的集装箱物流公司，连接并简化客户供应链，为客户提供端到端服务，促进全球贸易发展、社会经济繁荣。

此后，马士基相继收购汉堡南美公司、剥离石油和石油相关业务，整合三个从事区域内运输的航运品牌。从2019年1月1日起，此前旗下货代公司丹马士的供应链管理服务和马士基航运的海运产品逐步整合，连同各自的增值服务合并成为马士基的产品和服务进行销售。从2020年10月1日起，萨非航运品牌并入马士基，丹马士品牌中的空运和拼箱业务并入马士基旗下物流与服务产品组合。2020年9月1日，马士基宣布公司将通过进一步战略整合，提升客户体验，为其提供更优质的端到端服务，包括将旗下物流品牌丹马士中的空运与拼箱业务和马士基物流与服务产品整合到一起，成为马士基端到端产品的有力补充。

通过一系列举动，马士基可为客户提供综合的、端到端的供应链管理解决方案，利用业务优势，该公司进入涵盖从生产到消费所有环节的市场。通过统一的团队提供更为广泛的产品、建立更清晰的品牌结构并拥有强大的数字化基础，以实现进一步增长。

2. 空运规模逐步增长

2020年10月11日，马士基为一家轮胎制造商提供了包机服务，在业务实现整合后第一次以航空运输方式将货物从泰国运往日本。首个空运业务的完成标志着马士基在空运领域成功进行了一次"华丽首秀"。该项目前后共运营11架包机，满足客户供应链的紧急需求。

受新冠疫情影响，全球客运航班遭受重创，随着国内外航司大面积削减航班计划，航空腹舱运力供给在2020年出现严重短缺。但马士基空运团队凭借出色的采购及操作能力，在商业航班业务、包机业务等方面展现出极强的实力，根据需求对包括防疫物资在内的紧急货物提供可靠的运输服务，助力客户打造更具韧性的供应链。在疫情初期，马士基空运团队和欧洲第二大航空货运公司Star Air一起合作，开展"空中桥梁"(Maersk Bridge)项目，在中国及北欧之间运送了1 750万件防疫物资。

3. 跨境班列蓬勃发展

马士基发展战略以"价值创造"为核心，该理念旨在通过在物流及海运业务之间协同发展，为客户创造价值，并在海运及码头业务之间发挥财务及运营协同效应。

自新冠病毒爆发以来，马士基跨境班列频繁往返于欧亚大陆，足迹遍布欧洲各个国家，运送物资、原材料和各项紧急货物,在国际贸易及货物运输中起着至关重要的作用。其中,定制专列已扩展到 13 个国家和地区的 40 多条线路。2020 年,马士基在欧亚大陆共开行 210 列定制班列,其中有 60 列为防疫物资专列。2021 年上半年,跨境班列开行 140 余列。2021 年初,马士基与中国铁路济南局集团有限公司签署了战略合作框架协议,双方希望以中铁济南局集团管辖内铁路物流园及铁路货场为平台,共同进行铁路物流园区开发运营,实现全程提单多式联运并探索平台性业务合作。2020 年与 2021 年,马士基在中国内陆一共开设了 35 个铁路服务场站,其中 25 个铁路服务场站可以提供铁路全程提单服务。

4. 拼箱业务快速发展

除了跨境班列,马士基拼箱业务在 2021 年也实现了快速发展,到 7 月已经开通了 100 多条直拼航线。马士基海运拼箱业务的定位是为客户提供端到端运输服务,最大限度满足客户需求。马士基通过在包括亚欧、跨太平洋等主要贸易航线上开通远洋直拼服务,满足客户需求,提升客户体验。此外,马士基还推出了多点集拼业务,把客户的拼箱货物从世界各地运送到合适的枢纽港进行整合,然后发往目的地。运输过程更加快捷,文件手续更加简化,提高了运输稳定性和可靠性。接下来的两三年,马士基将会以满足客户需求为目标,进一步完善拼箱航线布局,特别是在优势航线及区域航线上,开通自有直拼服务,扩大业务覆盖范围。

不难看出,马士基正根据其既定战略逐步转型,不断拓展物流与服务业务,为客户提供灵活、可靠的供应链解决方案。如果说海运是马士基的业务基石,那包括空运和拼箱业务在内的物流与服务业务的蓬勃发展则是马士基转型的崭新着力点。从海上驰骋到冲上云霄,从中欧班列到海运拼箱,马士基"多轮驱动",在转型的道路上将越走越快。

(案例来源:李薇,黄晖.马士基"多轮驱动"打造综合物流服务商[N].中国水运报,2021-07-09(007).)

思考题:

1. 请你概括说明马士基是如何转型为端到端物流公司的,是否存在风险?
2. 通过阅读案例,你认为马士基的端到端物流服务的优势体现在哪些方面?

第 2 章

现代物流服务的利润空间和物流政策环境

 学习目的

- 了解我国物流强国建设的内涵；
- 了解物流成本的相关历史；
- 理解隐性物流成本的构成；
- 掌握现代物流利润产生的途径；
- 掌握物流服务模式设计的方法；
- 了解现代物流服务体系的五层架构。

第 2 章微课

📖 **案例 2-1**

中国物流成本之惑

在物流行业中，关于成本的讨论是一个迷雾重重的话题。中国的物流成本到底高不高？是否应该用物流成本占 GDP 的比例来衡量？外界讨论中国物流成本最多引用的数据是"中国物流费用占 GDP 比例为 18%，而美国等发达国家是 8%～9%"，中国是美国的 2 倍。从逻辑上来说是否说明中国物流成本比美国高 2 倍？

首先来看一个例子：一家医药企业和一家食品企业同样从上海到北京运输一批 100 千克货物，所花的运费同样是 200 元，但是药品的单位价值高，销售收入能达到 2 万元，运费占比 1%，而食品的单位价值低，销售收入仅为 5 000 元，运费占比就达到 4%。从运输单位千克成本来说，这两类企业是一样的，可是按运费占收入比例来说，差距就是 4 倍。

不同的运输方式和运输工具，费率方式也会变化。运输费用占收入比例对于理解企业的成本结构作用很大，但正如上面所举的例子，有其他因素起的作用更大，公平地比较运输成本更应该使用同样的运输费率。在所有物流费率方式中，按重量计价是最通常的费率，在很多国家的物流运量宏观统计中，也普遍使用重量作为统计。但同样重量的物品，运输距离也会有很大的差异。行业内通常的做法是使用"吨千米"这个运输周转量使成本衡量更加合理，即吨公里成本：平均每一吨货物运输一千米的费用。然而事实上物流服务是一个复杂多样的行业，除了运输之外，还包吨仓储、管理、打包、分拣、保价、代收货款等各种增值业务。理论上来说，需要对每一项服务的收费进行比较，逐项比较才能得出一个全面的结论。本案例仅从运输角度分析，由于运输费用基本占物流总成本的一半以上，因此从近似角度来说，比较吨公里物流总成本基本能够反映整体物流成本的高低。

为了解答物流成本的疑惑,我们还是要先理解一下这个广为人知的事实:中国物流成本占GDP比例为18%。我们需要把这个指标用公式拆分成三个部分,公式如下。

$$物流成本/GDP = (货物吨位/GDP) \times (货物周转量/货物吨位) \times (物流成本/货物周转量)$$

$$= 单位GDP货运量 \times 平均运距 \times 物流费率$$

可以看到,物流成本占GDP比例取决于三个因素:单位GDP的货运量,平均运距,物流费率。三个因素的具体含义体现在:①产生同样一美元的GDP,在不同的经济结构里需要的货运量是不一样的,这个在上面的药品和食品的例子就可以体现。②不同国家的地理结构和人口分布会对平均运输距离产生非常大的影响。③同样一吨货物运输一千米的物流费率是多少。在这三个指标里,只有物流费率是衡量物流成本高低的合理指标,其他两个指标则取决于经济结构、地理结构和人口分布等因素。表2-1中显示了中美关于这三个指标的对比。

表2-1 中美物流成本对比

项目	GDP/万亿美元	运输吨位/亿吨	运输周转量/(万亿吨/千米)	万美元货运量/(吨/万美元)	平均运距/千米	吨千米物流总成本/元	物流总成本占GDP比例
中国	8.4	409	17.4	48.7	425	0.09	18%
美国	16.2	125	6.9	7.7	552	0.21	9%
中美差距	−48%	227%	15.2%	531%	−23%	−59%	9%

数据来源:中美国家统计局网站,2012年数据。

1. 单位GDP货运量

美国的GDP大约相当于中国的一倍,但是货运量不到中国的1/3。每万美元GDP美国只需要7.7吨货运量,而中国需要48.7吨,美国大约相当于中国的1/6。我们简单地从宏观方面来理解这个差距主要有两方面的原因。

一是经济结构。根据2011年数据统计,美国的第二产业(工业为主)产值占GDP比例为19.2%,中国为46.6%,而产生货运量的主要产业是工业,农业和服务业产生的货运量相对较少。中国的经济以基础建设和制造业为主,美国已经进入后工业时代,形成以服务和金融为重点的经济特征。

二是经济水平决定的货物价值。同样一千克货物,因为单位千克货物价值的不同会对GDP产生很大影响。一吨煤和一吨烟草价值可以相差100倍。同样一吨货物,价值更高对应的GDP就更高。中国除了货运量大之外,货物类别也偏向煤、钢铁、水泥、沙石等大宗物资,其每吨货物价值也相应降低。而且美国的人均GDP远远高于中国,即使同样类别的货物价值平均来说也会高于中国,这也会造成同样的GDP产生的货运量不同。

中美经济的巨大差异从这些数据中已经显露无遗。这个指标的差异也成了我们理解物流成本占GDP比例时的最大的障碍,不了解中美经济结构的差异,就难免简单得出中国物流成本高于美国的结论。

2. 平均运距

平均运输距离在中美之间没有特别大的差异,中国425千米,美国552千米,美国比中国多30%。这个结果应该可以理解,中美的地理面积相当,同样城市分布松散。

3. 吨千米物流总成本

最后这个指标才是客观衡量物流成本高低的指标。中国吨千米的物流总成本为0.09美元,而美国为0.21美元,约为中国的一倍。需要说明的是,这个数据是把所有的物流总成本(包括吨运输、仓储、管理和其他增值服务)分摊到周转量的结果,并非简单的运输吨千米成本,因此这个数据可能看起来比行业内人士了解的数字会高。从这个指标来看,美国的物流成本远远高于中国。这也就是用不同的逻辑标准得出的结论的巨大差异。

由此我们得到了初步结论。

(1) 根据物流成本占GDP比例去衡量物流成本高低是一个过于简单的方法,很可能会被国家的经济结构等其他因素干扰。

(2) 中国物流成本占GDP比例是美国的2倍,主要原因是同样的GDP中国需要6倍于美国的货运量,这是由中美的经济结构决定的。

(案例来源:本案例由鞍钢股份有限公司物流管理中心侯云海提供.)

2.1　德鲁克的物流观

1962年,著名管理学大师德鲁克先生在美国《财富》杂志上发表了《经济的黑暗大陆》一文,这成为推动现代物流发展的奠基之作(江超群和董威,2003)[①]。

德鲁克先生在《经济的黑暗大陆》这篇文章里,从传统经济学和现代商业学两个角度深刻分析了商品成本和价格的构成因素。德鲁克先生认为,商品的成本一般是由两个50%构成,即消费者所购买的商品总成本是由50%的生产成本和50%的流通成本共同组成的。

德鲁克的研究发现,促使经济学家和企业家们开始关注流通成本对商品价值的巨大影响力。既然物流是第三利润源,而生产环节成本降低的难度又越来越大,那么为什么不尝试从流通环节降低成本呢?于是,与商品流通息息相关的物流业和物流技术逐渐被业界认同和接受。

按照德鲁克先生所提出的观点来看,商品的物流成本占据其总成本的一半,那么也就是说,如果将物流成本每降低1个百分点,就相当于产品总成本降低了0.5的百分点,相对于产品的生产成本来说,流通成本的降低更为容易,付出的代价也更小,因此对物流环节的管控成为降低产品成本的有效途径。同时,现代物流的发展伴随着设施设备的不断升级和先进技术的发展应用,更有利于实现物流环节的资源整合和成本挖掘,从而在总体上提高企业产品的竞争力。

2.2　物流服务的利润空间

浙江天轮供应链创新发展实践

浙江天轮供应链管理有限公司(以下简称"天轮供应链")成立于2016年12月,聚焦传

[①] 江超群,董威.现代物流运营管理[M].广州:广东经济出版社,2003:22-23.

统的商用车轮胎行业,专注于轮胎行业垂直运营,致力于打造协同采购、协同制造、协同研发、渠道分销、绿色回收、数字化平台于一体的"5+1"模式,以协同化、定制化、去中间化、数据化、循环化的"五化"智慧供应链体系,推动整个轮胎产业链转型升级。

通过与轮胎产业供应链上下游企业的合作,天轮供应链已实现研发、采购、制造、流通、品牌、信息等环节多方位的协同,从采购至消费端全产业链至少降低15%的制造和流通成本,提高行业库存周转率达30%以上。目前,天轮供应链正通过品牌、技术、管理输出,实现快速复制、快速扩张,上游打造核心工厂、托管工厂、OEM共享工厂,下游打造运营中心、"工厂仓+中心仓+共享仓"、协同共享配送中心。同时天伦供应链积极与大型物流公司开展战略合作,融合双方生态圈中同业化的业务,依托物流公司配送门店的末端网络优势,直发终端零售渠道,减少轮胎存储及流通环节,并服务于物流车队的卡/客车司机,与天轮的经销商共同开展轮胎的销售、安装服务。通过全链条资源的整合和上下游协同水平的提升,天伦供应链不断推动降本增效,同时积极开展服务产品和模式创新,提高客户满意度,打造更具黏合力的品牌,有效扩大了企业的利润空间。

(案例来源:中国物流与采购网.浙江天轮供应链王定杰在线分享轮胎供应链创新发展实践[EB/OL].(2020-08-16). http://www.chinawuliu.com.cn/zixun/202008/16/520815.shtml.)

2.2.1 中国物流显性成本分析

中国物流企业目前普遍面临着运营成本高、利润率低下的严峻形势。中国物流与采购联合会在2016年7月4日发布的《2015年度物流企业负担及营商环境调查报告》[1]中提出,企业用工成本、用地价格、仓库租金是影响企业物流成本的主要因素。

在该报告中提到,近年来企业用工成本呈逐年提高趋势,重点物流企业人力成本占主营业务成本的25%,比上年提高2个百分点;企业用工成本比上年增长13%,增幅提高3个百分点。企业用地价格持续上涨,2015年重点物流企业物流用地的平均价格普遍上涨,一线城市为80万~100万元/亩,二线城市为40万~50万元/亩,三线城市为10万~15万元/亩。仓库租金增幅较大,重点物流企业2015年租用仓库的平均租金,一线城市约为1.2元/(平方米·天),比上年增长16%;二线城市平均为0.9元/(平方米·天),比2014年增长16%,三线城市平均为0.6元/(平方米·天),比2014年增长20%。

然而,传统方式运作的物流企业的盈利能力在逐渐下降,在收入基本保持不变的情况下,成本的不断上涨使企业的利润空间越来越小,很难维持5%以上的利润率,甚至部分企业只有1%的利润率。严峻的形势对物流企业的生存提出了巨大的挑战。

2.2.2 中国物流隐性成本分析

在物流企业的实际运作过程中,对于成本的管控有较大难度。通常来说,物流的成本可以分成显性成本和隐性成本。显性成本是指能够纳入会计核算体系的成本,如材料费、人工费、维护费和保险费等,这部分费用因为有明确的记录所以企业较容易管控;而隐性成本无法纳入会计核算体系,但实际过程中产生的隐性成本同样会消耗企业的利润,所以对于隐性物流成本的分析与控制是企业应当关注的重点。

---

[1] 中国物流与采购网.关于开展"2017年全国物流园区综合评价"工作的通知[EB/OL].(2016-12-22). http://www.chinawuliu.com.cn/lhhkx/201607/04/313458.shtml. 2016-12-22.

1. 反向物流的成本

反向物流的产生，可能有如下几种情况：①物流操作不规范导致货品高比例损坏，需要回收的货品从下游末端返回厂家；②因为传真或电话错误，上游错发货物导致货物召回；③市场预测不准确，销售区域的供货数量过多导致的反向物流；④分销中心、仓储基地设置不合理，造成货物流动距离过短或者过长。反向物流在企业的生产运作中较为常见，但是很少有企业在实际运营中将反向物流消耗的成本纳入考虑，因此这一部分的成本就成为无法准确记录的隐性成本。

案例 2-3

Berkshire Grey 的"逆向物流"解决方案

仓库机器人解决方案公司美国 Berkshire Grey 公司推出了逆向物流解决方案，以帮助零售商加快退货商品的转售，提高退货过程中劳动力的利用率。其逆向物流解决方案包括 Berkshire Grey 公司的机器人产品分拣识别系统（RPSI）和机器人梭子墙系统（RSPW），这两个系统都是为有效处理退货而专门配置的。Berkshire Grey 公司的 RPSI 系统允许 3PL 和其他中央退货处理中心在打开和检查商品之前，按品牌和商品类别对进入的包裹进行预分类。Berkshire Grey 公司的 RSPW 系统将迅速对退货产品进行分类，以便更快地进行转售或翻新。通过应用机器人自动化，将能够优化逆向物流处理，电子商务供应商和零售商可以减少退货商品重新上架的时间，优化劳动生产率，最终提高利润率。Berkshire Grey 公司称，其逆向物流解决方案通过加快退货处理速度，使商品重新进入库存或转为翻新，比人工处理速度快 25%，从而帮助减少价值损失。此外，该解决方案通过提高劳动处理效率来降低处理成本，最高可达 35%。

（案例来源：中国 AGV 网. Berkshire 推出"逆向物流"解决方案以处理电子商务货物退货问题［EB/OL］.（2022-01-14）. https://www.chinaagv.com/news/detail/202201/21160.html.）

2. 订单流程中的成本

每个工商企业有各种各样的订单数量和种类，订单处理不仅需要人力资源、通信费用等，还会消耗大量的时间。但是，订单的时间消耗是难以估算的，订单处理多耗费一天时间，意味着产品在仓库多储存一天时间。有关专家估计，在我国，一个订单平均处理时间是 1～5 天，而在发达国家，一个订单平均处理时间只需要几分钟时间。因此，订单流程和处理方式的落后，是工商企业隐性物流成本的另一种表现形式。

案例 2-4

海尔日日顺的订单流程变革

日日顺是海尔集团旗下的全资子公司，其首要任务就是满足集团内部生产制造的物流需求。原先海尔下属有 22 个产品事业部，每个产品事业部都有对应的供应链部门，在制订相应的生产计划的时候，每个部门都会根据自身的需求来下订单、做采购。对于物流来说，对 22 个事业部的分散订单进行整合是较为困难的事，通常要花费较长时间来进行统筹安排。后来，海尔进行了"直销直发"的模式变革，取消了所有生产线下的成品暂存区，生产订单与物流订单合并,这就对物流提出了更高的要求,订单执行效率和准确率都必须大大提升才能满足配合生产制造的节拍,这也就无形中降低了隐性成本。

(案例来源:根据本书作者对于海尔日日顺公司的采访整理所得.)

3. 大批量采购的成本

随着现代社会生产节奏的加快,传统的低频率、大批量的采购方式正变为小批量、高频率的方式。虽然传统的方式表面上成本较低,但是实际上这是一种错误的认知,因为企业不能只关注订货时发生的物流成本,大批量采购所花费的现金流也产生了大量的资金使用成本,这一部分的成本是隐性的但同样不可忽略。

案例 2-5

华鼎国联的数字化采购升级

华鼎国联四川动力电池有限公司(以下简称"华鼎国联")是一家以生产高能量密度、高安全性电池为主导产品的创新型、高科技型、高成长型企业。随着企业的高速发展,采购品类增多,华鼎国联的采购面临多模式、复杂的痛点,企业亟须以专业的采购信息系统为支撑,提高采购管理的效率和品质。在此背景下,华鼎国联与企企通签约,双方就数字化采购管理平台的建设达成共识。企企通将依照华鼎国联的企业背景,对关键业务目标进行对标响应,实现采购寻源过程电子化管控,保证寻源过程规范透明,提升采购寻源效率,有效规避内控风险。通过对采购职能的数字化改造,企企通帮助华鼎国际全面梳理和优化采购管理流程,提升采购工作效率,缩短采购周期,降低采购成本。

(案例来源:砍柴网.企企通携手华鼎国联,助力电池标杆企业数字化采购升级[EB/OL].(2021-12-10). https://baijiahao.baidu.com/s?id=1718739007717186918&wfr=spider&for=pc.)

4. 库存积压成本

库存积压产生两个问题:一个是库存费用增加;另一个是库存的产品不能及时销售,使其销售价值无法实现,这样库存将占用财务资金,使资金周转延长,财务成本增加。而且,产品库存期的延长,会造成产品的潜在销售风险增加,特别是鲜活易腐的货物。

中国物流与采购联合会的数据分析显示,我国市场上的商品一个销售周期内的平均库存时间是 90 天,而美国等发达国家的平均库存时间是 3~5 天。对比之下便可以看出中国物流成本之高。

案例 2-6

德利得物流的 VMI 管理创新

北京德利得物流有限公司(以下简称"德利得")成立于 2000 年,隶属于德利得供应链集团,德利得供应链集团是一家专业的第三方物流服务企业,核心定位于中国高端供应链服务商。在库存管理环节,德利得与客户共同研究采用了供应商管理库存(VMI)模式,大幅度降低了库存成本。同时在北京建立 VMI 库房提供化解低库存模式下安全库存风险的供应链优化方案,由德利得在北京建立第三方的 VMI 库房,将客户在国内采购的主要物料都列入库房中管理,VMI 库房中所有物料的所有权归供应商,只有客户正式订单下达时再出库发到生产线上线组装生产,大幅度降低了客户的库存。同时供应商通过敞口订单方式提高了生产节拍的计划性和物流规模,降低了生产与物流成本,整体上提高了客户整个供应链的效率,降低了供应链总成本。

(案例来源:国家发展和改革委员会经贸司,中国物流与采购联合会.物流业制造业深度融合创新发展典型案例(2021)[M].北京:中国财富出版社,2021.)

5. 整体物流过程的分割

现代物流运作具有系统性和整体性的特点,但实际生活中存在着各个环节被人为分割的情况,这不仅使物流脱离了整体的设计,丧失了整体运作的优势,还使联结各个分散组合的运行成本大大增加,这也是隐性物流成本的来源之一。

对于企业在运作过程中产生的物流成本,无论是显性还是隐性,都不可能由商家独立承担,它最终通过产品形式转嫁给消费者,或者体现在供应链合作伙伴的利润下降上。从这个角度也能够解释为什么中国的产品与国外的产品相比往往没有价格上的竞争力,就是因为成本上有较大差异。

对于所有的隐性物流成本,既不能单纯通过降低单位运输成本和仓储成本来减少,也不能单纯考虑物流过程一个环节来全部解决,需要依靠整个物流产业的进步。想要有效地消除和减少物流隐性成本必须站在供应链一体化的高度,必须认真审视物流运行全部环节和操作方法,从供应链一体化角度出发,从物流运行全过程出发,改善工商企业以及其他合作伙伴的协作关系和运作模式,从根本上实现成本的降低。

2.2.3 现代物流的利润空间

现代物流的利润空间既体现在局部,更体现在整体;既体现在局部各个环节的合作与衔接配合,更体现在利用多种手段进行整体的进程控制和效能优化。从物流企业经营角度来看,现代物流的利润产生有以下方式。

1. 整体的设计和运作

现代物流系统强调整体性运作,只关注某个环节无法实现总体的利润最优。物流系统的各个环节存在着利润悖反的效应,比如运输环节和仓储环节,因此,关注点若局限在某一个具体的环节,企业无法保证实现整体的利润最大化,还可能使物流系统的运行效率受到影响。从整体的角度对物流系统进行设计与运作,一方面可以保证总成本最低,另一方面通过协调各个环节也能够提高运作效率,针对某个薄弱环节进行改进与优化,以补足短板。

案例 2-7

京东物流的一体化供应链物流服务解决方案

京东物流作为一家供应链和物流头部企业,长期致力于供应链和物流服务的专业化、标准化和模块化深耕,关注客户所在产业链的脉络及变化,提供一体化供应链物流服务柔性解决方案,以满足客户差异化和定制化需求。一是"方案一体化"或"垂直一体化",即提供从产品制造到仓储、配送的一整套解决方案,使企业客户能够避免为协调多家服务供应商而产生的成本。二是"网络一体化",即通过京东物流的六大网络,全面满足企业物流活动需求。三是"运营一体化",即基于不同环节实行集中化运营,依托京东物流的服务网络形成规模化效应,帮助客户进一步降低供应链与物流成本。目前,京东物流所服务的关键客户数量已经达到上千个,主要集中在快速消费品、服饰、3C 电子、家居家电、汽车后市场、生鲜等领域。例如,京东物流为服装行业提供的解决方案能够实现从当天多次配送、促销期履约能力保障,到全渠道存货管理与调拨、大量 SKU 管理、布料及衣物储存,以及退货贴标签、修理及重新包装等全方位一体化服务。

(案例来源:中国贸促会研究院.一体化供应链物流服务发展白皮书[R/OL].(2021-10-13). https://www.dx2025.com/wp-content/uploads/2021/11/integrated_supply_chain_logistics_service_development_white_-1.pdf.)

2. 整合与分包效益

资源的整合是现代物流的经济特征之一。具有规模和实力的企业将分散独立的运作资源、客户资源、信息网络资源进行充分挖掘和利用,实现资源整合最大化。随着企业规模的扩大,会带来运作模式的创新,而资源的汇聚势必创造出更大的价值。从另一个角度讲,资源的整合并不意味着一家独大,它对所有的参与方都是有利的,对某一个客户提出的要求也可以进行适当的划分,分包给不同的企业,利用每个企业突出的优势来共同为客户提供服务,整合与分包的灵活运用是一条双赢的路,既提升了服务质量和客户满意度,也为企业创造了利润。

 案例 2-8

中国物流集团正式成立

2021 年 12 月 6 日,经国务院批准,中国物流集团正式成立。这是我国唯一以综合物流作为主业的新央企,有效整合了国家目前手上具备的海陆空物流资源。中国物流集团由原中国铁路物资集团有限公司,与中国诚通控股集团有限公司物流板块的中国物资储运集团有限公司、华贸国际物流股份有限公司、中国物流股份有限公司、中国包装有限责任公司为基础整合而成,一出世就显示出惊人的身价。

尽管刚刚成立,中国物流集团的经营网点目前已遍布国内 30 个省(市、区)及海外五大洲,拥有土地面积 2 426 万平方米、库房 495 万平方米、料场 356 万平方米,同时拥有铁路专用线 120 条,期货交割仓库 42 座,整合社会公路货运车辆近 300 万辆,国际班列纵横亚欧大陆,在国际物流市场具有较强竞争优势。

中国物流集团的成立,于国际来说,有利于中国企业走出去,同时在"一带一路"等建设中也会帮助国内企业降低物流成本、提高物流效率;于国内来说,有利于解决物流节点资源浪费问题,提高整合效率,同时,对行业内公司起到引领作用,规范整个行业的发展。按照计划,在"十四五"乃至今后较长时期,中国物流集团将定位于"综合物流服务方案提供者、全球供应链组织者",以"促进现代流通、保障国计民生"为己任,致力于打造具有全球竞争力的世界一流综合性现代物流企业集团。

(案例来源:华夏时报.物流央企"巨无霸"来了:整合全国海陆空资源,重塑国内物流格局[EB/OL].(2021-12-07). https://finance.sina.com.cn/roll/2021-12-07/doc-ikyamrmy7423534.shtml.)

3. 科学技术与信息平台的支持

每一次科学技术的重大发展,都会推动人类社会向前发展。以往的数次工业革命已经很好地证明了这一点,我们现在正经历的"第四次工业革命"也在不断影响着我们的生活,大数据、云计算、物联网等先进技术的广泛应用是一种趋势,也是一种发展的必然。能够越早顺应科技发展趋势的企业便能够越早完成企业的变革，创造新的利润点。借助先进的技术和信息平台，物流企业能够节约大量的通信费用、人力费用，降低作业损耗，实现各个环节的快速响应。

案例 2-9

宝供智慧物流监控系统平台

为解决埃克森美孚润滑油物流业务问题，宝供物流集团启动宝供智慧物流监控系统平台研发与示范应用项目，用于全程可视化动态监控客户危化品运输和仓储业务，满足跨国公司严格的物流管理要求。目前，宝供智慧物流监控系统平台已成功打造集成订单管理、仓库管理、运输管理、预约管理、资源协同、车辆轨迹、移动应用、服务质量八大系统服务功能，在系统中采用了智能 App 小程序、实时定位数据跟踪、ETL、大数据 AI 算法指标监控等先进互联网技术手段，实现全面动态监控以及通过手机移动 App 为制造业客户提供可视化智慧物流监控管理服务。

（案例来源：国家发展和改革委员会经贸司，中国物流与采购联合会.物流业制造业深度融合创新发展典型案例（2021）[M].北京：中国财富出版社，2021.）

4. 附加服务的潜在价值

提供附加服务，挖掘服务的潜在价值，也是企业提高利润率的重要手段。曾经有这样一个真实的例子[①]：一家电信器材公司在替某电信运营商运送移动机站设备时，车辆突然意外着火，价值 810 多万元的设备基本报废。消息传出，委托方、厂商、接受方一片哗然，具体经办此事的负责人却拿出一张保单连呼幸运，闻讯而至的保险公司与生产厂家、使用单位共同对着火设备进行了清理和估价，除去 30 万的可用设备外，对 780 万元的损失最终全部照价赔偿。事后，该器材公司对此事进行了总结，并把"代办保险"作为今后承办物流业务的一条必选附加服务，众多大型设备委托方也与器材公司在这一点上达成了共识。从这个例子便能够看出附加服务的潜在价值之大，也能进一步提升企业竞争力。

2.3 物流服务模式设计

物流服务尤其注重顾客体验，而服务的模式往往决定着服务水平，进而影响着顾客的体验。因此，对于物流服务提供者来说，物流服务模式的设计至关重要。

不只是在企业实践中，物流服务设计也是很多国内外学者重点研究的内容。从物流服务设计的方法上看，目前较少有针对物流服务模式的整体设计进行研究的文献，有较多的文献聚焦于物流服务设计的某一个特定环节，如进行物流服务提供商选择，如蔡依平等（2011）[②]，另外有许多学者借鉴了 QFD（即质量功能展开）的方法，如 Lin Y 等（2011）[③]进行

---

① 中国物流与采购网.物流也有附加服务[EB/OL].(2016-11-18).http://www.chinawuliu.com.cn/zixun/200204/25/42686.shtml.
② 蔡依平,彭争光,张梦芳.基于 QFD 的现代会展物流服务商选择[J].江苏商论,2011(5):78-79.
③ LIN Y, PEKKARINEN S. QFD-based modular logistics service design[J]. Journal of Business & Industrial Marketing,2011,26(5):344-356.

服务质量改进与控制(白世贞和柳婷婷[①],2012;刘佳斌[②],2014)的研究。在此基础之上,也有许多学者将 QFD 与 Kano 模型相结合,通过建立相关模型,按照需求获取、服务质量规划以及服务要素分解等几个阶段对物流服务进行整体设计,如蒋秀军(2012)[③]、李锦飞和郑盼(2014)[④]、吴怡(2014)[⑤]。除此之外,也有学者借鉴其他方法进行物流服务设计,如 Chen M C 等(2015)[⑥]应用感性工学进行物流服务设计,并结合送货上门服务的案例,提出了一种设计服务的系统化流程,Y. H. Hsiao 等(2016)[⑦]同样应用了感性工学进行跨境物流服务设计研究。

针对不同的物流服务模式,在进行模式设计时参照的原则和使用的方法不尽相同,下面将针对不同的物流服务模式的设计方法进行介绍。

2.3.1 基于成本最小的自营物流服务设计

自营物流的组织形式可以分为两种:一种是企业内部各个部门独立运作,每个部门都执行相应的物流功能;另一种是企业内部专门设有物流运作的综合组织部门,或者成立物流子公司统一管理物流运作。无论企业属于这两种组织形式中的哪一种,其模式设计的核心原则都相同,即达到总成本的最小化。

成本最小化的思想在物流管理中较为常见。企业为了实现产品的生产与销售,往往需要组织采购、运输、物料加工、库存管理等活动,每一项活动都会产生一定的成本,而这些成本的总和就构成了企业的物流总成本。然而在进行理论研究的时候,通常将总成本分为固定成本和变动成本两部分。这种分类思想起源于管理会计理论中的变动成本法,这是根据边际分析理论建立的一种成本计算方法,把总成本按照与产量的依存关系划分为变动成本和固定成本两部分。在物流领域,固定成本是指不随企业物流业务的数量改变而改变的成本,例如厂房、设备等投入,而变动成本是随着物流业务的数量改变而改变的那部分成本,例如人员工资、燃油费等。企业物流成本可以用如下公式表示:

$$TC = F + V \cdot X$$

式中,TC 表示总成本;F 表示固定成本;V 表示单位可变成本;X 表示物流量(一般用产量或者销售量替代)。

【例题 2-1】 ABC 公司是一家生产便利品的制造企业,现在有一种产品准备投放到新兴市场 LA,公司准备用三种物流运作方式来支持产品的物流,如表 2-2 所示。第一种是公司选择公路运输方式,通过卡车将产品运到批发商处,再由批发商批发给零售商;第二种是 ABC 公司在 LA 处建设仓库,通过铁路将产品运到 LA 的仓库,再分销给零售商;第三种是直接空运给零售商。三种方式的固定成本和单位可变成本情况如表 2-2 所示。

---
① 白世贞,柳婷婷.基于 QFD 的运输型物流企业物流服务质量改进分析[J].物流工程与管理,2012(9):7-10.
② 刘佳斌.基于 QFD 的第三方物流服务质量控制体系研究[D].天津:河北工业大学,2014.
③ 蒋秀军.整合 Kano 模型与 QFD 的物流服务设计方法及应用[D].镇江:江苏科技大学,2012.
④ 李锦飞,郑盼.物流服务设计要素决策方法研究[J].江苏商论,2014(5):23-27.
⑤ 吴怡.基于 QFD-Kano 模型的物流服务设计及实例分析[J].物流技术,2014(19):212-214.
⑥ CHEN M C, HSU C L, CHANG K C, et al. Applying Kansei engineering to design logistics services - A case of home delivery service[J]. International Journal of Industrial Ergonomics,2015(48):46-59.
⑦ HSIAO Y H, CHEN M C, LIAO W C. Logistics service design for cross-border E-commerce using Kansei engineering with text-mining-based online content analysis[J]. Telematics and Informatics,2017,34(4):284-302.

表 2-2 ABC 公司三种物流运作方式成本构成

物流运作方式	总固定成本/美元	单位平均可变成本/美元
公路—批发商	20 000	1.8
铁路—仓库	202 000	1.15
空运	24 000	2.0

请给出最优的方案选择。

解：根据表中数据，在图 2-1 中画出三种运作方式的成本曲线。

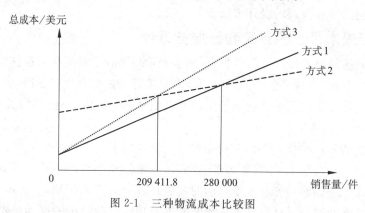

图 2-1 三种物流成本比较图

通过观察图 2-1 可以得出结论：当公司在新市场 LA 的预计销售量小于 280 000 件时，公司选取"公路—批发商"方式可以保证成本最低，如果预计的销售量大于 280 000 件时，则应当选择"铁路—仓库"方式。而对于该公司来说，空运方式不会成为公司的选择，因为无论销售量如何变化其成本始终不是最低。

2.3.2 基于顾客价值的第三方物流设计

最初的顾客价值概念主要探讨顾客价值如何衡量的问题。例如，Jakson(1985)、Morris(1994)、Higgins(1998)、Anderson、Narus(1998)、Kotler(1994)等人都从如何衡量的角度来定义顾客价值。世界上最早给出顾客价值定义的学者是 Jakson(1985)，他最早提出了"价值"实际上就是"顾客价值"的定义，他认为价值是感知利益与价格之间的比率，这里的价格包括购买的价格以及获得、运输、安装、定购还有失败的风险等。这个顾客价值含义揭示了顾客价值的主观性和相对性，是最早的研究成果。在此之后，也有许多人按照这个思路对顾客价值的概念进行了更深入的研究。

顾客是需求的原动力，通过提供满足顾客需求的各种服务活动，企业不仅能够有效提升自身的竞争能力，还能有效提高客户满意度、客户忠诚度和企业的业绩。因此，对于很多企业来说，满足客户需求、提升客户价值就成为企业核心的战略目标。

物流企业客户价值可以有两种理解：①指物流企业在与其客户合作的过程中，该客户能为物流企业所带来的全部价值；②指物流企业在与其客户合作的过程中物流企业能为该客户创造的价值(廖丽金，2008)[①]。在本书的讨论中，所选取的是第一种理解。

---

① 廖丽金. 第三方物流企业客户价值研究综述[J]. 商场现代化，2008(1)：88.

对于第三方物流来说,顾客的满意度是衡量企业服务的唯一标尺,提升顾客价值是企业运作的动力。客户将自身无法满足的物流需求交由第三方物流执行,就是希望第三方物流企业可以凭借专业化的服务、先进的设施设备和低廉的成本来提供高质量服务。双方的关系是一种基于契约的雇佣关系,因此对于第三方物流来说,如何设计出一套基于顾客价值的物流服务模式就成为企业考虑的重点。

基于顾客价值的第三方物流模式设计,是从研究顾客需求和企业自身资源两方面入手,核心是基于现有资源达到顾客需求的最大化满足。其设计过程如图 2-2 所示。

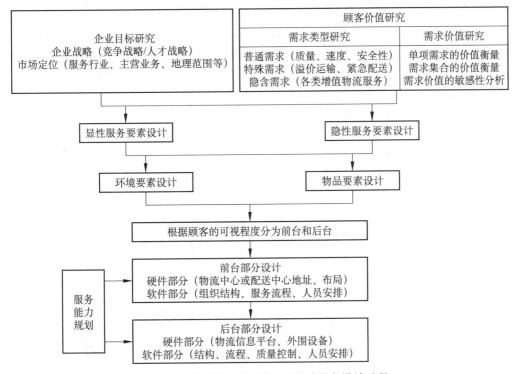

图 2-2　基于顾客价值的第三方物流服务设计过程

(1) 企业目标研究。第三方物流企业应该明确自己的战略目标、市场定位、服务范围、目标市场和目标客户,在此基础上才能设计出适合企业自身特点的物流服务系统。

(2) 顾客价值研究。顾客价值分析有两个步骤。第一步,进行需求类型研究。客户需求是模式设计的出发点和核心,企业应当全方位了解客户需求,不仅要满足客户的普通需求,还应该尽量满足客户的特殊需求和隐含需求。第二步,进行需求价值研究。顾客需求价值的计算需要解决以下问题:①顾客单项需求的价值衡量;②顾客需求集合的价值衡量;③顾客价值模型敏感度分析,测量顾客价值受哪些方面的影响及其价值变动情况。

(3) 物流服务产品设计。分为显性服务要素设计、隐性服务要素设计、环境要素设计和物品要素设计四个方面。显性服务要素是指物流服务的内容和服务标准;隐性服务要素是指顾客对物流服务的主观感受要素;环境要素是客户可见可觉察的要素;物品要素是指辅助物流服务对象消费的物品。

(4) 基于顾客的可视程度划分为前台和后台。前台部分是顾客可以参与到的部分,后台部分则是顾客无法看见的部分,这两者同样重要。前台部分设计中,可以根据顾客个性化和差异化的要求,量身打造服务系统。后台部分设计应该重视服务流程的规范化和标准化。

(5) 前台部分设计。前台部分设计又分为硬件和软件两个方面。前台设计要争取与客户进行交流,使企业能持续改善服务质量和掌握客户需求趋势。

(6) 后台部分设计。后台部分设计主要是信息系统设计,包括物流信息平台、外围设备等硬件结构以及人员质量部分的设计。

(7) 服务能力规划。物流服务同样具有不可储存的特点,所以能力规划就显得异常重要,如果规划不足就很可能出现无法及时满足客户需求的状况。在进行服务能力规划时,要考虑能够完成客户的需求,同时,还要考虑是否需要新增一些同行的辅助帮忙。

2.3.3 基于供应链的第四方物流服务设计

第四方物流借助自己拥有的信息技术和充分的物流需求与供给信息,通过对组织内部、物流服务需求企业和供给企业所拥有的资源能力和技术进行整合管理,为客户提供解决方案。第四方物流提供商是基于整个供应链流程来考虑物流服务的运作,扮演的是一个协调者的角色,使物流系统达到最优状态。冉净斐(2004)[①]认为,第四方物流作为物流发展的新阶段,对于优化提高供应链的效率、解决物流瓶颈、重新整合供应链具有重要的意义;彭玉兰(2007)[②]通过建立供应链优化模型论证了第四方物流在供应链中的作用,即作为一个供应链的集成商,在物流服务需求企业、第四方物流与第三方物流服务提供商组成的网络企业联盟中,第四方物流企业通过选择最适合整个物流系统的第三方服务提供商,来降低企业总成本和提高服务水平;吴梦云和李雯(2012)[③]通过比较第四方与第三方物流,探讨了第四方物流视角下供应链模式的优化设计;林群(2013)[④]采用鲁棒优化方法研究不确定条件下第四方物流选址与路径集成模型及其求解算法问题,并对第四方物流基本理论进行了系统的总结;Q. Liu 等(2014)[⑤]提出了考虑综合成本和任务时间约束的规划模型,来帮助进行第四方物流模式设计研究。因此,必须从供应链的角度进行第四方物流服务设计。

基于供应链的第四方物流服务设计流程如图2-3所示。

(1) 收集物流相关信息。如地理交通、港口信息、政府政策等,这些信息是进行模式设计的基础。

(2) 构建公共物流信息平台。公共物流信息平台的建立,能够将供应链上各方进行连接,便于互相之间的信息传递。该平台应该具有客户订单录入、处理电子商务、供应商信息共享和实时传递等功能。

(3) 优化选择物流解决方案。主要包括3PL服务提供商的选择、运输路径优化、作业指派优化、选址优化决策等方面。

(4) 优化方案的实施与评价。4PL向3PL下达物流指令,执行优化方案,并对方案执行过程进行监督。方案的评价作为方案执行的反馈对于第四方物流服务商进行服务的优化与改进有重要的指导意义。

[①] 冉净斐.第四方物流整合供应链[J].商业研究,2004(6):151-152.
[②] 彭玉兰.第四方物流对供应链的优化整合[J].中国储运,2007(6):75-77.
[③] 吴梦云,李雯.基于第四方物流的我国企业供应链模式优化研究[J].物流技术,2012,31(23):383-385.
[④] 林群.基于鲁棒优化的第四方物流路径规划与设计研究[D].沈阳:沈阳工业大学,2013.
[⑤] LIU Q, ZHANG C, ZHU K, et al. Novel multi-objective resource allocation and activity scheduling for fourth party logistics[J]. Computers & Operations Research,2014,44(2):42-51.

第 2 章 现代物流服务的利润空间和物流政策环境

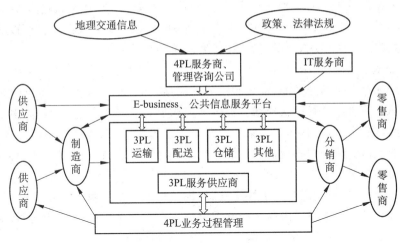

图 2-3 第四方物流服务设计流程

2.4 政府的物流政策选择

现代物流在中国的发展离不开政府的大力扶持与帮助。从政府认识到物流的重要性并将物流作为一个独立的行业看待,到相关政策体系的逐步完善,这中间经历了一段较长的过程。

从 20 世纪 90 年代开始,现代物流作为一门组织管理技术在中国开始起步,但此时还没有明确的产业定位。为了适应国际物流发展的趋势,2001 年,原国家经贸委等六部门联合印发了《关于加快我国现代物流发展的若干意见》,正式提出了中国现代物流发展的指导性意见;2002 年,全国现代物流发展规划的编制工作正式启动;2003 年,国务院对全国政协提出的《现代物流发展情况的调研报告》做出重要批示,要求国家发展和改革委员会会同商务部等部门"从体制、政策、人才等方面加强研究,提出促进现代物流发展的有效措施";2004 年,经国务院批准,国家发展和改革委员会会同商务部、交通部、公安部、铁道部、海关总署、税务总局、民航总局、工商总局九部门联合印发了《关于促进我国现代物流业发展的意见》,从税收政策、土地政策、市场秩序等方面明确了物流产业发展的政策取向;2005 年,经国务院同意,全国现代物流工作部际联席会议制度正式建立,并组织召开了首次全国现代物流工作会议;2006 年 3 月,在全国十届人大四次会议通过的《国民经济和社会发展第十一个五年规划纲要》中,第四篇"加快发展服务业",第十六章"拓展生产性服务业"里面,单列一节"大力发展现代物流业",标志着现代物流作为产业的地位在国家规划层面得到确认。2009 年 3 月,国务院印发了关于《物流业调整和振兴规划》(国发〔2009〕8 号)的通知,这是我国出台的第一个物流业专项规划,也是第一次以国务院名义发布有关物流业的专题文件。2014 年 9 月 12 日,国务院印发《物流业发展中长期规划(2014—2020 年)》(国发〔2014〕42 号),全面推进现代物流业发展,助力产业结构调整和提高国民经济竞争力。

2.4.1 我国现代物流服务体系架构及存在问题分析

现代物流服务体系是为了保证现代物流服务得以正常运作的各类要素的有机组合。现代物流服务体系是一个由若干相互联系、相互制约的要素组合而成的、具有特定功能的有机整体(贺登才和刘伟华,2010)①。根据其运作机制,现代物流服务体系架构可以分为如下五层:需求主体、供给主体、设施设备、信息技术和政策环境。

1. 需求主体

经济发展加速了全社会商品、信息和服务的流通,为物流发展提供了广阔的市场空间,为我国现代物流业供给总量的快速增长提供了需求基础。从整体上看,物流需求主体要素来源于国民经济各个产业,具体包括第一产业物流需求主体、第二产业物流需求主体、第三产业物流需求主体。典型的物流需求主体包括工业物流需求、农业物流需求、商业物流需求和进出口物流需求等。

从需求方面来看,伴随国民经济快速发展,我国物流需求总量迅速增长,但是很多企业"大而全""小而全"的运作模式限制了物流需求的社会化发展,各个行业物流需求的发展出现了不平衡的状况,许多行业的物流需求亟须进一步释放。

2. 供给主体

物流服务供给主体要素是构成现代物流服务体系的重要部分,其中物流企业的形成与发展是物流市场的供给主体。作为供给主体,物流企业应至少从事运输或仓储一种经营业务,并能够按照客户物流需求对运输、储存、装卸、包装、流通加工、配送等基本功能进行组织和管理,具有与自身业务相适应的信息管理系统,实行独立核算,独立承担民事责任。

从供给方面看,目前我国的物流市场总体上仍呈现竞争度低、服务供给不规范等特征,少部分的物流企业已形成规模优势,并能够利用先进技术手段提升服务质量,为客户提供多元化的基础服务与增值服务,但绝大多数企业的发展仍旧较缓慢,功能单一、附加值低,未形成网络化格局,服务水平有待进一步提升。

3. 设施设备

设施设备要素是保障物流服务运作的硬件载体设施。物流设施设备就是指进行各项物流活动和物流作业所需要的设备与设施的总称。物流设施设备既包括各种机械设备、器具等可供长期使用,并在使用中基本保持原有实物形态的物质资料,也包括运输通道、货运站场和仓库等基础设施。物流设施设备是组织物流活动和物流作业的物质技术基础,是物流服务水平的重要体现。

从设施设备方面来看,目前我国的物流行业还存在如下问题:①运输基础设施发展不平衡,综合运输体系尚需健全;②物流仓储设施建设规模较小,整体建设水平需要进一步提升;③连接型设施设备发展不足,缺少统一的标准;④节点设施总体规模情况不清,地区性发展不均衡,缺乏有效整合,缺乏健全的考核评价体系。

4. 信息技术

物流信息技术是现代信息技术在物流各个作业环节中的综合应用,是现代物流区别于传统物流的根本标志。从构成要素上看,物流信息系统包括两个方面:①物流信息技术。具体来说包括信息采集技术、跟踪定位技术、信息管理技术等。②物流信息平台。物流信息平台的构建是物流信息化发展的基础,其主要目的是满足物流系统中各个环节的不同层次的信息需求和功能需求。

---

① 贺登才,刘伟华.现代物流服务体系研究[M].北京:中国物资出版社,2010.

从信息技术运用的情况来看,存在如下问题:①大部分企业信息化水平低下,信息系统建设成本比较高。②社会公共信息平台建设较为落后,未能形成信息共享的局面。③缺乏对物流公共信息平台信息的规范性监管,信息安全存在隐患。

5. 政策环境

产业的体制政策实质上体现了政府为实现本产业发展目标而对产业活动的干预。因此,物流体制和政策包括五个方面:①政府的管理体制,主要包括部际政策协调、区域政策协调、行业监管制度等方面;②行业管理体制,即行业准入体制、行业自律机制、行业退出机制;③中介服务体制,即物流中介市场和物流中介机构;④产业政策体系,包括规划与指导性政策、鼓励和支持性政策、规范和限制性政策;⑤法律法规体系,包括各类通用性法律法规和行业性法律法规等。

目前我国的政策体制发展仍不完善。一方面从政府管理的角度看,联席会议协调机制的作用未能充分发挥,跨部门解决问题的能力有待进一步加强,工作网络有待进一步完善,区域物流协调机制仍需进一步加强。另一方面从行业管理的角度看,行业准入和退出体制缺乏明确的标准,有关物流方面的法律法规也没有及时出台,缺少管理依据,物流标准化工作步伐仍需加快,行业自律机制有待进一步完善。

2.4.2 我国现代物流服务体系建设的三个阶段与主要工作

2017年10月18日,中国共产党第十九次全国代表大会在北京人民大会堂隆重开幕,习近平总书记代表第十八届中央委员会向大会做报告。党的十九大报告提出了新时代中国特色社会主义发展的"两个阶段"战略安排。按照这一安排,中国特色社会主义发展有三个建设阶段:从2017年到2020年,是全面建成小康社会决胜期。从2020年到21世纪中叶可以分两个阶段来安排。第一个阶段,从2020年到2035年,在全面建成小康社会的基础上,再奋斗15年,基本实现社会主义现代化。第二个阶段,从2030年到21世纪中叶(2050年),在基本实现现代化的基础上,再奋斗15年,把我国建成富强民主文明和谐美丽的社会主义现代化强国。

中国物流业发展正处于党的十九大报告提出的新时代。在这个新时代,全面改善物流绩效,推动物流业由大变强,加快建设物流强国,不仅对提高经济运行效率和国家竞争力、调整经济结构和转变发展方式、扩大内需和市场繁荣、推进国际化、保障民生,有重大而深远的影响,更是建设制造强国、贸易强国、科技强国、质量强国、航天强国、网络强国、交通强国、军事强国和全面建成社会主义现代化强国的重要战略保障。依据中国特色社会主义发展三个建设阶段,我们提出了现代物流服务体系建设的三个对应阶段,具体如下。

1. 现代物流服务体系基本形成阶段("十三五"时期)

《物流业发展中长期规划(2014—2020年)》指出,到2020年,基本建立布局合理、技术先进、便捷高效、绿色环保、安全有序的现代物流服务体系。具体来看,一是物流的社会化、专业化水平进一步提升。物流业增加值年均增长8%左右,物流业增加值占国内生产总值的比重达到7.5%左右。第三方物流比重明显提高。新的物流装备、技术广泛应用。其中,根据2017年全国物流运行情况统计数据①,全年物流业总收入为8.8万亿元,而2017年国

---

① 中国物流与采购网. 2017年物流运行情况分析[EB/OL]. (2018-02-13). http://www.chinawuliu.com.cn/lhhkx/201802/13/328754.shtml.

内生产总值为 82.7 万亿元,物流业总收入占国内生产总值的比重为 10.6%,提前实现 7.5% 的目标。二是物流企业竞争力显著增强。一体化运作、网络化经营能力进一步提高,信息化和供应链管理水平明显提升,形成一批具有国际竞争力的大型综合物流企业集团和物流服务品牌。三是物流基础设施及运作方式衔接更加顺畅。物流园区网络体系布局更加合理,多式联运、甩挂运输、共同配送等现代物流运作方式保持较快发展,物流集聚发展的效益进一步显现。四是物流整体运行效率显著提高。全社会物流总费用与国内生产总值的比值由 2013 年的 18% 下降到 16% 左右,物流业对国民经济的支撑和保障能力进一步增强。其中,2017 年社会物流总费用与 GDP 的比值为 14.6%,比 2016 年下降 0.3 个百分点,已经提前实现这一目标。

2. 中国成为世界物流强国的建设阶段(2020—2035 年)

2020—2035 年,中国的工业化、信息化、市场化、城镇化、全球化、绿色化将深入推进,物流业发展的需求基础、技术供给、制度、资源环境、时空分布以及国际格局等会发生重大变化。这个阶段要把建设"物流强国"作为战略目标,把高质量发展作为实现途径。要着力解决物流发展不平衡、不充分问题,带动和引领关联产业转型升级,更好满足现代化经济体系建设和人民日益增长的物流服务需求,从整体上促进我国由"物流大国"向"物流强国"迈进①。到 2030 年,基本建成世界物流强国②。物流服务体系更加完善,物流网络省际互通、市县互达、城乡兼顾、乡乡有网点、村村有物流。物流结构全面优化,物流服务功能和水平全面提高,物流资源全面协同,物流与制造业、商贸流通、电子商务和农业等产业有机联动,物流业与互联网、物联网全面融合,物流数字化、智能化程度进一步提高,物流国际竞争力全面增强,物流创新全面突破,物流可持续发展能力全面改善,物流现代化全面推进,物流业对国民经济和社会发展的战略性、基础性和先导性作用全面体现。

3. 中国成为世界领先的物流强国阶段(2035 年至 21 世纪中叶)

通过构建强大、智能、绿色的国家物流系统,打造中国连接世界的全球物流体系,推动物流现代化升级,把我国建设成为世界领先的物流强国。通过统筹国际国内,统筹城乡,紧紧把握新科技革命和产业变革的时代机遇,适应全球化和国际格局变化的新特点,深化国际合作,在国际分工中获得竞争优势,中国在全球价值链中的地位更加突出,物流绩效水平在世界居于领先地位。未来物流不仅要提供更高效、精准、满足个性化需求的服务,还要实现整个物流体系运营的智能化和决策的智慧化,带动物流向价值链高端延伸,为全球创造更多的价值。

本章小结

中国物流企业目前普遍面临着运营成本高、利润率低下的严峻形势。隐性成本是物流成本构成中的重要组成部分,但同时难以管控。隐性成本主要包括反向物流成本、订单流程成本、批量采购成本、库存积压成本和整体物流过程分割产生的成本。

---

① 何黎明. 推动物流高质量发展努力建设"物流强国"——2017 年我国物流业发展回顾与展望[EB/OL]. (2018-01-27). http://www.chinawuliu.com.cn/lhhkx/201801/27/328223.shtml.

② 魏际刚. 建设物流强国的总体战略设计[EB/OL]. (2017-11-24). http://www.cet.com.cn/ycpd/sdyd/1981450.shtml.

现代物流利润空间主要体现在:整体的设计与运作、整合与分包的效益、科学技术与信息平台的支持,以及附加服务的潜在价值。

物流服务模式的设计主要包括三种方式:基于成本最小的自营物流服务设计、基于顾客价值的第三方物流设计、基于供应链的第四方物流服务设计。

我国物流行业的发展离不开政府的政策扶持与指引。政府推进物流业发展的目标是建立现代物流服务体系。现代物流服务体系分为五层架构,包括需求主体、供给主体、设施设备、信息技术和政策环境。

关键概念

物流成本　利润空间　服务模式设计　服务方案　现代物流服务体系

思考题

1. 物流的隐性成本包括哪些?
2. 现代物流的利润空间通过哪些途径来体现?
3. 服务模式设计的方式是什么?
4. 请你描述现代物流服务体系的架构。
5. 中国现代物流服务体系存在哪些问题?

课堂讨论题

1. 假设你是一家第三方物流企业的老总,你将采取什么物流服务运作措施来提高企业的利润?
2. 中国应如何降低物流成本?
3. 中国建设物流强国的意义?

第2章扩展阅读

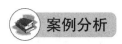

云南宝象物流的仓配一体化服务创新

一、云南宝象物流集团简介

云南宝象物流集团有限公司(以下简称"宝象物流")成立于2009年,是昆明钢铁控股有限公司(以下简称"昆钢")旗下云南省物流投资集团下属全资子公司。公司注册资本7.7亿元,总资产55亿元,年销售额100亿元以上,2019年企业收入实现136亿元。宝象物流是全国综合型5A级物流企业,国家第二批多式联运示范工程、全国供应链创新与应用试点企业,云南省大型综合性国家现代物流企业。

宝象物流拥有仓储面积100多万平方米,管控运输车辆3万余辆,运输规模达3 000万吨/年(其中多式联运600万元/年)以上,物流运输网络覆盖云南16个州市、西南地区及中老泰通道,业务涵盖第三方物流、园区投资管理、供应链管理、大宗商品贸易、电子商务、物流科技信息等领域，依托昆钢产业优势，确定了物流带动商贸流通、科技信息、金融保险等协同发展的供应链服务模式。

二、宝象物流业务情况

宝象物流作为昆钢下属面向社会运营的现代物流服务企业，独有每年超3 000万吨的大宗工业品物流运输资源，业务规模行业领先。宝象物流深耕大宗工业品物流领域近十年，以供应链"四流合一"为指引，形成了运输、仓储、贸易、供应链金融四大业务板块，具备专业的端到端一体化物流服务能力，依托昆钢物流资源和资金优势，创造了物流带动电子商务、信息技术、金融产品、成品油贸易、大宗物资贸易等协同发展的产业供应链模式。

三、基于智慧供应链云平台的仓配一体

在渠道升级及消费升级的双重驱动下，能够使物流各个环节无缝对接的仓配一体化服务需求越来越迫切。宝象物流以智慧物流为发展方向，线下不断完善物流网点布局，线上基于宝象智慧供应链云平台不断提升数据能力，并应用智能物流设备，满足客户全渠道、全网络、全链条、高效率的物流服务需要。

（一）物流网络节点布局

宝象物流围绕云南省重要出省出境通道，积极进行综合物流网络体系构建，业务覆盖云南省内大宗物资运输、城市配送等业务，目前运营园区管理包括昆明王家营宝象物流中心、安宁昆钢物流园、大理滇西物流商贸城、大红山红河物流园，提供仓库、中心库仓储服务等。运输线路方面，围绕昆钢、玉溪、蒙自三大生产基地，宝象物流现已在云南省内运行物流运输线路上千条，运输方式分为基地直发和区域中转配送。宝象物流园区网点分散，运输线路繁多，形成了高效统一的物流网络体系。

（二）宝象智慧供应链云平台

宝象物流积极打造宝象智慧供应链云平台，致力于解决物流行业的痛点，提升仓储管理以及资源的利用率，提高运输服务质量，推动物流信息化建设，提升物流资源配置率，加速物流行业高速发展。平台立足为生产、贸易和流通供应链上下游企业提供代理采购、代理销售、全供应链融资、仓储质押、运费保理等供应链金融服务，线上线下有机结合，实现集交易、仓储、运输、增值配套、结算支付、融资等全流程一体化服务，将物流核心业务及配套增值服务进行一体化集成，形成一个融合全业务、全流程、全信息的大集成互联网云平台，提升整个供应链用户价值。

（三）供应链延伸服务

随着仓配一体化对服务延展性、整体物流能力要求的提升，单纯的做好运输与配送服务已无法满足客户多样化的需求，宝象物流基于宝象智慧供应链云平台物流大数据、供应链金融、配套商城等服务板块，为客户提供个性化和多样化的供应链延伸服务。

1. 大数据分析预测

宝象大数据中心对交易环节、物流环节中涉及数据及信息进行采集、分析处理与优化，通过"加工"实现数据的"增值"，将物流数据业务化，深入挖掘物流价值，优化资源配置，在路径优化、智能调度与配载、企业画像、运力分层、数据征信与物流互联网金融、需求供应链预测，以及公路货运与交通的宏观分析等方面发挥巨大作用，进而推动宝象仓配一体服务由粗放式服务到个性化服务的转变，为客户提供更加优质的个性化服务。

2. 供应链金融服务

宝象金融基于宝象智慧供应链云平台各板块发生的真实业务，通过与中信银行合作，搭建稳定、可靠的支付结算体系，同时基于核心企业的应收应付账款，推出应收应付账款管理的产品"宝通"，打造以"宝通"为结算中心的融资体系，通过引入银行等金融机构，为供应链全链条上中小企业或客户提供更为便捷、安全、高效的融资服务，解决中小企业客户融资难、成本高等问题。

3. 配套商城服务

宝象商城依托宝象智慧供应链云平台，以客户需求为服务核心，以线上线下O2O融合模式，针对整个平台用户提供保险、轮胎、汽柴油、汽车修理、货车销售等售后市场服务，为客户提供个性化、全方位服务。宝象商城自2019年1月正式上线运行，截至目前已累计实现消费38 242.01万元。

四、宝象物流仓配一体服务成效

（一）直接经济效益

基于宝象智慧供应链云平台的仓配一体服务，前期以宝象运网为突破点，打通线上交易、结算、融资全流程，后期宝象云仓上线运行，实现仓储资源的整合利用，通过仓储运输的实际业务开展，基于核心企业的应收应付账款，推出应收应付账款管理产品"宝通"，通过"宝通"这一支付手段，不但解决了长久以来物流运输行业运费支付的痛点，还极大调动了仓储供需方、承运商和驾驶员的积极性，同时通过"宝通"账期的设定，延长资金的时间和空间价值，增加资金的使用效益。

目前，平台"宝通"账期为120天，生成宝通117 632.47万元，按资金成本年化8%计算，产生直接经济效益3 136.87万元。除此之外，宝象物流作为平台的资金方为用户提供宝通融资服务，目前，平台使用宝象物流作为资金方提供融资服务12 795.13万元。

（二）间接经济效益

根据平台仓配一体总体运营模式和盈利模式，宝通不仅吸引外部资金方实现宝通的融资和兑现，平台与资金方根据融资成本差进行利润分享，同时也服务于成品油销售，利润体现在批零差价。

目前，资金宝通共发出117 632.47万元，按4%成本差额计算，资金宝通产生的间接经济效益为1 078.94万元。配售宝通15 176.93万元，共配售柴油2 193.19万升，按油品配售毛利率0.69元/升计算，宝通产生的间接经济效益为3 660.55万元。

（案例来源：中国物流与采购网. 云南宝象物流集团有限公司：基于宝象智慧供应链云平台的仓配一体服务[EB/OL].(2021-06-02). http://www.chinawuliu.com.cn/xsyj/202106/02/550502.shtml.）

思考题：

1. 宝象物流仓配一体化服务创新是怎样开展的？
2. 结合案例，请你谈一谈物流企业如何扩大利润空间。

第 3 章 CHAPTER

现代物流企业的组建方式及其经营管理

学习目的

- 培养现代物流企业经营管理能力和意识；
- 了解现代物流企业的主要业务取向；
- 理解现代物流企业的组织架构和职责；
- 掌握物流企业的人力资源协调新思路；
- 了解物流企业的行政管理协调新思路；
- 掌握现代物流企业经营管理的内容和模式；
- 了解现代物流企业的经营行为监督。

第 3 章微课

案例 3-1

深圳越海全球供应链有限公司一体化供应链管理服务模式创新

深圳越海全球供应链有限公司（以下简称"越海"）于 2012 年 3 月成立，是一家全球性、智慧型的供应链企业。经过多年在供应链行业的深耕和创新发展，越海已成长为"独角兽"企业、商务部供应链创新与应用试点企业。

越海在国内建有七大物流基地，32 个二级基地，100 多个智慧仓储网络，仓网总面积 200 多万平方米，配送网络覆盖全国。同时，在马来西亚、泰国、菲律宾、越南、俄罗斯及中东、欧洲等"一带一路"沿线国家和地区逐步建立起 200 多个覆盖海、陆、空、铁等多种方式的全球供应链服务网络节点，利用强大的 VMI&JIT 运营能力与智慧仓网，为众多跨国 500 强企业提供多方位供应链服务。越海以互联网技术为依托，综合多种智能化技术推出"C2B+DIY 流通制造"服务模式，以需求驱动区块链，以供应链协同制造与流通，助力产业向工业 4.0 时代转型升级。

"B2B+B2C+运营执行"一体化供应链管理方案的主要涉及思路如下。

1. 仓配一体化

越海拥有 200 万平方米的智慧仓网，包括保税仓及非保仓，已成为中国庞大的纯第三方智慧供应链协同公司，业务实现"全国云仓，一键发货"。建设"越海智能仓"，通过购置 AGV 机器人、移动货架，搭配自主研发的 WMS 仓储系统，并连接 AGV 调度系统，实现仓库内货物的物理运动（货找人）及信息管理的自动化及智能化，智能仓工程的工作效率提升了30%。

2. 全链路

越海自主开发的服务系统,汇集开发需求预测、需求订单监控、交付分析、物流仓储管控等功能,实现了供应链全流程可视化、多维度数据挖掘和全业务智能输出。信息化、智能化建设的提升,有效提高了物流资源的利用效率,带动基础设施的建设与功能的发挥,降低制造业经营成本,提高物流企业的经营利润,互利多赢,营造健康的供应链生态系统。

3. 定制化服务

越海以打造高效的"B2B+B2C+运营执行"一体化供应链管理服务为己任。针对不同业态的客户提供定制化服务。所有的服务都是基于实体物流上下延展,风险可控,链路完整,盈利多元。从整合物流资源到协同客户,从点到线到面,越海与相关产业保持良性互动,助力客户应对持续变革的市场环境。

在国内国际双循环体系构建中,越海通过创新的商业模式,遍布海内外的智慧仓网、先进的物流科技以及强大的综合整合能力,首创供应链协同和共享供应链模式,助力众多知名企业应对持续变革的消费市场。通过"物流供应链+电商供应链+外贸综合服务+国际业务+智慧云仓+冷链"六大业务板块精耕细作,为国内外客户提供全方位一体化供应链服务。

(案例来源:国家发展和改革委员会经贸司,中国物流与采购联合会.物流业制造业深度融合创新发展典型案例(2021)[M].北京:中国财富出版社,2021.)

3.1 现代物流企业的主要业务取向

传统物流企业的业务取向仅局限在运输、仓储、装卸搬运等实际物流中,并且一般业务单一,运作方式较为滞后,系统效率不高。传统物流企业的利润空间来自运输、仓储等业务的专业化,而现代物流企业的利润空间来自整体的设计和运作、科技含量和信息技术平台的支持以及附加服务的潜在价值。总体来说,现代物流企业的业务范围更加广泛,服务网络更加完善,服务呈现综合化、一体化趋势。

现代物流企业是指按照现代企业制度组建的,以现代物流经营方式运作的,具有较强运作资源支撑的,能够提供供应链一体化物流解决方案的物流服务企业。现代物流企业使商品流通从较传统的物流配送方式向更容易实现信息化、自动化、现代化、社会化、智能化、合理化、简单化的现代物流方式转变,使货畅其流,物尽其用。传统的储运企业提供的简单储存、运输、包装等服务在物流渠道重组中逐步为集成化、系统化与增值化的现代化物流服务所取代。

3.1.1 传统物流企业业务及其拓展

现代物流企业的业务既包括传统物流企业的业务,也包括基于传统物流企业业务进行的延伸和发展。

1. 运输、仓储、装卸、搬运、包装等传统物流业务的分散独立运作或一体化运作

这些业务可以是不同运输方式或联合运输、接力运输,客户仓库或客户租用仓库的保管或货品分发,单独的货物装卸或包装服务,也可以是上述业务的协同作业或物流延

伸服务。物流业务一体化运作包括仓储加工一体化服务、仓干配一体化服务、仓配一体化服务以及面向全程环节的一体化服务等。例如仓储加工一体化服务即以客户为导向,注重客户的感知,为客户提供仓储与加工双重服务,尤其是适用于保税物流园区等海关监管区域,为加工制造型企业的出口提供服务,这对于外向型企业节约运营成本是十分重要的一个环节。

2. 为工商企业提供采购、仓库选址、信息分析等一系列服务

(1) 工商企业将原材料采购、仓库选址或产成品包装的业务外包给物流企业,物流企业根据工商企业生产计划采购原材料,并提供包装或再包装业务。

(2) 根据工商企业的类型和业务,进行分销中心、仓库的位置选择,决定其建设规模、建设时序、作业模式、运作流程设计等。

(3) 物流企业在运作特定客户的物流业务时,能直接接触供货客户和产成品销售的末端客户,并掌握他们对采购和销售状况的感知,以第三方的身份进而通过客观理性的分析提供市场反馈信息。对工商企业而言,这些信息是非常有价值的。从另一个角度来说,物流企业与工商企业的战略合作伙伴关系的形成和建立更大程度上也基于此。

 案例 3-2

宝供物流产品与服务

宝供物流除了可为企业提供商品采购、商品配送服务外,还提供 7×24 小时的无缝隙仓储管理。依托先进的物联网信息技术,覆盖全国的现代化大型物流基地网络,以及 20 多年丰富的物流服务经验和现代化管理理念,宝供物流为客户提供集方案咨询、智能仓网规划与设计、多项仓储基础、增值及延伸服务项目于一体的仓储解决方案,实现功能齐全、高效透明、绿色环保的仓储服务。在信息技术系统管理方面,宝供物流运用供应链智慧诊断分析技术、智能云仓规划技术、供应链可视化技术、供应链数据分析模型与算法,以及智慧运输管理系统、智能仓储管理系统,智能化、透明化的装备等多种供应链物流技术与先进设备,多点渗透,覆盖运营作业全流程,使客户实时、精准、透明地掌握运营状况,降低库存,加快资金周转等效果。

(案例来源:宝供物流企业集团网站,http://www.pgl-world.com/,2021-12-04.)

3. 物流基地、物流园区、物流中心的规划及管理服务

物流基地、物流园区、物流中心均是具有一定规模和综合服务功能的物流集结点。其规划内容包括选址、功能设定、规模设计、布局设计、设施规划、组织管理体制设计。物流基地、物流园区、物流中心的管理包括对物流设施的管理和营运,以及依托该物流设施的货物分拣、集装箱掏装箱、货物(空箱)堆放、货品分销配送、货物集成组装服务、再包装或拆包装服务、废弃物回收服务等,还包括物流信息系统的维护和技术支持。

 案例 3-3

普洛斯物流园

普洛斯是全球领先的专注于供应链、大数据及新能源领域新型基础设施的产业服务与

投资管理公司。普洛斯在中国 68 个地区市场投资、开发和管理着 400 多处物流仓储、制造及研发、数据中心及新能源基础设施。作为领先的另类资产管理机构,普洛斯在中国的资产管理规模达 720 亿美元。

普洛斯在中国市场拥有超过 4 000 万平方米的物流及工业基础设施网络。园区设施地理位置优越,临近机场、港口、高速公路,配套先进,高效覆盖全国。

(1) 选址方案:园区选址,供应链配置方案设计。

(2) 智能化运营系统:园区物业管理智能化、高效化运营服务体系。

(3) 物业租赁:提供物流园区租赁业务。

(4) 冷链服务:提供国际领先的一站式冷链服务。

(案例来源:普洛斯物流及工业园区,https://www.glp.com.cn/,2021-12-04.)

4. 物流运作过程的控制

运作过程中的物流控制主要包括:在特定的物流服务模式和流程的指引下,物流企业渗入工商企业或其他物流企业的实际运作流程,提供指导,如环节控制、质量控制、标准控制、服务控制、成本控制及客户反馈和投诉控制等指导性或部分参与性的物流服务。

案例 3-4

宝供物流咨询服务

宝供物流除了能够满足客户所需的传统运输、配送、仓储等服务之外,还会根据客户遇到的物流问题,提供供应链一体化服务,帮助客户一劳永逸地解决物流层面的困扰。整个物流方案诊断、规划和设计的流程为:背景调查→现场调研→资料收集→数据分析→暴露问题→改善目标→构建框架→方案设计→运营评估→后续优化。除此之外,宝供物流还为政府提供产业供应链一体化解决方案,正在形成一个以第三方物流为主体,集现代物流设施投资、供应链金融、电子商务、商品购销、国际货代、大数据服务等供应链服务功能于一体的综合性集团。

(案例来源:宝供物流企业集团网站,http://www.pgl-world.com,2021-12-04.)

此外,许多物流企业还有意识地根据市场发展状况,对其他所有物流业务实行不间断的调整、收缩或延伸,有的甚至跨越了物流业务的范畴。例如,有的物流企业和工商企业出于战略合作的考虑,相互参股形成利益共同体;有的物流企业为工商企业提供了物流管理和操作人员的选派和培训,以帮助其生产、销售业务的发展和提升;还有的物流企业和工商企业相互介绍客户或者联合拓展市场,使彼此的业务关联更加密切。

3.1.2 基于新经济形势、新技术形势、新竞争形势的现代物流企业业务取向

现代物流企业提供的物流服务不仅包括传统企业业务的拓展,还包括基于新经济形势、新技术形势、新竞争形势而兴起的业务取向。在新的发展环境下,总体来说,现代物流企业提供的服务呈现出信息化导向、一体化导向、标准化导向、绿色化导向和第四方导向。由第四方物流公司对信息资源、企业资源、技术资源等进行整合,并根据客户的特殊需求实施规划和设计,为客户提供基于整个供应链的物流解决方案,组织相关部门和企业实施方案,优质高效地完成物流实际运作过程,借助信息与计算机科学技术,打造区域物流产业的核心竞

争力(金石,2012)[①]。

1. 提供全面的供应链一体化解决方案

从需求预测、生产计划、门店运营等供应链计划端,到运输管理和仓库管理等供应链执行端,提供以用户体验为核心、以用户评价为驱动、与用户零距离的供应链一体化解决方案。通过整合内部资源,综合运用物流运输、仓储管理、信息系统等手段,为客户提供标准化服务和个性化解决方案,形成完善的服务产品体系和高效的服务运作能力。

2. 物流过程的追踪和可视化管理

物流过程的追踪和可视化管理即对原材料或产成品的运输、到货、签单、仓储、包装等过程的实时追踪。随着电子商务的兴起,用户对物流过程的透明化提出了更高的要求。用户要求物流企业能够进行全方位、零距离的交互,体现了现代物流企业的信息化特征。

案例 3-5

易流,透明连接物流

e-TMS 是易流科技出品的供应链物流服务 SaaS 平台,通过对物流订单业务的系统化管理,提供物流要素之间的广泛连接,把货主、发/收货人、仓库、业务网点、物流公司、司机、车辆、金融机构等物流相关要素紧密连接起来,形成透明的物流网络,进而实现供应链全线物流资源的高效协同和优化。其典型用户为沃尔玛、宝洁、中粮。易流的另一个产品为易流云平台(运输过程透明管理平台),借助配套硬件设施,对车辆运输过程中的位置、里程、速度、线路、周边环境、路况等信息进行采集,实时同步到互联网,从而实现对运输时效和运输安全的可视化管控。典型用户为伊利、富士康、招商局物流。

(案例来源:易流科技官网,http://www.e6gps.com/Home/Index,2017-02-08.)

3. 搜集、整合物流信息

搜集、整合物流信息主要体现在物流信息平台的建设,即建设能够支持或进行物流服务供需信息的交互或交换的相关数据库和网站。物流信息平台通过对物流信息的收集、传递、存储、处理、输出等服务,为物流决策提供依据,对整个物流活动起到指挥、协调、支持和保障作用。

案例 3-6

西安铁路物流公共信息平台

陕西铁易达有限责任公司是西安铁路局下属的国有企业,成立于1999年,公司长期从事铁路物流经营,是国家 4A 级物流公司,并跻身陕西骨干龙头物流企业行列。陕西铁易达有限责任公司经过数年的实地调研,结合铁路货运的现状及办理流程,设计并开发了西安铁路物流公共信息平台,平台涵盖基地运营管理、基地物业服务、物流呼叫中心客服、铁路调度、货运司机、物流企业、收货方、工厂及经销商等物流主体,为物流运输供应链环节中全

---

① 金石.我国现代物流产业结构与发展趋势研究[D].大连:大连海事大学,2012.

过程参与主体提供标准化服务,满足企业运营管理和服务需求、物流信息匹配需求、公铁联运服务需求、仓库管理与调度需求、物流车辆定位与监控需求、物流增值服务需求、智能车—货匹配需求、大数据分析预判需求、风险管控需求。

平台以云计算、大数据、移动互联、物联网为基础,通过信息化集成能力与平台服务形成资源及效益的再优化,为生产企业、制造企业、全区物流企业、货运司机、个人消费者等打造包括内外部数据交互、业务服务、订单、仓储、运输、配送、计费、结算等在内的仓储与公铁联运协同和物流配送管理平台信息。

西安铁路物流公共信息平台是依托新筑铁路物流基地而建成的综合铁路物流信息平台,主要以满足基地内的运营管理及物流业务管理需求,通过大数据技术、图像AI识别技术、物联网技术、云计算技术,结合模块化、SaaS开发思想等构建整体框架。为铁路货运物流业务的标准化、现代化、信息化、智能化、无人化打下了坚实基础。建立动态互联的标准化信息系统,为企业降低运营成本,简化交易流程环节,进一步通过传统铁路货运物流供应链的革新提升企业的核心竞争力。

(案例来源:中交协电商物流产业分会官网.西安铁路物流公共信息平台数智化实践[EB/OL].(2021-11-16).https://www.chinacie.org/bzal/cjml/42697.html.)

4. 物流金融业务

物流金融是在物流营运过程中,通过应用和开发各种金融产品,有效地组织和调剂物流领域中货币资金的运动,从而促进物流业务的顺利开展,实现物流服务的高绩效。物流金融业务包括存货质押监管模式、买方信贷模式(保兑仓模式)和融通仓模式,三种模式如表 3-1 所示。

表 3-1 物流金融业务三种模式

模式	模式的内涵	相关责任划分
存货质押监管模式	客户把质押品存储在物流基地,银行根据质押品的价值和其他相关因素向客户企业提供一定比例的贷款	物流企业负责监管和储存质押品
买方信贷模式(保兑仓模式)	银行在经销商客户交纳保证金后开出承兑汇票,生产企业在收到承兑汇票后按银行指定的仓库将货物直接发送到物流公司基地,货到基地后转为仓单质押	物流企业负责接收、监管和储存质押品
融通仓模式	经销商向物流企业提供存货质押反担保,物流企业仓储物流管理系统和银行网上银行系统进行对接	物流金融服务企业为经销商提供融资担保;银行和物流企业共同向经销商提供集仓储、监管、融资、结算、信息于一体的综合服务业务

案例 3-7

重庆物流金融公共服务平台

重庆物流金融服务股份有限公司是经重庆市人民政府批准设立的唯一物流金融创新试

点的市级综合金融公共服务平台,其以创新为引领,以物流为切入,以科技为支撑,创新物流供应链金融产品和服务模式,加强开放平台协同和物流通道建设。重庆物流金融公共服务平台主营业务包括动产融资登记信息的数据服务;受客户委托代办动产质押登记手续,受客户委托代办合同、保全证据等公证手续;物流电子数据保全的技术服务;受客户委托对物流动产质押物进行管理;物流供应链项目的投资及相关资产管理;利用自有资金提供物流供应链融资、增信相关服务。目前,公司创设、监制并增信的铁路提单已投入商业试用,已全面运用于进口环节国际跟单信用证、托收、汇款等各种结算方式下陆上贸易结算及融资服务。

(案例来源:重庆物流金融公共服务平台官网,http://www.cqlfn.com/font/companny.html,2022-01-18.)

3.2 现代物流企业的组织架构和职责

现代物流企业的部门机构设置和部门机构职责根据企业的业务内容和实现方式的不同而不同。但是,在现代物流理论影响下的物流企业其深层内涵仍有许多相似之处。部门机构间的严谨分工与协作是其最主要的表现形式。由多于一个出资方共同设立的现代物流企业,一般实行的是董事会领导下的总经理负责制。

3.2.1 现代物流企业的组织架构

组织架构是企业的流程运转、部门设置及职能规划等基本职能设置的结构依据。组织结构设计基本内容包括明确组织机构的部门划分和各部门的隶属关系,各个机构的相应职责、权限。组织结构设计是企业总体设计的重要组成部分,也是实施有效管理的基本前提。物流企业为了进行经营管理活动,实现企业目标,必须建立相应的组织机构,形成合理的企业组织机构。现代企业建立和健全管理组织机构时应当遵循的基本原则是:精简、统一、自主、高效,物流企业也是如此(李君霞,2011)[①]。

为了保持企业物流业务的持续发展和对市场状况的准确把握,一般会由企业外部专业人士组成两个非常设委员会,这两个非常设委员会是总经理及其高层管理团队的决策咨询机构(江超群和董威,2003)[②]。

(1)专家咨询委员会。主要由知名的大学教授、业界专家组成,在企业需要的时候由董事会授权总经理不定期召开会议,就国家和地区经济形势、商业发展动态、业界情况进行适时的分析和展望。物流企业秘书会向这些专家寄送企业生产经营情况的信息材料。

(2)市场决策分析委员会。主要由商品流通领域专家、物流业界资深人士组成。由总经理召集,讨论命题包括物流企业的市场定位分析、市场状况评估分析、市场策略分析、目标客户分析,等等。一般来说,物流企业的大客户均需要该市场决策分析委员会评估后才能签订合同。

---

① 李君霞.物流企业组织结构设计与变革[J].中国商贸,2011(23):135-136.
② 江超群,董威.现代物流运营管理[M].广州:广东经济出版社,2003:49-50.

上述只是物流企业组织机构设置的一般模式,它并不是永久不变的,会遵循着企业的自身条件和内外部经济条件的变化加以必要的调整和充实,保证企业目标的顺利实现。现代物流企业的组织架构如图 3-1 所示。

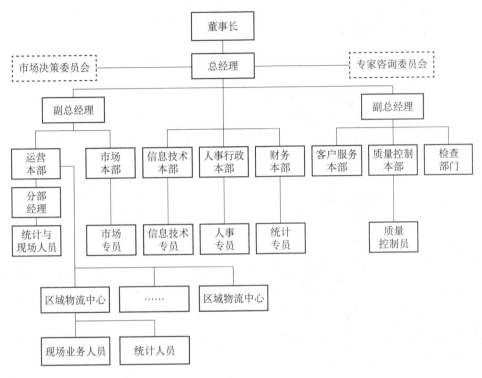

图 3-1　现代物流企业组织架构

华鹏飞现代物流股份有限公司组织架构

深圳市华鹏飞现代物流股份有限公司成立于 2000 年,公司现注册资本为 5.3 亿元,是深圳市重点物流企业、国家 4A 级物流企业、全国甩挂试点企业,于 2012 年 8 月在创业板成功上市。公司总部设立在深圳,拥有上千名员工,50 多家分支机构,仓库面积 10 万多平方米,自有车辆 300 多部,拥有遍布全国的物流服务网络。公司一直致力于成为合作伙伴最优秀的专业物流服务提供商,推动合作企业供应链管理创新,帮助合作企业提高竞争力。良好的社会声誉、专业敬业的员工队伍、遍布全国的物流服务网络、充足的物流运营资源和现代物流与信息技术的大力应用,使华鹏飞成为优秀的现代综合物流服务商,具备在全国范围内为合作伙伴提供 E2E 一体化、一站式、个性化的综合供应链外包服务。目前,华鹏飞已搭建基于互联网信息技术下的大物流平台,逐步实现物流、信息流、资金流、商流"四流"合一,构建融合现代物流业产业基础及运营服务、多产业协同发展的一体化供应链生态圈。图 3-2 为华鹏飞现代物流股份有限公司组织架构。

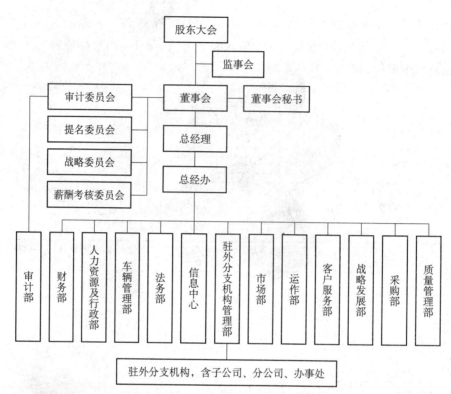

图 3-2 华鹏飞现代物流股份有限公司组织架构

（案例来源：华鹏飞现代物流股份有限公司官网，http://www.huapengfei.com/index.php?c=msg&id=16&,2022-01-18.）

3.2.2 企业部门机构职责

图 3-1 所示的物流企业本部共有八个职能部门,分别是市场本部、运营本部、信息技术本部、人事行政本部、财务本部、客户服务本部、质量控制本部、检查部门。各部门机构间有着严格的职责划分,同时又互相合作和配合。

1. 市场本部

市场本部是物流企业唯一的对外市场业务营销部门,其主要职责:①根据公司市场策略和市场方向,制订全公司年度或月度市场计划;②市场现状及同行竞争分析,客户需求分析,客户市场份额分析;③市场调查,发现潜在客户,确定目标客户;④目标客户/既有客户调查,制订物流方案报副总经理评估;⑤客户谈判,签订物流服务合同;⑥向运营本部、财务本部、信息技术本部等下达运作、结费和系统需求指令;⑦必要的业务宣传和企业形象策划。

2. 运营本部

运营本部是公司所有物流操作的实现机构,也是企业人员和运作资源最集中投放和使用的部门,其主要职责:①完成与货运业务的对接管理工作;②承接和完成公司所有物流业务的操作;③遵循市场本部的运作指南,制作和下达运作手册;④运作各个环节的质量、服务和成本控制;⑤授权范围内的运作事故处理;⑥制定运作技术服务指标(KPI)并加以实施。

运营本部还同时在不同的地区下设不同的操作实施机构(各地区分部),以具体承担所有物流业务的运作工作。这些由运营本部下设的机构,在运作初期,由于业务量不大,建议分部以办事机构的形式存在;公司运作进入正常期后,业务量大的分部可以以分公司独立法人的形式存在。

3. 信息技术本部

信息技术本部是公司重要的运作技术支持部门,也是产生公司物流增值利润潜力最大的机构。其主要职责:①信息技术供应商的采购和评估;②公司内部信息及网络系统的构建和维护运营;③客户信息网络、信息系统的构建和维护运营;④企业物流系统的构建与维护运营;⑤系统及设备安全保障,编制系统及设备维护、升级需求报告;⑥遵循市场本部系统要求指南,架构客户服务系统和通道。

4. 人事行政本部

物流企业内部最重要的机构之一,是公司管理团队和整个员工队伍的组织、管理和协调的执行部门。在物流专业人员特别是高水平管理人员比较缺乏的情况下,该部门更重要。其主要职责:①物流企业文化的营造和倡行;②员工招聘、选拔与面试的组织;③劳动人事工资(薪酬)的设计与管理;④员工岗位培训的设计与实施;⑤公司行政后勤事务管理与协调;⑥公司公共关系的建立和外部环境的营造;⑦工商税务及其他政府机构的协调。

5. 财务本部

财务本部是物流企业的全部资金及运作、收入和支出的唯一管理、监督部门,主要职责:①公司所有财务制度的建立和完善;②资本的运作和流动资金的管理;③接受市场本部结费指示,及时收取客户的物流运作服务费;④审查运营本部提交的支付申请,向供应商支付物流费用;⑤建立运作成本档案,参与物流方案制订和客户谈判;⑥承担物流业务投保及失险理赔工作。

6. 客户服务本部

客户服务本部是公司专门为市场客户(不包括各种供应商)提供售中和售后服务的部门,客户一旦进入物流企业开始运作,其针对运作效果的服务由客户服务本部来承担。该部门主要职责:①客户档案的建立、跟进及客户关系管理;②接受并处理客户关于运作质量和运作效率的投诉;③派遣和管理客户服务专员;④复核并监督落实运营 KPI 指标执行情况,并提出改进意见。

7. 质量控制本部

质量控制本部是公司专门为保证物流服务质量建立的考核、监督和管理部门,物流服务的全程质量跟踪问题和物流质量管理体系完善问题都由该部门来承担。其主要职责:①负责物流业务质量体系的建立,并监督、保证质量体系的顺利执行。不断对质量体系进行完善;②每月进行对物流质量得分进行考评,每季度组织一次质量回顾;③在质量回顾中产生与质量目标存在差异的问题时,协助运营本部找出问题的根本原因,并审核其整改计划的可行性,监督行动计划的完成情况。

8. 检查部门

检查部门类似于公司内部的纪律检查部门,负责对物流企业所有员工的行为规范进行监督和检查。其主要职责:①检查、监督企业服务承诺的执行指标完成情况;②对未完成的指标予以督促和落实;③检查企业人员在与客户和供应商的业务联络中,是否有"吃拿卡要"不良行为;④接受客户、供应商和企业内外部其他人员对业务人员的行为规范的投诉和核查。

案例 3-9

华鹏飞供应链管理有限公司组织架构

深圳市华鹏飞供应链管理有限公司系 A 股上市公司深圳市华鹏飞现代物流股份有限公司的全资子公司，2013 年 9 月在深圳"前海"经济开发区注册成立。公司依托总公司强大的物流服务网络以及雄厚的资金整合实力，致力于金融、统筹采购、风险控制、信息技术研究与创新。通过专业化的供应链管理团队、先进技术和创新管理模式，将服务深化、细化、差异化，最大限度降低企业供应链成本，为客户提供优质、高效的供应链管理及物流服务。图 3-3 为华鹏飞供应链管理有限公司组织架构。

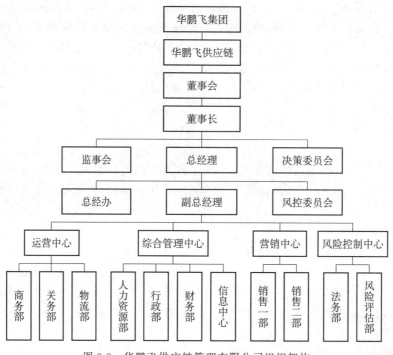

图 3-3 华鹏飞供应链管理有限公司组织架构

（案例来源：华鹏飞现代物流股份有限公司官网，http://www.huapengfei.com/index.php？c=msg&id=16&,2022-01-18.）

3.3 现代物流企业的人力资源协调

2015 年，我国社会物流总额达 219.2 万亿元，按可比价格计算，比上年增长 5.8%，社会物流总收入 7.6 万亿元，比上年增长 4.5%。物流总额和物流总收入的高速增长表明中国经济增长对物流的需求越来越大，然而许多物流部门的管理人员很少受过专业培训，物流管理专业人才成为全国紧缺人才。物流企业的人力资源管理是现代物流企业经营管理的重要内容。经济的发展对物流业的发展提出了更高的要求，物流企业在日益加剧的竞争中立于不败之地的因素不仅是科学技术层面的，更重要的是承载这些知识、技术、技能的人，也就是说物流企业必须重视人的作用(田洁,2013)[①]。

3.3.1 现代物流企业人力资源组成和结构

现代物流企业人力资源协调有三个方面的特征:①物流企业目前面临着人力资源流失的风险,比如一般的员工,特别是仓储员工,每年年末都有大量员工流失。②物流企业经常派驻员工到外地,其人员流动要考虑这个因素。③一个员工在现有岗位上业绩突出并不表明能够胜任其他岗位。但是,不调动员工工作岗位容易引发职业疲倦。

目前,有关物流企业人力资源的构架,人们普遍认为分为两个层次,如图3-4所示。①企业的物流管理类人才分为核心管理层、中间管理层和基层管理层。其中,核心管理层主要包括企业总经理、副总经理和业务部门负责人(如市场总监、运营总监、IT总监、财务总监等)。这一类也可以归纳为物流企业人才的核心队伍,其主要负责的是公司的战略、方向、运营等方面的重大问题,因此对这部分人才的要求是多方面的,不仅要求其具备良好的理论知识,而且要有很好的概念技能和沟通技能,并且多数还要求涉及多个专业方面。②在操作层面上的技术性物流人才,这一类人被要求拥有扎实的技术、掌握基本技术技能。主要包括统计人员、市场人员、信息技术人员、仓储管理人员、装卸现场人员等。

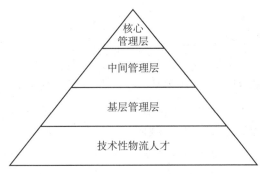

图3-4 物流企业人力资源组成层次

物流企业的职位划分也反映了这个基本构架。物流企业职位的设置如图3-5所示。

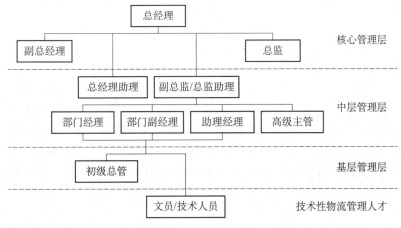

图3-5 现代物流企业人力资源结构

---

① 田洁.现代物流企业人力资源管理创新研究[J].理论导报,2013(10):35-36.

3.3.2　现代物流企业人力资源管理新思路

案例 3-10

人力资源管理的"新理念"

在某物流企业 Y 公司，人力资源管理部门注意到有个别员工经常为自己的工作而在办公室加班。有的人直观认为，员工经常加班是热爱工作、敬业的表现。而 Y 公司人力资源管理部门有更深入的思考：员工为什么会加班呢？他们认为，一个员工经常性地加班，只能说明两个问题：其一是该员工承担的业务工作量较大，在正常工作时间内不能一个人独立完成；其二可能是该员工工作能力有限，不能胜任其岗位工作，故只有通过加班来完成。

Y 公司人力资源管理部门同时认为，员工通过加班虽然能完成其本职工作，但也会为公司带来负面的影响，如企业将为此支付更多的办公成本，由于员工精力有限，该员工加班后有可能影响其第二天的工作效率等。如果是员工的工作量较大而使该员工经常性地加班，那么人力资源管理部门就应该在此岗位上增加人员；如果该员工无法胜任其岗位，那么很显然，就应该予以撤换。

类似这样的人力资源管理的"新理念"，将在传统企业管理中有可能被认为是"先进事迹"的员工加班，进行重新定义和处置。可见"新理念"的引入，对现代物流企业经营管理方式的冲击是很大的。

（案例来源：江超群，董威.现代物流运营管理[M].广州：广东经济出版社，2003：149.）

现代物流企业人力资源创新可以提高员工素质，实现员工满意度的大幅度提升，提高人力资源管理水平和企业竞争力，促进企业战略目标的实现和经济效益、社会效益的增长。对现代物流企业人力资源管理新思路有以下五点建议。

1. 建设 SOC(strategy-organization-culture)人力资源系统

建设 SOC 人力资源系统是一种把人力资源与战略、组织、文化三者结合起来的系统。这与传统的人事管理的主要区别在于：①强调人力资源管理具有战略性质。人力资源管理不再只是物流企业的一种管理职能，而是被提升到战略高度，成为物流企业总体战略的重要组成部分。②强调人力资源管理具有整合性强。强调通过企业文化及统一的价值观实现人事政策及企业其他经营活动的整合，从而使人力资源与其他资源、资金、机器、材料、信息能够协调运行。

2. 注重人本思想，充分尊重每位员工

物流企业应一切以人为本，尊重员工职业生涯设计和对职业选择的权利。人本管理思想强调根据人的能力、特长、兴趣、心理状况等综合情况，科学地安排员工从事合适的工作，并且在工作中充分地考虑到员工的成长和价值，通过全面的人力资源开发计划和企业文化建设，使员工在工作中充分发挥积极性、创新性，实现工作的高效率，同时在工作中实现自我激励。

3. 逐步建立现代企业激励制度

在逐步建立现代企业激励制度的过程中，建议采取以下策略。

（1）将市场部作为一个承包单元，实行绩效考核和奖励提成制度。市场部每年制订季（年）度客户开发计划，根据每季（年）度底完成的业务量进行提成，计算相应的奖金。

(2) 运营部实行质量事故惩罚制,运营部每年设定一定的质量事故率,如果超过事故率上限,将实施惩罚,包括通报批评和扣除奖金。

(3) 其他部门根据情况实施相应的成本控制。

(4) 在各个部门都要建立预下岗制度。在各个部门都要根据部门实际情况建立评分制,对于每个月(季度、年度)不能完成目标的个人或者小组,实施通报批评并扣除分数,如果已通报批评三次,则实施预下岗,期限为三个月。如果三个月内还不能做好,则实施自动下岗制,如果三个月能做好,则重新上岗。实现"能者上,平者让,庸者下"的目标。

(5) 公司年终考核时,可以采取多种创新手段,进行精神和物质的奖励。精神奖励包括评选优秀经理人、优秀员工、突击手等。物质奖励包括年终红包制度(员工红包和经理红包)、其他旅游等福利奖励制度。

4. 切实做好适合企业需要的中长期人力资源规划

人力资源竞争是物流企业发展过程中非常重要的一环,这要求企业做好人力资源的规划。企业应充分考虑所处竞争环境、经济环境、国际环境的动态变化,运用科学的方法对人才需求进行预测和分析,从而切实满足企业对人才的需求。

 案例 3-11

中国外运数字化人力资源管理的构建与实施

中国外运成立于 1950 年,旧称中国对外贸易运输(集团)总公司,是老牌央企。2003 年,中国外运股份有限公司在香港上市。2015 年,中国外运长航集团整体并入招商局集团。2019 年,中国外运回到 A 股,目前是 A 股加 H 股两地上市的公司,同时也是招商局集团物流业务的统一运营平台。2019 年,中国外运营业收入达 770 多亿元,员工总数超 3.6 万人。中国外运在境内有 1 000 多家分支机构,在全球的 38 个国家和地区有 76 个网点。全球化、数字化、平台化的企业战略对人力资源管理提出了新的要求,传统的科层制组织和模块化管理模式越来越无法满足战略要求,人力资源转型成为必然趋势。

传统的组织架构和管理模式使得人力资源分散于各个公司,每个人力资源都是相对独立的存在;同时人力资源所做的将近 80% 的工作为事务性的,不具有规模效应,不能很好地创造出价值;目前人力资源分配不够合理,能力出众的人才大多聚集在集团总部,但现实情况是一线更需要专业人才。中国外运作为我国物流行业的领军企业,为顺应时代发展、构建符合中国外运"建成世界一流智慧物流平台型企业"的企业愿景,中国外运不断优化人力资源结构,探索、创新人力资源管理模式。提出人力资源数字化转型总体思路为"一三五"战略目标。其中"一"是指"一个数字化平台+一系列人力资源产品";"三"是指"三支柱转型+三个阶段";"五"是指"五化"目标——网络化组织、智能化运营、体系化管理、数字化产品、平台化生态。用产品提升思维,进而提升人力资源管理和服务,打造赋能中台,建设"1+N"共享平台,力图提供专业、便捷、有温度的人力资源服务。

(案例来源:中国物流与采购网.干货满满 | 中国外运是怎样进行数字化人力资源管理的,看完你就明白了[EB/OL].(2020-10-30). http://www.chinawuliu.com.cn/zixun/202010/30/531158.shtml.)

5. 人才管理引入"众包物流"模式

众包物流的兴起基于"互联网+"的共享经济体制,核心是大众利用可自由支配的碎片化时间,通过智能手机终端接单,完成货物的配送工作。众包物流将原来由专职快递员所做的工作交由大众完成,在一定程度上保证了低成本的配送人力需求。众包物流能够有效地整合社会闲散资源,缩短配送时间和取件时间,提高配送效率。

案例 3-12

仓拣配全链路即时履约服务——达达快送

达达快送以众包方式解决物流末端配送问题。针对有自配送团队的商家在早晚高峰出现自有运力不足的情况,达达智配系统基于达达快送数十万的众包池,提供众包运力,帮助自配送团队削峰;许多餐饮、超市、医药、生鲜、蛋糕商家无自己的配送团队,无法满足消费者即时性的消费需求,达达智配基于达达快送数十万的众包池,为商家提供即时送达服务,提升用户体验。

2021年"双11"期间,达达快送首次发布"仓拣配"全链路即时履约服务全景图,将众包服务从"配"的环节拓展到"仓拣配"全链路,对门店仓储、拣货、配送三大环节进行全面升级,以期为商家和消费者带来即时履约的极致体验。以"拣"这一环节为例,达达既能提供系统,也可以提供服务,如果商超选择依靠自身的店员拣货,达达自主研发的海博系统中的"拣货助手"可以帮助其高效精准拣货,优化用户体验。如果商超缺乏人力无法拣货,那么可以通过达达优拣获得众包拣货服务。达达平台数据显示,应用达达优拣的门店相较于应用前,拣货时长缩短15%,取货时长缩短23%,每小时拣货速度提升18%。在2021年"双11",拣货效率的提升也经住了考验。达达快送公布的战报显示:相比"6•18大促","双11"期间达达优拣的日均拣货单量增长69%,但拣货履约率仍然能够维持在98%以上的高水准。

(案例来源:叶帅.通达系与京东物流之后,新一波物流机遇成就谁?[EB/OL].(2021-11-22). https://www.sohu.com/a/501053912_343156.)

3.4 现代物流企业的行政管理协调

现代物流企业的行政管理协调是企业经营管理的又一项重要内容。行政管理协调是以总经理为最高领导,由专门行政部门组织实施、操作,其触角深入企业各个部门和分支结构的方方面面的一个完整的系统网络。有效的行政管理协调能够增强企业的科技竞争力和可持续发展能力,保证企业平稳、有序地应对企业发展过程中遇到的一些困难,增强了企业的竞争实力(谢姐和程勇,2007)①。

正因如此,物流企业对行政管理协调的要求就有近乎"第三方物流服务"的标准,对物流企业的行政后勤贯彻"内部供应链、一体化运作"的思想。这应该是现代物流企业行政后勤管理的目标和方向。企业所有的行政事务全部"外包"给企业下设的负责行政管理的部门(人事行政部或行政部)。

3.4.1 现代物流企业行政管理内容

物流企业行政管理事务的主要内容包括以下几点。

---

① 谢姐,程勇.现代企业行政管理制度探析[J].科协论坛(下半月),2007(5):60-61.

(1) 企业中所有行政办公用品的集中采购和管理(集中登记、统一采购领用制度)。

(2) 企业对外公关事务的策划和组织(与政府管理机构的协调、新闻单位的接触和访谈、同行的交流和合作,以及与客户或供应商的所有公共活动)。

(3) 企业证照的管理、查验和使用(各种形式的证件、公务印章等)。

(4) 公务用车调度使用(高级管理人员自购车,公司根据情况给予一定的补贴;对公司的公务用车,建立严格的车辆管理、保养、使用、交接等制度,严格控制车辆的使用成本)。

(5) 企业办公经费计划的制订、审批。

(6) 企业各型办公场所的选择和租用。

(7) 员工出差的安排和组织。

案例 3-13

林安物流集团两次不同的接送客户方式

广东林安物流集团是一家致力于在全国连锁建设和运营现代化物流园的现代化物流企业。在与客户的合作中,林安物流集团会负责合作客户的接送工作。X 先生曾两次赴林安物流集团展开合作项目的交谈,第一次进行交谈时,林安物流集团派出企业专车进行接送,服务细心周到。第二次 X 先生赴林安物流集团进行交谈时,接待他的则变成了早已等候的"滴滴专车",在与企业的行政管理人员进行交谈时,X 先生被告知企业接送人员已经一律采用"滴滴专车"的形式,既能降低管理成本,又能提高效率,可见分享经济已经渗入了企业的行政管理中。

3.4.2　现代物流企业行政管理新思路

物流企业行政管理的创新有利于增强企业对政治、经济形势发展的适应能力,增强企业的核心竞争力,保证企业的健康发展,实现物流企业发展的总目标。对于现代物流企业行政管理新思路有以下五点建议(冯彩云,2012)①。

1. 实现行政管理技术的现代化

计算机、传真机、复印机、打印机、接影机、多功能通话系统等先进设备的使用,极大地推进了企业信息沟通的现代化、科学化进程,使企业能够准确、迅速地传递信息。

2. 鼓励企业成员共同参与

现代物流企业的行政管理活动日益专业化和复杂化,需要企业成员集思广益、共同参与,才能顺利完成企业的目标和任务。企业领导要善于在企业内部营造良好的沟通气氛,鼓励成员共同参与管理,充分发挥他们的主动性和创造性。

3. 完善企业行政管理人员的人才机制

完善人才评价标准,创新人才评价方式,要积极探索新的人才进出机制,加强转岗培训、前后方的轮岗交流,激活用人机制,实施动态管理、合理流动,逐步形成贯穿选、用、育、留等关键环节的现代企业行政管理人员管理系统。

4. 沟通重视信息反馈

为了使企业的信息沟通更加有效,必须高度重视信息沟通反馈,通过反馈来证明沟通的

---

① 冯彩云.现代企业行政的创新管理研究[J].中国商贸,2012(15):52-53.

精确性和有效性。此外,企业信息反馈还可以及时地发现企业沟通中存在的问题,以利于纠正错误和不断改进沟通方法。

5. 建立完善的绩效评估和激励机制

绩效评估是强化企业行政职能、提升行政效能的有效手段。物流企业行政管理部门应该根据自身的企业特征、组织文化、员工岗位特征等制定和完善符合企业发展、具有一定管理效率的考核评价体系和激励机制。绩效考核要具有公正性,不能生搬硬套其他企业的人力资源管理模式。同时,企业要建立精神激励和物质激励相结合的激励模式(张鑫,2013)①。

案例 3-14

泰达物流的信息化管理

天津滨海泰达物流集团股份有限公司(以下简称"泰达物流")创立于 2006 年 6 月,拥有丰富的物流行业运作经验,拥有包括高等级(保税)仓库、堆场、铁路专用线在内的庞大物流基础设施,分布于天津、上海、大连、无锡等地。

随着业务的扩张,泰达物流的信息化管理水平逐渐滞后于业务发展,集团缺乏统一的大数据平台,导致数据分散不聚合,无法支撑数据决策和分析,集团战略落地难,政策执行难以保障,集团与各下属公司分散办公,信息无法及时有效传递和共享,且各单位内部流程管理不统一,数据安全和网络安全得不到保障,复制和扩展更不能适应业务变革的需要。

为加强业务和流程的协同整合,进一步提升集团的协同管理能力,泰达物流以致远互联协同运营平台 COP 为主体,构建了覆盖前、中、后台的信息化架构。前台涵盖致远互联 M3、企业微信等,并覆盖集团门户、所属企业门户、领导门户、个人门户、预算门户和党建门户的门户体系;中台包括流程管理平台、公文交换平台、知识管理平台、移动管理平台、预算管理平台;后台包括财务系统平台、金融物流管理平台和应用集成平台等。

根据"先易后难、先粗后细、总体规划、分步实施"的建设方针,泰达物流首先建设了全集团应用的协同运营平台,实现日常事务、公文等的线上流传和审批,进而搭建费控管理、业务统计、业务付款、智慧党建等个性化业务应用,各应用系统之间关联衔接,形成集团内数据统一、标准规范的大协同共享体系。

(案例来源:致远互联官网. 数字化转型先行者:泰达物流[EB/OL]. (2021-09-16). https://www.seeyon.com/News/desc.html? id=4239.)

3.5 现代物流企业经营行为监督与经营管理

3.5.1 现代物流企业经营管理内容

现代物流企业的经营管理是指在物流企业内,为使客户服务、营业、财务、劳动力等各种业务能够按照经营目的顺利地执行、有效地调整而进行的系列管理、运营活动。现代物流企业经营管理的目标主要是提高客户服务水平,包括快速响应、整合运输、保证产品质量等;控制成本,包括成本核算和成本控制;减少资金占用,尤其是资金密集型的第三方物流企业,包

---

① 张鑫. 浅述现代企业行政管理[J]. 企业技术开发,2013(16):101-103.

括物流网络设计、物流设施规划和物流设备购置等(兰洪杰等,2013)①。

现代物流企业的经营管理主要包括战略管理、组织管理、客户服务管理、业务模式管理、信息管理、流程管理、绩效管理以及创新管理。与其他企业一样,现代物流企业的基本职能为计划、组织、协调和控制。计划工作的任务是根据市场的需要以及企业自身的能力,确定企业在一定时期内的奋斗目标,通过计划的编制、执行和检查,协调和合理安排企业的各种经营活动。组织职能是指要把物流企业经营活动的各个要素、各个环节和各个方面合理地组织起来形成有机整体。协调职能是指对人的管理及研究和协调人与人之间的关系。控制职能也称监督职能,是指按照一定的计划、目标或标准进行检查,考察实际完成情况同原定计划标准的差异,分析原因,采取对策,及时纠正偏差,保证计划目标的实现。

3.5.2 现代物流企业经营行为监督

现代物流企业经营行为监督主要是监督各部门在与人、财、物发生直接或间接的关系时,其服务水平、行为规范、执行完成情况是否符合物流企业制定的各种规范和标准,并对不符合的行为进行处理。

体现物流企业经营行为监督的部门有检查部门和客户服务部。一般物流企业很少设置检查部门,大型的物流企业尤其是大型国有企业,如国家物资储备局会设置相关的部门,对下属子公司或者分公司的物流经营情况进行检查。检查部门的主要工作内容在 3.2.2 小节中已经表明。同时,物流企业客户服务部的部分职责也体现了其对企业经营行为的监督。

综上所述,物流企业经营行为监督的内容如下。
(1) 检查、监督企业服务承诺的执行指标完成情况。
(2) 对未完成的指标予以督促和落实。
(3) 检查企业人员是否有"吃拿卡要"等不良行为。
(4) 接受客户、供应商和企业内外部其他人员对业务人员的行为规范的投诉和核查。
(5) 督促检查物流企业对客户承诺的各种服务的执行情况。
(6) 协助检查部门实施对营运业务和营运人员的检查和监督。

物流企业对经营行为的检查监督,一般通过三种渠道加以实施。
(1) 分析市场或营运业务中的核心环节,主动出面监督关键工作的执行过程和执行结果。
(2) 对外公布监督、举报电话,发动客户、供应商进行监督。
(3) 向各有关市场、营运部门派出监督员,对有关业务实施直接监督。

案例 3-15

冀中能源井矿集团物流事业部开展效能监察

冀中能源井矿集团物流事业部充分发挥效能监察作用,为实现企业转型发展保驾护航。该事业部围绕重点抓立项,立足以企业生产运营环节管控为重点,确定了"强化煤炭计量管控,提升运营核算精细化管理"(以下简称"煤炭计量管控")和"加强销售合同环节监督,维护企业经济利益"(以下简称"合同环节监督")效能监察项目,并坚持周碰头、旬调度、月总结,

---

① 兰洪杰,蒋佳,刘宏伟.物流企业运营管理[M].2版.北京:首都经济贸易大学出版社,2013:8-10.

加强对效能监察项目的过程管控。通过督导检查,提出监察建议和下发监察建议书6项,予以限期整改。

在实施"煤炭计量管控"效能监察中,针对煤炭运营单位计量核算方法不一致及磅费收缴程序存在差异的现实状况,为有效规避廉洁风险和维护企业利益,修订了"煤炭运营计量管理办法",变更煤炭计量和磅费收缴方式,由磅房人工计量改为以铁路货运大票票据计量,进一步杜绝了煤炭计量漏计、错计和磅费收取程序烦琐现象,提升了计量工作效率和车辆计量通行速度,实现了快捷计量、快速通行的运营实效。同时解决了车辆聚集导致的道路拥堵、占道抢道等问题,有效降低了区域性环保治理对运输车辆的处置风险。通过阶段性实施效能监察,在有效规避计量岗位廉洁风险、环保治理风险、车辆通行安全风险的基础上,提升了运营效能,维护了企业的经济利益,发挥了效能监察堵漏增效的作用。

在实施"合同环节监督"效能监察中,通过严格执行合同审批和客户资质审核制度,严把合作用户关、合同签订关、资金风险关、合同专业知识培训关,组织风险防控监督活动10余次。截至2020年11月25日,涉及重点煤炭营销和物流业务客户30余家,共签订合同540余份,完成煤炭经销量和物流总量120.92万吨效能监察,均未出现合同纠纷问题,达到了预期效果。

(案例来源:史惠娟.冀中能源井矿集团物流事业部充分发挥效能监察作用为实现企业转型发展保驾护航_计量[EB/OL].(2020-11-25).https://www.sohu.com/a/434132669_120207616l.)

本章小结

现代物流企业是指按照现代企业制度组建的、以现代物流经营方式运作的、具有较强运作资源支撑的、能够提供供应链一体化物流解决方案的物流服务企业。

现代物流企业提供的物流服务包括传统企业业务的拓展,即运输、仓储、装卸、搬运、包装等传统物流业务的分散独立运作或一体化运作;为工商企业提供采购、仓库选址、信息分析等一系列服务;物流基地、物流园区、物流中心的规划及管理服务;物流运作过程的控制。现代物流企业提供的物流服务还包括基于新经济形势、新技术形势、新竞争形势而兴起的业务取向,如提供全面的供应链一体化解决方案;物流过程的追踪和可视化管理;收集、整合物流信息;物流金融业务。

现代物流企业的部门机构设置和部门机构职责根据企业的业务内容和实现方式的不同而不同。部门机构间的严谨分工与协作是最主要的表现形式。现代物流企业一般实行的是董事会领导下的总经理负责制。

现代物流企业的运作主要包括人力资源协调、行政管理协调、企业经营管理和企业经营行为监督。建立现代企业激励制度是现代物流企业人力资源协调重要的一环。

现代物流企业的经营管理主要包括战略管理、组织管理、客户服务管理、业务模式管理、信息管理、流程管理、绩效管理以及创新管理。现代物流企业经营行为监督职能由检查部门和客户服务部履行。

关键概念

现代物流企业　物流金融　组织架构　现代物流企业行政管理　现代物流企业经营管理

现代物流企业经营行为监督

1. 什么是现代物流企业？
2. 现代物流企业的主要业务取向都包括什么？
3. 如何深入理解现代物流企业组织架构？
4. 如何建立现代物流企业激励制度？
5. 现代物流企业经营管理模式包括哪些？

1. 查阅国内外五家大型物流企业的组织结构，比较这些组织结构的区别。
2. 如果你要成立一家物流企业，应如何设计公司的组织架构？
3. 应如何提升物流企业内部的运营管理效率？

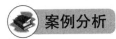

第 3 章扩展阅读

破解物流中心规划的难题

时间到了2006年，对上海地铁运营公司来说，已经整整走过了15年的历程。这天，地铁运营公司的陆经理正在看办公室主任交给他的《上海地铁运营有限公司物流中心发展规划（草案）》（以下简称《规划》），这个规划是公司内部人员编写的，总体上看，虽然很符合自己企业的实际，但是在战略方面还不能满足未来发展的要求，如何才能将规划方案编制得更具有操作性呢？想到这里，他立刻拨通了季教授的电话。

公司背景

上海地铁运营有限公司是由原上海市地铁总公司转制而成立的，以轨道交通运营管理为主、以实业开发为辅的行业骨干企业，现隶属于上海申通集团，重大的决策都必须由申通集团董事会议批准。

公司注册资本3.1亿元人民币，总资产10.5亿元人民币。公司在加强运营管理的基础上，依托自身资源优势，带动相关领域的拓展，形成一业为主、多业并举的良性发展态势。公司目前负责轨道交通一号线、二号线和三号线近65公里的运营管理任务，2005年接管运营轨道交通四号线，已通过ISO 9001:2000版质量管理体系认证和国家级计量检测体系认证，掌握了轨道交通运营管理中大量的先进技术，积累了比较丰富的经验，拥有一批包括车辆、机电、通信信息、信号、供电、计算机自动控制与网络管理、自动售检票、环境控制、土建、工程管理、监理、运输管理、财会、经济管理等多专业、多方面、多层次的轨道交通行业专门的技术与管理人才。目前，公司职工超过1万人，拥有各类专业技术人员799名，其中政府特殊津贴获得者2名、提高待遇的高级职称（人员）5名、高级职称（人员）84名、中级职称（人员）365名、初级职称（人员）925名。公司运营主业单位拥有技术工人2 290人，其中高级技师2名、技师54名、高级工158名、中级工934名。

在综合开发方面,公司从事广告、商贸、房产、物业管理、旅游文化、项目咨询监理、设备维修、安装、租赁、技术培训、国产化及与轨道交通相关的经营、开发性业务。

公司的难题

两天后,陆经理登门拜访季教授。一番寒暄之后,陆经理将公司面临的一系列难题向季教授一一道来。

陆经理说:"我们作为服务公司,轨道交通建设到哪里,我们就跟到哪里、服务到哪里,目前,上海轨道交通运营的设备主要包括:车辆设备、供电系统、通信信号设备、工务设备以及一般机电设备,其中最为主要的车辆设备主要来自三大公司:德国西门子、法国阿尔斯通和加拿大庞巴迪。公司的物流系统主要保障上海轨道交通正常运营、维修的设备备件和相关维修物料、生产辅料供应。"目前上海地铁运营公司的组织结构如图3-6所示。

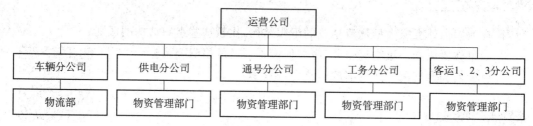

图3-6 上海地铁运营公司的组织结构

陆经理说:"尽管公司有众多的采购业务和计划业务,但是没有一个统一的计划部,公司层面和业务部门的计划都是自己做,所有权都下放至各个部门。由于各个部门没有专业的计划人员,计划又不尽科学,缺乏统一的管理。"

"由于计划工作的分散性,采购也是一盘散沙,公司没有统一的采购部门。这个是与公司发展的历史有关,原先仅有地铁一号线,全长也不过20多千米,因此,采购由各个部门自己决策,反应快,成效好。但是,当现在发展到60多千米,而2010年发展到400千米的时候,各个部门单独采购的弊端就严重凸显了,存在采购物资浪费、缺乏控制,无法做到集约化采购带来的规模效益。同时,也造成了人力资源的浪费,许多客运公司都不得不将大量的精力放到与主营业务不相干的事务之中,无法更好地提高采购、仓储等业务能力。

"公司目前还缺乏一个强有力的物流部门,仅有的物流部门也只是设在公司的车辆部下面,其他分公司的物资管理部门都归口办公室、后勤部门或者车间。这种方式使成本、计划、资金等得不到有效的控制,如果放任不管,随着地铁运营任务的加重,这种矛盾将更加突出。

"而目前的物流部门在管理物流业务上也不尽如人意。以车辆部为例,车间有时候不会及时向物流部报需求计划,缺少零配件时,直接到仓库来拿,而仓库采购某些零配件需要有一个间隔时间,物流部人员经常抱怨零配件库存维护进度跟不上。尽管从2001年来就已经采用计算机管理,可以做生产安排、仓库采购等,但是系统处于闲置状态,有些员工说,计算机不如我们人脑反应快,物流部门的数据是不清晰、不完整的。"

说到这里,陆经理抽了一根烟,"季教授,不瞒你说,在订货采购策略上,公司采用的是每次多订购备件的方式来满足生产部门的零配件需求。因为目前公司运营的三条线,每条线都有自己的车型,分别是德国西门子、法国阿尔斯通和加拿大庞巴迪的车型,有时候,一条线上的车型多达两三种。由于地铁车辆比较复杂,通常一种车型有1 000多种配件,而由于各个地铁车辆公司的车型不一样,如德国西门子和法国阿尔斯通的车辆配件通常是不一样的。这就造成库存上难以管理,也使采购策略上依赖国外地铁车辆供应商。国内难以采购到特殊的车辆配件,而国外采购周期长,波动因素多,导致不得不提前采购,而到底应该提前采购多少,不同型号的备件又很难确定。"

"按照国外车辆提供商的日常车辆维修经验,一般来说,正常车辆30年可以报废,但是由于我们中国的地铁通常都是满负荷运载,实际的寿命往往只有15年左右,而何时中修、何时大修都没有明确的时间,也缺乏国内的相关数据参考。我们曾经访问过日本的地铁运营公司,但是日本的地铁运营公司采用车辆类型不一样,而且使用的频率也不尽相同,无法借鉴其经验。车辆的哪个零部件何时会出现问题,何时应该做出采购决策都没有模型参考。我自己曾经主管过车辆分公司的物流部业务,有些时候甚至是某一天晚上突然间想起来要采购某一零配件,等这个零配件从国外采购回来后几天,那个零配件真的就坏了,真是灵感激发使得采购成功,要不这个零件坏了就会影响全线车辆运营,甚至导致严重的安全事故。"

"呵呵,你还是你们公司的英雄人物啊!"季教授笑道。陆经理也笑了。

陆经理接着说:"季教授见笑了,其实,不瞒你说,我们公司还有很多问题,希望你们能够去现场调查一下,帮我们解决解决。"

季教授听完陆经理的话后,说:"我们将尽快组织专门的课题小组,前往贵公司调研,并尽快完成你委托的规划设计任务。"陆经理紧紧地握住季教授的手,连声感谢!

深入访谈,认真调查

三天后,调查小组前往上海地铁运营公司进行现场调研。

在该公司的会议室内,公司专门负责采购的黄经理说:"我是专门负责采购的,供应商管理也是比较薄弱的一个环节。由于上海地铁车辆都来自国外公司,因此,供应商大部分在国外。由于零配件需求量小,供应商往往要等到该种零配件的需求达到一定的数量才进行生产,这使得采购的周期很不确定。虽然某些通用件可以在国内的相关铁路车辆厂生产,但专用件必须依赖国外供应商。由于公司采购规模不大,很难和国外供应商达成战略合作关系,也延长了采购周期。"

"那你是否可以适当加大提前期,对零部件进行批量购买呢?另外,你可否进行车辆零部件采购外包呢?"调研小组的周博士提问。

黄经理笑道,"由于公司物流需求特点,尤其是零配件需求不确定、需求量小、进口件多的特点,公司采购业务面临采购提前期长、供应商寻找困难、采购成本不好控制、采购产品质量控制难等问题,而随着未来业务的发展,这些特点将愈加突出。此外,从采购专业性来看,国际上尚且没有这样专业的公司负责地铁车辆配件的采购,主要原因就是专业性太强。另外,我们也无法给外包商提出我们什么时候需要车辆配件。"

"采购经常和库存是紧密相连的,我建议你们不妨去仓储部去问问实际情况。"在陆经理、黄经理的陪同下,调研小组访问了该公司仓储部。公司的小蒋接待了调研小组。

小蒋说:"由于采购的不确定加上零配件的故障率无法准确得到统计,公司不得不以维持高度水平的库存为应急策略。我们也试图上一套先进的零部件管理信息系统,但是都不了了之,原因很多,而零部件需求无法准确预测是其中之一。另外,需要存放在公司仓库中的零配件类型很多,导致公司仓储能力短缺。面对快速发展的轨道交通,公司计划新增仓库网点,提高仓储利用率。但是,如何在公司的总库、分库之间进行合理的调拨也是一件急需解决的事情。"

访问了仓储部后,调研小组又前往维修车间。维修车间的张主任热情地向调研小组介绍了情况:"我们维修车间目前业务非常繁忙,主要原因是作业能力不够,一方面人手不够,缺乏有技能、有经验的人来干这个维修活;另一方面维修的时间无法控制,以车体弹簧架为例,不同国家不同型号的车辆不一样,不通用,有些特殊的弹簧架无法维修,只能让国内其他机构的人帮忙维修,何时维修好,何时能够投入运营也无法得到控制,所以,你看我整天忙得团团转啊!"张主任笑道。

陆经理接过张主任的话,对调研小组说:"不论仓储、采购,还是维修等方面,我们公司的零配件物流管理都存在很多问题。这些问题都急需尽快解决。一方面,缺乏统一的发展规划,造成物流业务相关机构、功能和人员重复,资源综合利用率低;另一方面,缺乏统一的管理体系,造成公司物流运营效率不高,运营成本居高不下。公司的物流业务特点要求物流从业人员既掌握物流运作的一般规律,又掌握一定的设备专业知识,熟悉现场生产工艺,掌握具体设备的维护及运行状况,因此对人员的业务素质要求很高。而目前各分公司对物流的认识不足,人员素质良莠不齐,人员与物流工作要求相差甚远,物流人员地位、收入过低,工作积极性较差,很难吸引优秀合适的人才到物流关键岗位。这些现实情况都在很大程度上影响了公司物流业务的顺利开展,也无法应对未来的发展要求。"

思考题:

1. 你认为上海地铁物流中心目前存在哪几个方面的问题?
2. 如果让你来做这个物流中心规划,你会如何做?从哪些方面开展?
3. 如果分步实施物流中心规划,那么,具体的物流中心战略规划应该如何实施?
4. 由于采购是上海地铁物流中心的重要任务,而采购又面临很多的不确定性,你将准备如何采购?你的思路是什么?
5. 案例中提到目前的库存管理模式存在问题,如果你是陆经理,你怎样做好这方面的规划?
6. 公司制定物流中心战略规划,可能会涉及人员变动与改革问题,在这一点上,你有什么样的解决方案?

第2篇
运 作 篇

第 4 章

现代物流企业运营管理

 学习目的

- 了解物流企业的业务运作流程;
- 掌握业务运作流程的改进方法;
- 掌握物流解决方案的编制方法;
- 理解服务供应链的基本定义;
- 掌握服务供应链下的扩展型物流企业运作模型;
- 通过服务供应链的学习增强学生对高质量发展的理解。

第 4 章微课

案例 4-1

立邦的物流运营模式

立邦中国隶属于新加坡立时集团,作是全球第三大涂料企业和建材企业,立邦始终以开发绿色产品、注重高科技、高品质为目标,以技术力量不断进行科研和开发,满足消费者需求。立邦秉承"立邦,为你刷新生活"品牌主张"体验为重"的消费模式,在全国成立新的"刷新"旗舰店,推出整合线上线下实务的刷新服务,改变消费者对涂料的传统认知,更新涂料行业的销售模式。但是,多、小、散、乱的家装建筑行业现状,使立邦"刷新"模式收效甚微,销售链条过长导致终端价格虚高,服务质量难以跟踪,消费者满意度低,销量增长缓慢。大陆物流与立邦于 2018 年 10 月在武汉市启动项目试点,以家庭涂料产品为基础,打破惯性思维,自主研发数字化产品,重构商流、信息流和物流,赋能传统经销商和分销商转型升级。

1. 经销商无须持有库存

立邦在全国拥有约 1 000 家经销商,通过经销商触达约 1.2 万个分销网点,而在消费升级、传统建材市场升级等多重因素的影响下,对作为中小企业的经销商在分销管理、资金运转、物流配送、信息化升级等方面的要求越来越高。

立邦通过回收经销商库存,并委托大陆物流设立运营中心,把经销商从资金占压和繁杂的物流运营中解脱出来,使其专注于营销,为经销商的转型升级奠定基础。然后根据终端客户的需求,统一由大陆物流运营中心配送货物,在降低立邦物流成本的同时,大幅提高商品送达的时效性。

2. 简化流程,统一界面管理

大陆物流自主研发的 OMS 订单管理系统、WMS 运营仓管理系统和 TMS 运输管理系统,统一界面贯通从工厂到销售门店的交易全链条,简化了系统操作流程,缩短了商品出库时间,24 小时运营中心团队随时在线解决工厂、销售门店的各类问题,并打通了终端市场对产品和数据的反馈通路,改进了退换货流程,极大地提升了消费者满意度。

3. 从工厂到终端的全链条数字化

传统流通体系的物流链路是"工厂→经销商→分销商(大多位于批发市场)→终端门店",大陆物流与立邦在武汉打造的全新数字化物流链路是"工厂→运营中心→终端",在实现物流规模化集约化的同时,助力生产环节转变为由市场需求决定生产计划,从而使生产计划更加精准,降低囤货量,减少库存占压成本,实现高效生产运营模式。

4. 发展迭代,双方深度合作

通过试点运行,重点品类销售量上升40%,立邦集团与经销商获得双赢。立邦集团与大陆物流确定了"风险共担,利益共享,深度合作"的方针政策。双方各派出骨干力量对接业务流程及系统流程,2020 年 11 月,武汉专案升级为 BMD(建材全品类运营创新)项目,全国重点省会城市天津、上海、成都、郑州、南京等地同步推进,提升数字化水平,加大跨界融合力度。

(案例来源:国家发展和改革委员会经贸司,中国物流与采购联合会.物流业制造业深度融合创新发展典型案例(2021)[M].北京:中国财富出版社,2021.)

运营管理是对运营过程的计划、组织、实施和控制,是与产品生产和服务创造密切相关的各项管理工作的总称。物流企业运营管理就是对物流运营过程的计划、组织、实施和控制,它将人员、设备、资金、材料、信息、时间等有限资源合理地组织起来,最大限度地发挥它们的作用,以求达到既定的客户服务目标。物流企业运营管理是一个复杂的多目标管理过程,既要致力于提高产品和服务质量,又要致力于提高资本运营质量、降低质量成本、提高质量效益、提高资本增值盈利等多重目标。

运作流程设计与管理是物流企业运营管理的核心内容。其中,运作流程设计要考虑到企业提供服务产品的类别、时间要求、数量要求、品质要求等,根据客户服务需求提供既能满足个性化要求,又能满足企业成本控制需要的流程。基于运作流程,可以为客户提供个性化的服务解决方案。

4.1 服务运营管理的基本理论

4.1.1 服务运营管理的发展历程

20 世纪初,全球劳动力主要集中在农业和制造业,服务业劳动力所占的比重很小。从20 世纪后半叶开始,社会产业结构开始发生重大变化,服务业逐渐兴起(刘丽文,2004)[1]。1975 年开始,在工业化国家中,2/3 的人从事服务业工作,GDP 的 70% 来自服务业,这一深刻变化使对服务运营管理研究的需求快速增长,并引起了一些研究生产运作管理(POM)的学者的关注,他们认为服务运营管理(SOM)是未来极有前景的研究方向。较早讨论服务运营管理的两名学者是 Robert Johnson(1972)[2]和 E. S. Buffa(1976)[3],他们在其具有相同书名的《运作管理》一书中讨论了服务运作的概念及技术。

---

① 刘丽文.服务运营管理[M].北京:清华大学出版社,2004:2-3.
② JOHNS TON R. Operations Management[M]. Boston:Hought on Mifflin,1972.
③ Buffa ES. Operations Management:The Management of Production System[M]. New York:Wiley,1976.

服务运营管理是指对服务业企业运作过程及生产运作系统的一种有计划、有组织、有控制的管理。与之相对应的是生产制造业生产管理，它是对各种物质形态的有形产品进行开发设计，对生产系统进行计划、组织与控制。在工业化阶段，生产制造业作为国民经济的物质基础和产业主体，是支撑一个国家从农业社会向工业社会转型的战略产业，是直接体现一个国家的生产力水平，区别发展中国家和发达国家的重要因素。随着服务与制造业相互渗透和融合，服务环节在制造业价值链中的作用越来越大，并促进制造业加速服务化。服务业的兴起是生产力与生产关系发展的必然，是需求体系与利益体系的上升规律作用的必然结果。

20世纪80年代末期，SOM作为研究各种服务业企业运作管理的一个专门分支开始被承认。如1987年美国的决策科学学会将SOM正式列为一个学术分支。这一时期涌现了许多关于服务管理研究的专门期刊，如《服务行业月刊》(The Service Industries Journal)(1980)、《专业服务营销月刊》(Journal of Professional Services Marketing)(1985)、《服务营销月刊》(Journal of Service Marketing)(1987)、《服务业企业管理国际月刊》(International Journal of Service Industry Management)(1989)等陆续创刊。1987年，美国的决策科学学会(Decision Science Institute)将服务运营管理正式列为一个学术分支，1990年正式召开了第一个服务运营管理的国际学术会议，为了突出服务管理的多学科整合性，避免与制造业"运营"概念相混淆，大会决定将"运营"二字从"服务运营管理"中删除，简称"服务管理"。"服务管理"就此作为一门新兴的学科得到承认(刘月，2004)[1]，但"服务运营管理"仍然是被学者广泛接受的一个概念。

R. Johnston(1999)归纳了服务业运作管理理论20多年来的发展，认为服务业运作管理的研究内容涉及顾客关系、网络服务、服务中的准时制(JIT)、质量测度、服务能力和容量、服务生产率、服务中的全面质量管理(TQM)、服务技术等[2]。A. V. Roth(2003)对服务业运作管理研究前沿进行了综述，认为世界顶级杂志POM所刊载的关于SOM研究的文章很少，并提出了未来SOM研究的5个方向：进一步扩大服务运作的战略范畴；对运作资源重新定义；重点研究顾客"体验"；扩大服务运作的范围；推行服务技术和电子服务[3]。

在中国，关于服务业和SOM的研究起步较晚，服务业企业管理水平也比较低下。20世纪90年代末我国才开始引进、翻译一批专著，如Schmenner R. W. 的《服务运营管理》、Fitzsimmoms J. A. 的《服务管理——运作、战略与信息技术》等。陈荣秋和马士华教授在《生产与运作管理》一书中简单讨论了服务业，刘丽文(1999)对服务运营管理的特殊性进行了分析[4]，并提出了服务运营管理的理论框架。有的学者根据教学需要编写了有关服务运营管理的教材。最初学者们仿效西方学者把制造业的管理方法用于服务业企业的管理，关注的是服务业的某些生产运作环节与制造业生产的相似之处，使服务业运作"工业化"，用统一的"投入-转换-产出"来定义研究对象。事实证明，这种方法只适用于部分企业或某些服务业企业的一部分活动，且服务业的劳动生产率比制造业低得多，这就给管理学界提出了新的思考。

---

[1] 刘月. 服务管理理论研究进展[J]. 管理论坛，2004(4)：33-34.

[2] JOHNSTON R. Service operations management: return to roots[J]. International Journal of Operations & Production Management, 1999, 19(2): 104-124.

[3] Roth A V. Insights into service operations management: A research agenda[J]. Production and Operations Management, 2003, 12(2): 145-164.

[4] 刘丽文. 论服务运作管理的特殊性[J]. 清华大学学报(哲学社会科学版)，1999(14)：60-62.

研究者也就不再停留在一般性的描述,而是提出一些概念模型来理解服务运营管理的特征。

4.1.2 制造业管理和服务业管理特征比较

服务运作管理的范畴包括运作战略的制定、服务产品和服务提供系统的设计、运作技术的选择、设施选址与设施布置、工作设计、服务质量控制、服务能力规划、服务过程的计划与控制等多项内容。这一范畴基本上是与制造业的生产管理相对应的。但是,其中很多问题的基本思路和管理方法应当与制造业的生产管理不同。

究其主要原因,是服务业企业产出的主要是一种非物质形态的"无形"产品。这种产品的特殊性从以下几个方面决定了服务业运营管理不能照搬制造业企业运营管理的方法(刘丽文,2004)[①]。

(1) 服务业企业的产出是无形的、不可触的,因而是不可储存和运输的。这决定了服务业企业产品设计、产出评价和质量控制等方法与制造业完全不同,也决定了不能用制造业的库存管理作为过程控制的主要手段之一。服务业企业不能预先产出,也无法用库存来调节顾客的随机性需求。往往实际需求高于这种能力储备时(如排队等待时间长),服务质量会立刻下降。

(2) 服务提供过程中有顾客的参与,生产与销售甚至消费是同时进行的,这就决定了制造业企业中"生产运营"与"营销"的职能划分和管理不能照搬到服务业企业,制造业以产品为中心的管理方法也难以应用于服务业以人为中心的运营过程。例如,有的企业在其组织内的某些层面与顾客接触较多,而其他层面与顾客接触较少,有明显的"前台"和"后台"之分,为此需要考虑对前台和后台采取不同的运作管理方式。

(3) 服务需求是时间相关需求、地点相关需求,服务设施的能力具有很强的时间性,服务业必须对顾客需求在最短的时间内作出响应。这决定了服务业企业在设施能力、人员能力规划上的独特性和设施地点分布的独特性,也决定了服务业企业在某种程度上难以利用制造业企业中的规模生产效益,必须寻求其他方法降低成本、提高效率。例如,由于服务的不可运输性,服务质量的提高有赖于对最终市场的接近与市场的分散程度,设施必须靠近顾客群,所以设施只能服务有限的区域范围,这导致服务企业在选址、布局等方面有不同的要求。

制造运营管理与服务运营管理具体的区别如表 4-1 所示。

表 4-1 制造运营管理与服务运营管理的比较

制造运营管理特征	服务运营管理特征
产品有形、耐久	产品无形、不耐久、不可触
以产品为中心	以人为中心
产品可储存	产品不可储存
顾客与生产系统极少接触	顾客与服务系统频繁接触
顾客需求响应周期较长	顾客需求响应周期很短
服务范围广泛	主要服务于有限区域内
质量易于度量	质量不易度量

---

① 刘丽文.服务运营管理[M].北京:清华大学出版社,2004.

4.1.3 服务运营管理的基本框架

国内外对服务企业运作管理问题进行了大量研究,且取得了很多成果,同时也提出了很多新概念、新理论和新方法,当前,在新科技革命浪潮推动下,随着信息技术的发展,许多新的服务行业(如互联网业务)产生,同时催生了新的服务业态(第三方服务),改变了许多传统行业(如网上银行、电子商务)。本书借鉴徐宏毅(2009)的研究成果,提出服务运营管理理论研究框架,如图 4-1 所示。

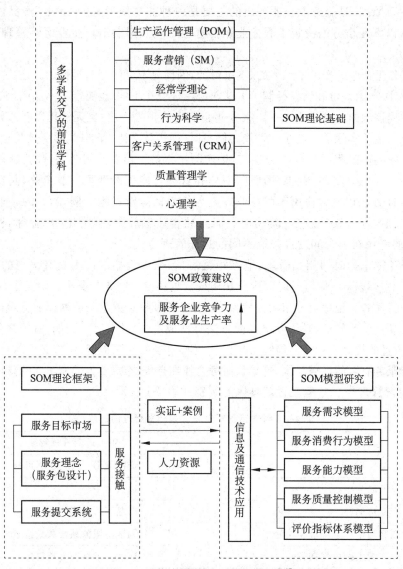

图 4-1　服务运营管理理论研究框架[①]

(1) 服务产品的消费需求研究,即根据服务运作对象的属性来细分顾客市场,研究服务企业的需求理论模型,探索服务能力与服务需求的关系。

---

① 徐宏毅,聂鹏,赵迎红.服务企业运作管理理论框架研究[J].技术经济.2009,28(2):29-35.

(2) 服务产品设计研究,即研究服务产品开发与服务需求的关联性,以及服务新产品设计与评价方法等。

(3) 服务传递系统研究,即在服务产品既定的基础上,设计服务传递系统,包括流程设计、质量管理、客户满意度管理、服务更新及补救措施。

(4) 信息技术对服务企业运作管理的影响研究,即运用信息技术、大数据技术、互联网技术等,探索在新兴技术背景下的服务企业与传统服务企业的运作管理模型的比较,分析新兴技术对服务企业在产品设计、流程控制、质量控制、满意度控制和成本管理等方面的影响。

4.2 典型物流业务运作流程设计

4.2.1 运作流程的重要性

随着物流行业的发展,物流企业的业务内容越来越繁杂,客户对服务质量的要求也越来越高,企业管理难度不断加大,容易出现企业内部运作流程混乱、人员变动频繁、作业质量参差不齐等问题,导致管理成本直线上升、客户服务水平难以提高。在这种情况下,物流企业急需借助一套科学、适用的标准化运作流程来摆脱困境。运用标准化的运作流程能使企业有效地化繁为简,使企业在经营模式的扩张中、在人员的变动更替中不变样、不走味,提高作业效率和服务水平,提高企业的快速响应速度,降低管理和运营的成本,为物流企业创造更多的利润,为客户提供更好的服务。

4.2.2 典型的物流业务运作流程

典型的物流业务运作流程如图 4-2 所示(江超群和董威,2003)[①]。

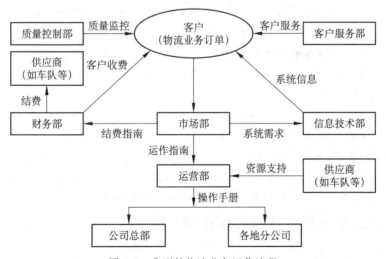

图 4-2 典型的物流业务运作流程

(1) 公司市场部与客户谈判成功后签署物流服务合同。必须说明的是,在谈判后期需要运营部、财务部、信息技术部和客户服务部等共同参与相关物流方案及服务承诺和规范的

---

① 江超群,董威. 现代物流运营管理[M]. 广州:广东经济出版社,2003.

制定工作。

（2）以市场部为主，签署物流服务合同。市场部根据谈判过程中客户的需求和物流公司的承诺，分别向运营部传达该客户的运作指南，向财务部传达结费指南，向信息技术部传达客户系统的需求报告。

（3）信息技术部根据市场部传达的客户系统报告，向客户开通公司对外的物流信息系统，满足不同客户的信息服务需求。

（4）财务部根据市场部传达的结费指南，制定与客户衔接的收费目录、收费时间和收费标准计算方法，并按照物流服务合同的相应规定向客户收取物流运作服务费。

同时，财务部还将根据公司租用的运作资源使用结果，在运营部呈报的付费请示和付费清单的基础上，向提供运作资源的各供应商（如车队等）支付资源使用费。由于这部分费用大多数情况已有合同约定，财务部的工作更多的是对此予以审核，并参照资源成本的成本控制指标进行核算。

（5）运营部根据市场部传达的运作指南和合同规定的物流服务范围、服务方式，制定详细的操作手册，并将操作手册下发至各具体执行操作的分公司，并由分公司组织实施。该操作手册同时抄送客户服务部和质量控制部。

（6）运营部在一定时间（一般为 30～45 天）内，将运作结果的原始单据交回财务部。财务部对原始运作单据进行审查后，向各供应商支付资源使用费。

（7）全国各分公司统一接受总公司运营部的运作指令，按照操作手册的规定，完成所属区域的物流操作服务。

（8）客户服务部负责与客户的沟通和服务工作，质量控制部负责物流服务质量管理体系的建立和质量事故的处理工作。

（9）物流公司其他各相关职能部门围绕业务工作的需要，分别提供运作所需的后勤支持。包括人事行政部招聘和培训管理、现场操作，并提供办公设施和后勤辅助等。

需要补充的是，该流程的设计和操作是建立在以下三个基础之上的。

（1）物流企业内部建立了支持物流运作需要的相关管理系统（如物流管理信息系统），系统的构建平台是企业内部网。

（2）物流企业已经建立了相关的管理制度和操作规范文件，如运费指南、结费指南、客户档案、成本档案以及服务指标（KPI 指标）等。

（3）在进行物流运作前，客户所有参与物流运作的产品资料已被物流企业了解和掌握，具体的资料包括：产品型号和规格、包装材料和外形尺寸、装载要求、生产日期和保质日期、不同地区的生产量和销售量，全国各地区分仓库的库存要求等。

4.2.3 物流运作流程设计的基本步骤

一般来说，物流运作流程设计包含以下五个基本步骤。

1. 拟定流程设计的基本方向

设定基本方向是指设定企业物流运作流程设计的总目标、总方向、总思路。具体包括：明确企业经营战略目标，将目标分解；成立企业物流运作流程设计的专门机构；找准流程设计的出发点；明确流程设计的基本方针；分析和确定流程设计的可行性。

2. 分析现状并确认设计目标

对现有流程、外界环境、顾客、企业核心能力等状况进行深入细致的调查分析，以便确认具体的设计目标与标准。具体包括：外部环境分析；顾客满意程度调查；现行流程状态分析；具体设计目标；确定成功标准。

3. 确定流程设计方案

确定流程设计的方案要求，完成具体的流程设计方案，具体包括：流程设计创意；确定设计路径；确定流程工作环节和改进重点；重新设计实施流程；配备相关人员。

4. 制订流程再造计划

当企业物流运作流程设计方案通过后，需要有一个详细的流程再造计划，包括：工作计划目标与时间的确认；预算计划；责任、任务分解；监督与考核办法；具体的行动策略与计划。

5. 实施流程再造方案并持续改进

成立实施小组；对参加人员进行培训；全体员工配合；新流程实验启动、检验与评价；全面开展新流程，在运作过程中持续加以改进。

4.2.4 运作流程的设计方法

运作流程的具体设计方法如下。

1. 作业标准化

所谓作业标准化，就是在对作业系统进行调查分析的基础上，将现行作业方法的每一操作程序和每一动作进行分解，以科学技术、规章制度和实践经验为依据，以安全、质量效益为目标，对作业过程进行改善，从而形成一套优化的作业程序，逐步达到安全、准确、高效、省力的作业效果。利用标准化的方法，通过标准化运作流程图、流程表以及必要的操作说明，基于物流公司的主营业务流程环节来展开设计，对所存在的问题提出解决方案。

标准化有三大要素，即周期时间、作业程序和标准手头存货量。

周期时间是指完成一个工序所需的必要的全部时间。如果没有周期时间限制，而是任意地按照自己的想法，推迟或提前完成规定的工作，这两种情况均是不可取的。标准的工作时间可以保证服务的及时、准确。

作业程序就是将要做的事情按预先设定好的步骤来执行。如果没有作业程序或者作业程序不明确，或不遵守，都会造成工作延迟完成和工作质量不合格，或者根本就完不成工作。作业程序既是作业者执行的标准，也是上级考核下级的依据。所以，要想提高客户、员工满意度，各个工序就必须制定一个严格的、易于执行的作业程序。按照作业程序进行作业也是为了确保在周期时间内完成工作。

标准手头存货量是指维持工作正常进行的必要的库存量，其中包括即将消化的库存。这一步是保证前两步实现的基础，是保证所有工作进行的前提，因此无论什么时候都必须有标准手头存货量。

运作流程标准化是企业化繁为简、提高管理和运营效率的有效工具，它针对经营管理中的每一个环节、每一个部门、每一个岗位，以人为本，制定细致化、科学化、数量化的标准并严格按照标准实施管理，极大地提高了工作效率，使企业能够以较少的投入获得较大的产出。

2. 企业流程再造

企业再造理论是由管理学家迈克尔·哈默(Michael Hammer)和CSC管理顾问公司董事长钱皮在1993年《企业再造》一书中提出的。为了适应新的竞争环境和竞争模式，企业必须摒弃已成惯例的经营模式和工作方法，以工作流程为中心，重新设计企业的经营、管理及运营方式。

根据创始者哈默和钱皮的定义,企业流程再造是"对组织的作业流程进行根本的再思考和彻底的再设计,以求在成本、质量、服务和速度等各项当今至关重要的绩效标准上取得显著的改善"。"再造"是指对企业流程进行基本的再思考和再设计,以期在成本、质量、服务、速度等关键绩效上取得重大的改进。

流程再造主要有三个步骤:发现问题→制订再造方案→对企业流程的持续改善。在流程再造中,对既定的现存事物不是进行肤浅的改变或调整修补,而是抛弃所有的陈规陋习以及忽视一切规定的结构与过程,发现现有流程中存在的问题,改进相关单元的活动方式或单元之间关系的组合方式,并设计流程改进方案。

4.3 物流服务方案的基本构成

4.3.1 物流服务方案的概念与特点

所谓物流服务方案,是针对企业物流和社会物流需求而做出的物流服务的承诺、方法、措施以及建议,它既是计划书,又是可行性报告,更是作业指导书。它是指某个具体物流活动的总概念的形成,如受物流客户委托,对从事某产品的具体物流活动做出的规划和实施计划,或针对物流目标市场做出的面向社会的物流运作模式设计。

物流服务方案不同于物流运作方案,物流服务方案更强调在客户合作开始前的战略设计层面的安排,类似于项目建议书,是一个在与客户沟通谈判前所做出的方案。物流运作方案通常是与客户达成合作协议后,针对某种物流服务而设计的具体运作层面的安排,它是详细的操作方案。

一个具体的物流服务方案应达到这样的要求:对客户质量做出明确的承诺;对项目操作的技术经济可行性进行详细的分析论证;设定各业务环节的质量标准,形成标准化的业务流程,成为对具体业务环节操作的指导书;方案应成为与客户结成战略伙伴的基础。

4.3.2 物流服务方案的种类

物流服务方案按照行业的分类可以分为工业物流方案和商业物流方案。

1. 工业物流方案

工业物流方案是指针对生产制造企业提出的物流方案。在生产制造企业中,根据物流活动的内容不同具体又可以分为以下两种。

(1) 供应物流是工业企业为保证生产的需要,组织原材料、零部件等的采购、运输、仓储、配送等一系列物流活动。对于某些运作规模较大的企业,供应物流方案可以从企业物流方案中独立出来,单独进行设计。

(2) 生产物流最大的特点是与企业生产密不可分,生产物流方案要考虑生产工序和存货之间的协调,使它们与市场需求一致。设计生产物流方案时,要有利于企业内部物流合理化,缩短在制品在生产阶段的流转时间,从而缩短生产周期;要有利于加速资金周转,节约产品费用;要有利于企业开拓市场,实现销售目标,因为生产物流畅通直接影响产品的质量和数量,制约产品的流通和销量。

2. 商业物流方案

商业物流是指直接与最终消费者相连接的物流,处于物流系统的最末端,它所涉及的产品直接送到消费者手中被消费掉。在进行商业物流方案的策划和设计时,必须首先考虑方案是否合理,即如何评价商业物流方案的合理性,应该从以下几个方面进行:①方案达到的具体物流配送目标,即满足客户的需求的程度;②降低的物流费用占原物流总费用的比例;③货损、货差、脱销的次数;④缩短的物流配送时间;⑤是否实现了商业物流各环节的无缝连接;⑥采用先进物流技术、物流信息网络的程度等。

4.3.3 物流服务方案的基本内容

1. 方案的基本目标

在方案开篇的第一部分中,就应该把解决的具体目标阐述清楚,指明物流服务范围,作出物流服务承诺,以及为了达到承诺而采取的措施。如果是标准的物流方案,在第一部分中必须遵循报价的原则并作出明确的服务报价,使客户对方案的全貌有一个大致的了解。

2. 服务提供方的资源优势介绍

第三方物流企业给客户制定物流方案,必须把自己企业的资质、物流资源、物流服务优势等在方案中介绍清楚,使客户对物流企业有深刻的认识。比如,已有的车队,仓库的类型、数量,可控的车队规模,整合社会物流资源的能力,物流服务的经验和已做过的成功案例等。这部分内容也是第一部分中服务能承诺实现的基本条件。

3. 物流服务模式

设计物流解决方案的核心技术是物流服务模式设计,这部分是方案的重点。对物流服务的两个主要环节即仓储管理和运输、配送管理及优化方式,要给予详尽的说明。在进行服务模式设计的时候,可以将物流服务模式分为几个主要环节,对这几个主要环节的业务流程、优化方法、控制手段、管理方式进行描述,做到更加明确、更加细致和更加具有可操作性。

服务模式设计的过程可采用流程图形式加以说明,使产品或商品在环节内流转和环节外运作都有一个清晰而标准的运作方式,而且每一个环节都要落实到具体负责人员。例如,在运输合理化中,可以列举多种优化方案,并给予具体计算说明。由于优化的目标不同,可提供多种方案供客户选择。

4. 物流信息服务模式

在物流方案中,物流信息的服务水平标志着物流方案设计的水平。充分利用 IT 技术,建设物流信息网络,是提供高水平、低成本物流服务的基础。物流信息服务模式主要根据客户的物流需求而定,如果客户不要求高水平的仓库实时动态监控、运输和配送的不定期监控,就没有必要设计 GPS、MIL 等高水平的物流软件系统,否则会造成巨大投资,从而增加物流服务成本。

5. 物流服务建议和补充

第三方物流企业是专业的物流公司,因此在为客户提供物流服务时应有自己独特的技术和方法,用这些技术和方法提出的物流服务模式应该在客户的预料之外,这些内容可以以建议的形式提出,供客户选择。这样可使客户感觉自身的需求被重视,也能够提高客户的信任程度。

6. 结束语

简单的结束语可以概括物流服务理念,可以进一步表述真诚合作的意愿,这样会加深两公司之间的合作伙伴关系。

4.3.4 物流服务方案的基本格式

物流服务方案的基本格式包括如下六个部分。

(1) 前言。前言介绍方案形成宗旨、服务承诺、本企业优势和成功的客户物流服务案例。

(2) 报价。报价是指按客户要求提出总体报价、分项报价以及特殊操作费率。

(3) 分环节方案设计。分环节方案设计是指如运输方案、仓储方案、物流信息方案等,这部分是方案设计的重点。

(4) 服务组织架构设计。服务组织介绍实施方案的组织机构、各类人员的素质水平等。

(5) 服务质量体系。设计的服务质量保障体系应使客户感到放心。

(6) 附录。设计过程中不方便详细展开的部分以附录的形式放在最后。

4.4 物流运作方案的详细编制

在客户接受了物流企业的物流服务方案之后,双方签订了合作协议,物流服务就进入执行层面。因此,设计科学合理的物流运作方案是非常有必要的。

为了实现既定目标的物流服务,需要提前编制相应的物流运作方案。一般来说,物流运作方案包括进行前期准备、方案核心内容的编制、运作指南的编制等部分。

4.4.1 物流运作方案编制的前期准备

在编制解决方案之前,需要深刻理解物流企业的客户发展定位。其中需要从产业或者行业的角度、物流区域的角度、客户构成等角度来明确客户的市场取向。在此基础上,进行客户分析,确定潜在的目标客户群。在前期准备中,成立一个市场调查小组是非常有必要的。他们需要对目标客户进行调查,包括采购生产情况、内部流程和机构组成、物流支持的能力,是否存在外包情况等。

值得注意的是,在方案编制前要与客户进行基本的接触,方案的基本内容已经征询过运营部、财务部、信息技术部和客户服务部门的意见。

4.4.2 编制的内容

运作方案的编制包括以下九方面的内容。

(1) 封面设计,右上角用方框注明"仅供某客户公司使用",也可盖上物流方案专用章。尽可能彩色印刷,并且注明物流方案的版本、保密等级。

(2) 扉页,可以用带有公司抬头的信签纸,以物流企业运作总监名义,向客户负责人简短致函,简明指出合作意向,并附上亲笔签名。

(3) 物流企业简介,需要包含企业的基本情况,比如企业资质、ISO 认证等,除此之外,主要业绩与核心能力也是必需的。

(4) 客户物流方案设计,包括客户的物流现状及其存在的问题与分析;物流公司拟建议的物流方案;物流公司具备的运作保证体系;运作效果分析,并尽量提供相关效益测算数据。此外,还要对预期风险作出必要的说明。

（5）物流公司承接物流业务的方案报价，应先明确报价的形式和内容，比如是按客户销售额一定比例报价，还是按分项业务内容报价，或者按总体承包形式报价；详细注明报价的计算基础以及相关后备数据，让客户阅读分析；附加报价应另行注明。

（6）工作进度安排和实施细则，对物流公司执行该方案的时间安排建议，时间进度表应该用矩形表格绘制。

（7）有关本项目双方联络小组的建立，明确而详细地告诉客户物流公司对此项目的负责部门、负责人、联系人、联系方式。

（8）物流合同范本，提交物流公司草拟的物流服务合同。注意，这个合同应该经过公司律师顾问的审查。

（9）其他，如注重方案印刷、装订美观，不可忽略细节。在方案不同的环节和地方要突出反映客户的形象或标识，表现对客户的认可和亲和力。整个方案页码、页眉、字体要规范设计。

4.4.3　运作指南的编制

运作指南是物流企业进行具体物流运作的纲领性文件，对后续运作、结付费、系统设置和客户服务都有很重要的指导价值。运作指南应在合同签署后，在运作开始前由市场部和运营部共同完成并存档。一份运作指南只能给一个独立客户，不应给多个客户共同使用。针对不同的客户分别编制。具体来说，运作指南的内容如下。

（1）项目（客户）介绍。如客户背景信息，比如生产产品的种类、规格、尺寸、销售量、销售区域等。另外，还有物流公司在此次谈判中承接的物流服务区域和提供的物流服务方式选择，以及谈判过程中的有关承诺。

（2）运作流程要求与说明。运作流程要求与说明包括订单下达、接受、处理和传递、时间等方面的要求；对运输工具、仓储能力及其他资源的数量和质量的要求；分项的物流业务操作时间、线路的要求；装卸货运输的注意事项；等等。

（3）对成本控制指标的要求。详细的分项运作方式的最高成本控制指标，超过最高成本指标的授权、上报和批准，以及监督和违规情况的处理。

（4）物流操作质量服务的要求和控制。针对每个客户设计 KPI 服务指标，向客户提交各种报表的时间、形式和提供方式，以及客户对物流信息系统的基本要求。

（5）供应商选择标准。对供应商选择标准的建议，还有对运作车辆的基本要求，如车况；对仓储的基本要求，如仓库照明、保温、虫害；对货品开箱检查的要求。

（6）对货品和运输安全及保险的要求。对货品安全的总体要求和在运输、仓储、装卸、包装等主要环节的安全要求；对安全事故的处理程序和办法以及货物失险与保险公司的联系和沟通、理赔方式。

（7）与客户结费情况介绍。结费时间、地点，应提供的单据；结费相关负责人以及费用收取形式等。

（8）客户服务。客户投诉的记录、处理程序和方法；客户回访的时间、具体办理人员和回访记录以及客户回访善后事宜处理的参与人员，还有客户回访引发的反馈要求；紧急情况的处理等。

4.5 服务供应链管理环境下的扩展型物流企业管理

4.5.1 服务供应链的兴起

案例 4-2

服务型公司有供应链吗

有一次作者在上海给某一市场营销班学生做培训,讲授的课程是供应链管理。课后布置了一道作业题,题目是"根据所学的知识,写出你所在公司的供应链结构,并对每个供应链的节点进行评价"。课后,很多从事服务业的学员反映他们所在的企业是服务型公司,都是直接给别人提供服务的,既不从事生产制造,也没有批发零售,怎么会有供应链结构呢?这种题目不知如何下手。学生们的困惑并不让我感到惊讶,因为他们的困惑就是我们目前很多服务企业的困惑。原因在于,目前很多服务企业仍然只关注本企业内的服务生产,并没有关注自己的服务供应链、关注自己的供应商、关注自己的批发零售渠道。实际上,对现代服务企业而言,服务企业也有自己的供应商,某些企业甚至也有自己的批发商,而这样的渠道结构就是服务供应链最初思想的萌芽。

Ellram L. M.(2004)在 *Journal of Supply Chain Management* 发表了《理解和管理服务供应链》一文,他提出服务供应链是指在专业服务中从最早的供应商到最后的客户中发生的信息管理、流程管理、能力管理、服务绩效和资金管理。该定义也是迄今为止最完整的服务供应链定义之一。这个定义是从采购专业服务的角度去理解的,因为在专业的服务中,不需要运输产品,服务的传递者利用了供应者的服务、资金和职员,这个与传统的产品供应链有很大区别。韩国培材大学的金立印(2006)认为航空公司、酒店及旅行社之间通过整合资源形成服务供应链来提高效率、降低成本,形成了服务供应链;认为服务供应链的本质是整合所有服务资源来共同创造顾客价值。刘伟华和刘希龙(2009)在国内首本服务供应链方面的专著《服务供应链管理》中,明确提出了服务供应链的概念:服务供应链是指围绕服务核心企业,利用现代信息技术,通过对链上的能力流、信息流、资金流、物流等进行控制来实现用户价值与服务增值的过程。其基本结构是功能型服务提供商→服务集成商→客户(制造、零售企业),其中功能型服务提供商是指传统的功能型服务企业,它们因其提供的服务功能单一、标准,且业务开展往往局限于某一地域,而被服务集成商在构建全国甚至全球服务网络时吸纳为供应商[①]。

通过分析制造外包和服务外包的区别,我们认为传统供应链和服务供应链在渠道、上下游关系、运营模式、牛鞭效应、绩效评价、系统稳定性等方面有显著差异,两者区别具体如表 4-2 所示。

---

① 刘伟华,刘希龙.服务供应链管理[M].北京:中国物资出版社,2009.

表 4-2 服务供应链和产品供应链的区别

类　　别	产品供应链	服务供应链
渠道	原材料供应商→制造商→批发商→销售商→顾客等较长的渠道	由于服务行业自身特点（如客户参与性等）需要更多采取较短的供应链渠道；典型的结构为功能型服务提供商→服务集成商→客户
上下游之间供需的内容	实体产品	服务产品
运营模式	推动型和拉动型相结合，越是上游用推动，越是下游用拉动	更多采用市场拉动型，具有完全反应型供应链特征
供应链牛鞭效应的影响因素	库存、需求信号、价格波动、短缺博弈	价格波动、短缺博弈
牛鞭效应的体现	库存堆积等	订单堆积，能力利用率波动等
供应链协调的主要内容	生产计划协调、库存管理协调	服务能力协调、服务计划协调
体系结构	核心企业可能有多个	一般只有一个，通常是服务集成商
绩效评价	基于产品运作的绩效评价，易操作	基于服务的绩效评价，比较主观
稳定性	具有较高的系统稳定性，强调基于信任基础上的全面合作	稳定度较低，首先，最终客户具有不稳定性；其次，异质化的客户服务需求使服务企业所选择的服务供应商会随需求有较大的变化

（资料来源：在 Allen S 和 Chandrashekar(2000)、Akkermans(2003)和 Ellram(2004)和傅烨(2005)观点的基础上修改整理．）

从宏观角度上讲，服务供应链的形成不仅是社会分工的结果，也是各种动力相互作用的结果，下面就服务供应链的三方面动因（外在拉动力、内在推动力和催化作用力）进行分析，其形成动因机制模型如图 4-3 所示。

4.5.2　服务供应链管理环境下的扩展型物流企业

服务供应链管理环境下，服务企业之间紧密合作，以服务集成商为核心的服务企业，在供应链管理中，积极与上游的功能型服务提供商、下游的客户紧密协作，形成战略伙伴关系，充分发挥各自的竞争优势，形成了扩展企业。这种扩展企业是服务企业在营销管理、能力管理、质量管理和绩效管理的基础上，基于企业之间集成的要求而产生的。这使得企业之间的职能能够跨越企业而集成，从而发挥更大的资源配置的优势。

扩展型物流服务企业超越了传统组织的界限。它具有以下特征。

（1）核心企业（物流服务集成商）集中体现核心竞争力的服务活动，将非核心业务外包给功能型物流服务提供商完成。外包能够提高物流服务集成商和功能型物流服务提供商的核心竞争力，增强相互之间的依赖，实现共同的利益。

（2）扩展企业的核心企业与供应商和客户建立一种长期、互相信赖的关系，把他们当作合作伙伴而不是竞争对手。

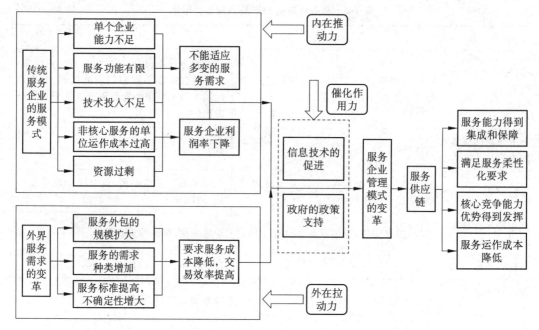

图 4-3 服务供应链的形成动因机制模型

（3）为了实现供应商-客户在服务和技术信息上的集成，扩展企业采用先进的通信技术和服务手段支持跨组织的服务活动。

扩展型物流服务企业的合作目标主要体现在以下几个方面：①缩短服务产品设计与开发的周期；②提高服务能力的敏捷性和柔性；③实现服务质量的动态追踪和评价；④形成利益共享、相互激励的动态组织系统；⑤充分满足客户多样化的需求，实现定制化的服务。

4.5.3 扩展型物流企业的运作模型

服务供应链管理环境下，扩展型物流服务企业的运作模型如图 4-4 所示，由于该模型非常类似汽车驾驶的方向盘，因此，称为"方向盘"模型。

"方向盘"模型较好地体现了服务供应链集成化设计的思想。传统的服务企业是围绕企业的生产运营和服务运作计划展开的，而"方向盘"模型较好地考虑了与功能型服务提供商的战略合作伙伴关系，功能型服务提供商需要与集成商进行服务能力的合作与协调，对物流订单任务分配、订单能力的数量协调等能力问题进行沟通和谈判，共同完成客户的服务需求。服务集成商在制订服务生产计划的时候，充分考虑供应商的实际情况、不确定因素对能力提供和服务水平的影响，跳出了原有单一服务企业制定决策的局限，从供应链整体出发进行全面的优化控制。同时，服务集成商还充分考虑客户的需求，与客户保持密切沟通，对服务需求、服务采购合同、服务参与和消费、服务效果反馈等全面加以了解和掌握，充分了解用户需求并与功能型服务提供商在生产经营上保持协调一致，实现信息共享和资源集成，以顾客化的需求来驱动顾客化的服务运作计划，获得柔性敏捷的市场响应能力。

扩展服务企业的供应链管理内容包括以下四点。

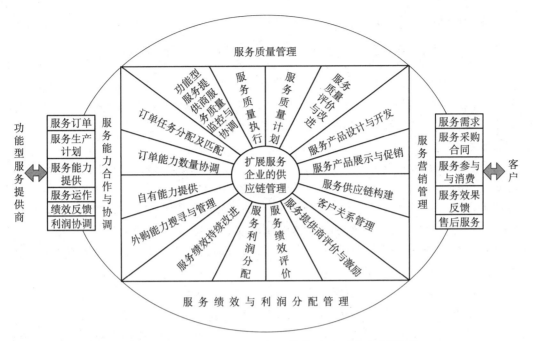

图 4-4 扩展型物流服务企业的运作模型——"方向盘"模型

1. 服务营销管理
(1) 物流服务产品设计与开发。
(2) 物流服务产品展示与促销。
(3) 物流服务供应链构建。
(4) 物流客户关系管理。

2. 服务能力合作与协调
(1) 物流订单任务分配及匹配。
(2) 物流订单能力的数量协调。
(3) 自有物流能力的提供。
(4) 外购物流能力的搜寻与管理。

3. 服务质量管理
(1) 物流服务质量计划。
(2) 物流服务质量执行。
(3) 功能型物流服务提供商服务质量监控与协调。
(4) 物流服务质量评价与改进。

4. 服务绩效与利润分配管理
(1) 物流服务绩效评价。
(2) 物流服务绩效持续改进。
(3) 物流服务利润分配。
(4) 物流服务提供商评价与激励。

案例 4-3

中原大易科技有限公司实施扩展企业运作，实现多赢

中原大易科技有限公司（以下简称"大易科技"）成立于2016年9月，2017年7月正式运营，是国家首批无车承运试点企业、无船承运企业、国家综合4A级物流企业、2018年中国物流十佳成长型企业。大易科技的扩展企业运作主要表现在通过信息平台对运力及货主的整合及服务。

大易科技依托传统货主企业区域、资源优势，巩固优化供应链上下游的协作关系，以货源运输需求为切入点，以信息技术为支撑，以货带车推动运输货源、车源整合，创新经营发展模式，先整合后发展，线上线下运营相结合，为整个供应链经营体系的上下游客户提供"物流＋互联网"的高效透明、多元化、综合性的服务。公司布局以河南为平台运营中心，目前运输业务覆盖河南、山东等20多个省、市、自治区，同时与300多家大型货主型企业集团、570家承运商建立了合作关系。

大易物流平台采用轻资产业务模式，推动无车承运（网络货运平台）标杆建设。通过IT系统整合运力和货主资源，从而达到对货主运输管控的提升，对行业、区域运力的增值应用。截至2018年底，平台累计运量达4 297万吨，已拥有合作车辆14万余辆，合作用户15万余人。平台资源不仅具备高度的业务活跃度，同时经过长期的业务合作具有更高的诚信度和运输能力。平台标准化的货运管理服务，不仅帮助货主制订不同的发货计划，同时能够充分利用回程车资源，降低空载率，帮助承运司机获得线路预报。平台依托整合的运力资源，为客户提供运力撮合与交易服务。

货主通过平台发布货源计划，利用货源资源吸引客户，将散乱的车辆信息汇集于平台，形成平台运力池，货运信息直达车主，大大提高了货与车的匹配率，同时利用第三方支付通道，实现货主签收自动联动司机收款，将实际物流交易业务产生的信息流、商流、资金流、车流归集于平台，真正做到车与货相结合、业务与资金相结合、信息与人相结合。

此外，平台还为承运方及货主提供线上自助注册对账开票、运营全过程进行监控、平台安全教育及路况新闻发布等服务以及保险、油料、保理、交易等金融服务。

（案例来源：中国物流与采购网. 中原大易科技有限公司：大易物流"无车（无船）承运人服务平台"[EB/OL].（2020-03-04）. http://www.chinawuliu.com.cn/xsyj/202003/04/494779.shtml，本案例有适当修改.）

本章小结

物流企业运营管理就是对物流运营过程的计划、组织、实施和控制，它将人员、设备、资金、材料、信息、时间等有限资源，合理地组织起来，最大限度地发挥它们的作用，以求达到既定的客户服务目标。

在物流企业运营管理中，运作流程设计与管理是核心内容。其中，运作流程设计要考虑企业提供服务产品的类别、时间要求、数量要求、品质要求等，根据客户服务需求提供既能满足个性化要求，又能满足企业成本控制需要的流程。基于运作流程，可以给客户提供个性化的服务解决方案。常见的物流运作流程设计方法包括标准化和流程再造。

物流服务方案是针对企业物流和社会物流需求而做出的物流服务的承诺、方法、措施以及建议。它具有目的性、系统性、时间性、团队性、协调性、专业性和先进性的特点。一般来说，物流方案按照行业分类可以分为工业物流方案和商业物流方案。物流服务方案主要包括基本目标、服务提供方优势介绍、物流服务模式设计、信息服务模式设计以及相关建议与补充等内容。物流服务方案一般具有固定的格式。

为了实现既定目标的物流服务，需要提前编制相应的物流运作方案。一般来说，物流运作方案需要进行前期准备、方案核心内容编制、运作指南的编制等。

服务供应链是指围绕服务核心企业，利用现代信息技术，通过对链上的能力流、信息流、资金流、物流等进行控制来实现用户价值与服务增值的过程。其基本结构是功能型服务提供商→服务集成商→客户（制造、零售企业）。

服务供应链管理环境下，扩展型物流服务企业的运作模型简称为"方向盘"模型，它较好地体现了服务供应链集成化设计的思想。具体包括服务营销管理、服务能力合作与协调、服务质量管理、服务绩效与利润分配管理。

关键概念

物流企业运作流程　　物流服务供应链　　物流服务方案　　物流运作方案　　"方向盘"模型

思考题

1. 典型的物流业务运作流程是怎样的？
2. 谈谈你对物流企业业务运作流程设计方法的理解。
3. 物流服务方案包括哪些内容？
4. 物流运作方案编制的内容有哪些？
5. 服务供应链与产品供应链的联系与区别是什么？
6. 请你谈谈对"方向盘"模型的理解。

课堂讨论题

1. 服务供应链兴起的动因是什么？怎样围绕服务供应链更好地设计企业运营流程？
2. 服务供应链与产品供应链有什么区别和联系？

案例分析

厦门中远海运物流的标准化精益服务体系

第 4 章扩展阅读

厦门中远海运物流有限公司，是中国远洋海运集团旗下中远海运物流公司在国内设立的八大区域公司之一，总部位于厦门市，是厦门市重点物流企业、福建省物流协会副会长单位。公司立足福建，辐射东南，在厦门、福州、莆田、泉州、漳州、南昌等地设有分支机构，秉承"物畅其流，创造价值"的企业使命，凭借中远海运的品牌优势和遍布全球的网络资源，竭诚为广大客户提供辐射全球的项目物流、仓储物流、国际货运、船务代理和供应链管理等专业化现代物流服务。

公司凭借多年的供应链管理优化经验,围绕生产型企业的采购、制造和销售供应链的需求,提供原材料国际采购、海陆空多式联运、循环取货(MilK-Run)、供应商管理库存(VMI)、生产线及时配送(JIT)、流通加工、包装、成品中心仓(CDC/RDC)规划、干线运输、分拨配送及逆向物流、国际物流等服务,为客户的物料流、资金流、信息流的全程自动化及智能化提供企业整体供应链管理、过程运营控制、设备选型、信息系统搭建、方案的设计及全面实施的全套综合性服务。

厦门中远海运物流综合物流项目始终秉承公司"客户至上、追求卓越"的核心价值理念,竭诚为客户提供最优质的精益物流服务。以某跨国电力设备制造集团 A 工厂库存管理项目为例,服务期间为客户提供共计 70 多家供应商的 8 000 种原材料的库存管理、分拣和生产线及时配送、循环取货、包装等在内的精细化物流服务,为客户降本增效,赢得了客户的高度赞赏,具体措施如下。

(1) 定期分析库存。联动主机厂的采购部与计划部,对未来产量进行合理的安全库存预测,优化供应商送货节拍,使用循环取货、双箱、滚动计划、巡线等方式提高供货效率。

(2) 建立可视化看板管理。实时跟踪客户的生产计划,采用"水蜘蛛"配送模式,科学设定最优拣配路径。通过上述手段,6 个月内使客户工厂原材料配送响应的平均时间从 24 小时降低至 4 小时,响应速度提升了 6 倍,紧急和售后物料均可在 1 小时内完成响应,大大提高了生产效率。

(3) 设定原材料库存先进先出的管控原则。加强信息系统对来料日期、产品 SN 码、BOM 产品的组合管控,建立物料可追溯标签,实时掌控物料的在库状态,建立特殊料件管控机制。

(4) 通过流程改进。采用更优的装备,标准化、单元化的物流器具(周转箱、仓储笼等)、工位器具(工位车、精益管架、流利条货架等)、转运设备(ACV、RGV、堆垛机、自动分拣机、输送机等),实现从商贸、物流等领域向制造业领域延伸,提高托盘、包装箱等装载单位标准化和循环共用水平。

(5) 设立生产线边仓。按照生产计划的用料需求,采用齐套拣货(Kiting)等方式拣配所需物料,按工程订单排序封装,快速送达生产线边仓。保证生产线专心专注生产工作,促使物流和生产得以有效融合。

厦门中远海运物流制造业精益物流项目始终坚持价值导向,经过多年运营,不断积累经验,形成标准化的精益物流服务体系。

1. 形成制造业精益物流服务理念

聚焦高端先进制造业,专注细分市场和核心领域,高度介入制造业供应链过程,利用优化的技术手段,为客户减少库存,提升工作效率,降低供应链的上下游成本。

2. 确立制造业精益物流服务目标

从人、机、料、环、法五个维度全面梳理项目,利用库存优化技术、装备优化、信息技术等手段,通过人员外包管理,达到效率提升和控制成本的目的;促进生产线设备连续生产,并实现快速切换;促进生产物料的压缩,缩短库存周期,进一步降低呆滞物料风险;以拉动 JIT 的方式,协调企业各相关部门;实现最近供应商信息共享,促进生产供应有序,消除非增值供应链成本的浪费,实现制造业供应链的高度匹配。

3. 形成制造业精益物流服务产品体系

经过不断探索,形成了三层级服务体系:第一层为基础库存管理服务,即基础订单管理、货物存储、装卸、库存分拣、包装、干线运输、二次配送、VMII 订单超市/水蜘蛛、循环取货服务;第二层为管理运维服务,即项目经理团队输出、供应链绩效优化、甲方团队绩效管理、运维可视化服务;第三层为技术咨询服务,即供应链 OPEX 诊断及规划、大数据分析、物流整体规划设计、自动化设备规划设计服务。

4. 形成标准化价值导入过程

从业务调研到项目运营维护,形成一套完善的标准流程:获知业务需求→初步诊断供应链现状→提供产品模块选择组合→现场调研深入诊断→形成个性化产品方案→专业项目团队输出→产品上线、现场调试及优化→日常服务运营→持续优化改善。

(案例来源:国家发展和改革委员会经贸司,中国物流与采购联合会.物流业制造业深度融合创新发展典型案例(2021)[M].北京:中国财富出版社,2021.)

思考题:

1. 标准化的服务体系对物流企业运作有何重要意义?
2. 厦门中远海运是如何改进某跨国电力设备制造集团的生产物流管理的?
3. 厦门中远海运的标准化精益服务体系对你有何启发?

第 5 章

现代物流服务创新与转型方法

➡ 学习目的

- 了解服务创新的基础理论;
- 理解物流服务创新的基本理论和概念框架;
- 掌握物流增值服务的设计与服务技巧;
- 了解物流服务创新实践案例分析;
- 理解现代物流服务的技术创新研究;
- 了解企业如何开展服务转型;
- 培养学生创新思维和理论与实践结合的能力。

第 5 章微课

📖 案例 5-1

P 分公司集思广益提议共同配送

P 分公司是安得物流有限公司旗下最大的以配送业务为主的分公司,主要客户为 A 客户、B 客户、C 客户、D 客户以及 E 客户,配送范围主要为安徽省内。从目前运作情况来看,该分公司的业务操作主要有以下特点。

(1) 同类产品比较集中,主要是空调、彩电、洗衣机、冰箱以及各类小家电。

(2) 配送区域主要覆盖全省各级经销商和代理商,并且很大一部分集中在乡镇一级。

(3) 除 B 客户每天下午 5 点定时下单以外,其他客户下单时间都不固定,随时下单随时进行发运。

(4) 单次订单量较小,属于多批次少批量类型。

(5) 常用车型多为 4 米小车。

(6) 商场、超市配送量占很大比重。

(7) 自计划下达后 24 小时内必须配送到位。

(8) 车辆全部从社会租用,包括固定长期合作以及临时通过信息部租用。

(9) A 客户配送区域覆盖全省;B 客户配送区域主要为合肥、六安、巢湖以及阜阳的皖中及皖北地区;C 客户主要配送区域为合肥、蚌埠、淮北、安庆以及阜阳等地区;D 客户配送区域主要集中在合肥以及巢湖的部分地区。

分公司为了有效提升利润空间,提高配送时效和客户满意度,一直在寻求通过共同配送的方式来解决,但目前实施效果不是很明显,主要有以下几方面问题。

(1) 虽然配送产品全部为家电,但单次订单批量太小,一般只有几立方米,而每个客户计划下达时间不统一,无法提高集拼率。

(2) 配送区域到乡镇,一是批量太小;二是车辆调配难度很大;三是成本居高。

(3) 每个客户配送区域不统一,很多配送线路无法进行集拼以实现共同配送,并通过运量来降低成本。

刘部长表示此次公司开会集体讨论如何进一步解决以上问题可以从大多数客户重叠的线路中开始实现共同配送。

片区郑主管认为对配送运量相对集中和稳定的线路,可以签订一批固定车辆进行操作,王经理认为要与客户沟通确定一致的接单时间点,以便集拼车辆。

市场部胡经理表示也可以考虑通过和现有客户沟通扩大合作线路或者通过积极引进新的省内配送客户,以达到规模化运作,从而实现共同配送。

其实解决问题的办法很多,但实施之前谁都不知道是对是错。相同的决策在不同的市场、不同的经济环境会有不同的结果。

(案例来源:第一届全国大学生物流设计大赛案例,中国物流与采购教育认证网,http://www.clpp.org.cn/index.php?m=content&c=index&a=show&catid=261&id=8,2017-2-7.)

5.1 服务创新的基础理论

5.1.1 服务创新的定义

熊彼特在其代表作《经济发展概论》(1912)中首次从经济学的角度提出了创新理论,其内容包括产品创新、技术创新、市场创新、资源配置创新和组织创新(李汝凤,2014)[①]。产品创新是指制造出一种新的产品或者赋予产品一种新的特征;技术创新是指采用一种新的生产方法,主要体现为生产过程中采用新的工艺或新的生产组织方式,如从手工作坊到工厂大规模机械生产;市场创新是指开辟一处新市场,如海尔、华为等本土企业向海外进军;资源配置创新是指发现新的原材料或半成品,如新型服装面料;组织创新是指实现一种新的产业组织,譬如造成一种垄断地位,或打破一种垄断地位。

随着技术的发展和产业结构的不断升级转型,服务业已经成为世界经济发展的主要动力。2012—2014年,服务业占全球GDP比重维持在70%以上,平均年增加值超过51万亿美元(王晓红和李勇坚,2016)[②]。服务创新的重要性由此凸显,学者和业界人士也针对服务创新理论进行了热烈的讨论。

在熊彼特的创新观点的基础上,学者们对服务创新的概念进行了定义,表5-1中列出了几种具有代表性的服务创新定义。

[①] 李汝凤.我国稀贵金属产业创新驱动发展研究[D].昆明:云南大学,2014.
[②] 王晓红,李勇坚.全球服务业发展形势分析与展望[J].国际经济分析与展望(2015—2016),2016.

表 5-1 服务创新的定义

来　　源	定　　义
D. Foray (1993)①	服务创新是对已有服务要素进行系统性的重新组合或重新利用而产生的创新
Van der Aa 和 Elfring T(2002)②	广义的服务创新是一种对于厂商和环境或者潜在的竞争对手来说的新理念、新目标和战略、新实践以及跨部门和跨学科的创新融合
Tidd 和 Hul M F(2003)③	服务创新是指服务的提供者通过创新理念和方式的改革,形成新的服务观念或服务交付系统,提供更好的策略或者较高的附加价值和增值价值,提供超越顾客期望的体验和感受
Berry L L 等 (2006)④	服务创新是指增加新的服务、扩展现有服务、改进服务提供方式
Blazevic V 和 Lievens A (2008)⑤	服务创新是提高服务质量和顾客让渡价值,通过服务要素的重新组合或动态变革,为顾客提出解决方案并帮助顾客实施

5.1.2 服务创新的特征

服务产品具有六个典型特征(Winter Nie 等,1999)⑥,即不可触摸性、顾客影响性、不可分割性、异质性、易逝性、劳动密集性。其中以下四个特征对于理解服务创新具有非常重要的作用。

(1) 不可触摸性,即无形性。对传统制造业的来说,创新往往有明确而具体的载体。通过产品创新得到的新产品有具体的形态、规格、功能和生产要求,技术创新产生的新技术也有量化的技术参数、技术条件、技术规范。相比之下,服务创新更侧重通过服务理念、形式创新给顾客带来更好的解决方案。如蚂蚁金服开通蚂蚁花呗,授予用户 500~50 000 元不等的消费额度。用户在消费时,可以预支蚂蚁花呗的额度,享受"先消费,后付款"的购物体验。

(2) 顾客影响性,即客户参与程度。服务的过程必须由服务提供者和客户同时参与,因此,相比于制造业,客户的需求对服务创新的影响尤为显著。这一点在咨询行业得到充分体现,咨询公司往往需要根据客户的具体要求开发新的软件系统,为特定客户提供精细化、特殊化的解决方案。这个服务过程需要咨询公司与客户不断沟通,客户提出自己的特定要求,咨询公司据此进行服务创新。

(3) 异质性,即形式多样性。服务创新不依赖于某种创新形式,从表 5-1 的定义中不难

---

① FORAY D. Firms modernization, inter and intra-firms industrial cooperation and human resources [R]. Report for the Ministry of Research & Technology,1993.

② VAN der Aa W, ELFRING T. Realizing innovation in services[J]. Scandinavian Journal of Management,2002,18(2):155-171.

③ TIDD J, HULL M F. Service innovation: Organizational responses to technological opportunities & market imperatives[M]. London:Imperial College Press,2003.

④ BERRY L L, SHANKAR V, PARISH J T, CADWALLADER S, DOTZEL T. Creating new markets through service innovation[J]. Sloan Management Review,2006,47(2):56-63.

⑤ BLAZEVIC V, LIEVENS A. Managing innovation through customer coproduced knowledge in electronic services: An exploratory study[J]. Journal of the Academy of Marketing Science,2008,36(1):138-151.

⑥ NIE W,KELLOGG D L. How professors of operations management view service operations[J]. Production and Operations Management,1999,8(3),339-355.

发现,服务创新包括已有要素组合创新、服务理念创新、服务目标和战略创新、服务实践形式创新、跨部门和跨学科的创新融合、服务交付系统创新、现有服务扩展创新等。

(4) 劳动密集性,即人力资源起到关键性的作用。服务是靠员工提供的,因此,人力资源是服务创新中相当重要的一部分。能否正确理解客户特定需求并在此基础上进行服务创新;能否在提供高质量服务并为客户带来高附加价值服务的过程中,帮助客户顺利解决现有问题,都取决于员工的能力和素质。在知识密集型的服务业中(如咨询行业、信息与网络服务业、进出口贸易服务业等),服务创新往往来源于员工的点子,人力资源的关键性更加凸显。

5.1.3 服务创新模型

下面将介绍四种服务创新的基础理论模型,即服务创新的"四维度模型"、逆向产品周期模型、服务创新驱动力模型和服务创新三角形理论模型。

Den Hertog(2000)提出的服务创新的"四维度模型"是经典的服务创新理论模型,指出服务创新要注意服务概念、客户界面、服务交付系统和面临的技术选择四个方面。本书5.2节中将根据服务创新的"四维度模型"提出物流服务创新的四维度模型并进行详细解释。

R. Barras(1986,1990)[1,2]通过对银行业、保险业、会计行业等典型服务行业的研究发现,技术的流入可以促进这些部门的服务创新,进而提出逆向产品周期模型。如图 5-1 所示,第一阶段是渐进性过程创新,在这个阶段,服务企业在后台运作中采用大型计算机,可以改善服务效率、节约劳动成本。第二阶段是根本性过程创新,基于第一阶段获取的知识和经验,服务企业引进、学习更加先进的系统,通过这种创新改进服务质量。第三阶段是产品创新,服务企业通过产品创新吸引顾客、增强市场竞争力、开拓新市场。产品创新的过程可能伴随企业组织结构甚至战略决策的变化。第三阶段结束后,企业经历正常演化,在新的技术波流入后,企业开始新一轮的创新过程。

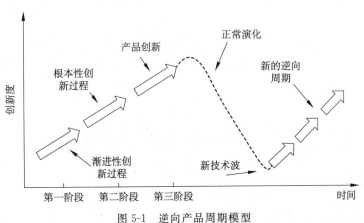

图 5-1 逆向产品周期模型

J. Sundbo 和 F. Gallouj (1998)[3]提出了服务创新驱动力模型,该模型将服务创新驱动

---

[1] BARRAS R. Towards a theory of innovation in services[J]. Research Policy,1986,15(4):161-173.

[2] BARRAS R. Interactive innovation in financial and business services:The vanguard of the service revolution [J]. Research Policy,1990,19(3):215-237.

[3] SUNDBO J,GALLOUJ F. Innovation as a loosely coupled system in service[J]. International Journal of Services Technology & Management,2000,1(1):15-36.

力分为外部驱动力和内部驱动力,如图 5-2 所示。外部驱动力主要来源于轨道和行为者。其中轨道包含技术轨道、制度轨道、服务专业轨道、管理轨道、社会轨道等;行为者包含竞争对手、顾客、公共支持部门、供应商等。服务创新的内部驱动力来源于企业的发展战略和企业管理、企业的内部员工、创新部门和研发部门的支持。

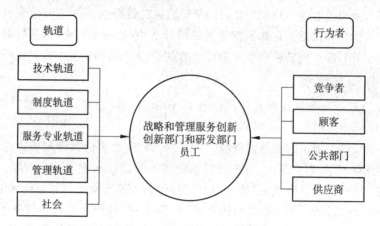

图 5-2 服务创新驱动力模型

初大伟和郭路(2015)[①]提出了服务创新三角形理论模型,如图 5-3 所示。该模型由九大元素构成,总体分为三个层面,即创新生产力、创新能力、创新产出。创新生产力是企业服务创新的资源支撑,包括有形资源、无形资源、人力资源、金融资产、技术等。创新能力是通过对资源的合理利用,参与主体(包括企业内部员工、外部供应商及顾客等)对服务系统和商业模式进行创新,即创新企业的服务能力。创新产出是服务企业通过服务创新为客户创造价值,为企业赢得利润。

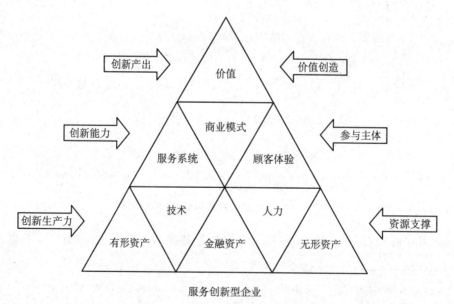

图 5-3 服务创新三角形理论模型

---

① 初大伟,郭路.基于服务创新三角形的模式探析[J].经营管理者,2015(3):224-225.

企业的目标是创造价值,但可持续性地创造价值需要具备创新所需要的各种资源以及顾客、供应商、企业的共同参与。同时,各参与主体要将服务创新三角形理论应用到日常战略和运作过程中,寻找一套新的服务创新管理模式来应对外部的可变环境,通过价值链创造为顾客传递价值。因此,服务创新三角形理论中的三个层面不是独立存在的,而是相互协调、整体运作的。

本书的 5.1.2 小节指出,服务创新的特征之一就是客户参与,这一特征在零售业中尤为突出,因此彭艳君(2014)[①]提出了顾客参与零售业服务创新的管理机制,如图 5-4 所示。

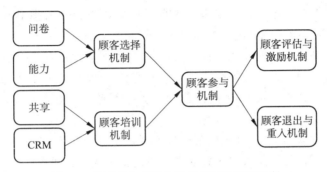

图 5-4 顾客参与零售业服务创新的管理机制

顾客参与零售企业服务创新的管理机制分为五个模块,即顾客选择、顾客培训、顾客参与、顾客评估与激励以及顾客退出及重入机制。服务企业应恰当地选择参与服务创新的顾客,因为并不是所有顾客都能推动企业服务创新。H. E. Von(1986)[②]将用户划分为领先用户和一般用户两类,并强调领先用户在创新中的作用。他认为领先用户应该具备两个条件:①具有超前需求且这种超前需求将在企业的目标市场中普及;②顾客能从满足需求的解决方案中获利。一般用户是相对于领先用户而言的,指那些由于受自身经验或环境因素制约而不太可能进行产品或服务创新的大多数用户。对零售企业而言,如何鉴别和选择适当的顾客就成为首要的问题。在选择适当的顾客参与服务创新时,主要通过问卷调查和能力测试来进行。由于顾客不是企业的员工,因而不可能完全掌握企业进行服务创新所要求的技能。在参与服务创新之前,要对顾客进行几方面的培训。顾客培训主要通过共享平台和 CRM 系统完成:首先,通过顾客组织社会化让参与的顾客更好地认同企业的价值观和经营理念;其次,让顾客了解共同进行服务创新的流程和步骤;最后,在服务创新过程中进行沟通和合作能力的培训。顾客参与主要包括四个方面的内容:第一,借助快速发展和普及的互联网建立广泛的参与渠道,如顾客可以通过用户社群、论坛、BBS、微信等方式参与到服务创新过程中。第二,服务企业要使顾客认同共同创新的角色,使顾客明确自己不再是创新的被动的接受者,而是主动的实施者和参与者。第三,促进顾客与企业之间知识的转移,即如何将顾客的知识转化为企业的知识,特别是顾客的关于服务创新的隐性知识。第四,企业还可以建立关于服务创新的顾客社群,邀请具有相同或相似兴趣的顾客加入。相对而言,这是一个非正式的平台,顾客可以通过这样的平台自由地发表自己的见解和主张,便于企业更加深入

---

① 彭艳君.零售业顾客参与服务创新的管理研究[J].商业时代,2014(6):13-15.
② VON H E. Lead users:A source of novel product concepts[J]. Management Science,1986,32(7).

地了解顾客的真实需求。顾客评估与激励强调企业要对在共同进行服务创新过程中做出重大贡献的顾客进行奖励,为后续的顾客参与提供动力。最后,企业要建立顾客退出及重入机制,因为顾客可能会由于工作或家庭事务的繁忙,无暇继续参与零售企业的服务创新,暂时退出,但在适当的时候顾客可能还会重新进入。

5.1.4　服务创新模式

J. Sundbo 和 F. Gallouj(2000)[①]提出了六种服务创新模式:①经典的研发模式,即企业对标准化服务进行创新的方式。②服务专家模式,即服务的提供者利用其专业知识和能力为客户提供解决问题的方案。③有组织的战略创新模式,即服务企业内部没有单独的研发部门,服务创新主要来源于项目过程中项目组的创新。④企业家模式,即服务企业围绕某项基本的项目进行创新。⑤工匠模式,适用于进行操作性服务的小企业。⑥网络模式,比如由市场上的服务企业以及学术界共同组成的行业研究协会,为其会员企业进行服务创新。上述六种服务创新模式并不一定同时存在,模式的选择需要根据企业的实际情况以及客户的需求而定。

按照主导服务创新的主体,服务创新模式还可划分为供应商主导的创新、客户主导的创新、服务业内部的创新、通过引入中介服务进行的创新。技术的创新可以在很大程度上带来服务的创新,因此供应商设备或技术进步往往能够促使服务企业进行服务创新。例如,互联网技术的发展和普及促使企业开展线上营销业务。客户主导的创新是指服务企业根据客户特定的需求进行创新。例如,室内设计师根据某位业主对于房屋结构、功能、装修成本等要求进行创新。再如,为了满足大量消费者对于无现金支付的需求,商场、连锁超市、餐饮企业采取微信支付和支付宝支付的收费形式。服务业内部的创新是指由内部因素触发服务企业进行服务创新。例如,支付宝除了为淘宝用户提供支付服务外,还陆续开展理财服务,包括转账、信用卡还款、手机充值、水电煤缴费、个人理财等多个领域。通过引入中介服务进行的创新是指中介服务企业提供创新所需知识并影响客户内部创新。例如,咨询公司通过对学术成果的研究指导客户进行创新。

5.2　物流服务创新的基本理论和概念框架

物流服务创新是指发生在物流服务活动中的创新行为与活动,其目的就是通过创新实现物流服务的差异化并获得竞争优势,形成竞争者难以模仿的服务能力,从而获得更高的客户满意度和市场份额。

5.2.1　物流服务创新的典型特征

一般来说,物流服务创新通常具有以下三个方面的特征[②]。

(1) 物流服务创新过程较为复杂。一方面,物流服务的网络化特征非常明显,既涉及各类实体的运输网络和仓储网络,又涉及企业网络和供应链网络,物流服务的空间和时间跨度

---

① SUNDBO J, GALLOUJ F. Innovation as a loosely coupled system in services[J]. International Journal of Services Technology & Management,2000,1(1):15-36.
② 中国物流与采购联合会,中国物流学会.物流行业企业管理现代化创新成果报告(2013—2014)[M].北京:中国财富出版社,2014.

非常大,因此,物流服务创新的网络化要求程度高。另一方面,物流服务本身涉及了运输、仓储、包装、流通加工、信息处理等多个环节。因此,物流服务具有多环节、多企业和网络化的特征,其创新的过程较一般服务创新更为复杂。

(2) 物流服务创新的系统性强。物流系统是指在一定的时间和空间里,由所需位移的物资、包装设备、装卸搬运机械、运输工具、仓储设施、人员和通信联系等若干相互制约的动态要素所构成的具有特定功能的有机整体。物流服务的一体化以及网络化特征使物流服务具有很强的系统性,因此物流服务创新也具有较强的系统性特征。

(3) 物流服务创新具有较为明显的交互性特征。与一般的服务企业不同,在物流服务运作中,物流服务创新的主体(如物流企业)通常需要考虑到客户的个性化需求,并且需要与客户进行充分的互动与交流,设计量身定制的物流服务方案,这促使物流服务创新具有较为明显的交互性特征。

5.2.2 物流服务创新模型

基于经典的服务创新"四维度模型",维度模型从新服务概念、新顾客界面、新传递系统以及技术支持四个维度对物流服务创新的创新框架进行了理论构建,如图5-5所示。新服务概念是指为客户提出新的物流服务概念,如企业对客户提出"亲人服务"的服务理念。新顾客界面是指改变与顾客接触的界面,如企业改变以往由客户自行将服务订单送上门的服务模式,转为驻厂服务。新传递系统是指对物流服务过程的组织形式进行创新,如企业发挥自有运输网络和零库存销售模式的优势,通过运输调度创新,缩短运输距离和装卸次数,降低运费成本。技术支持是指利用新型物流技术设施与设备,为客户提供更为方便、快捷、高效的物流服务,如企业借助铁路运输优势,为客户提供量身定制的铁路卸车设备,提高装卸效率。

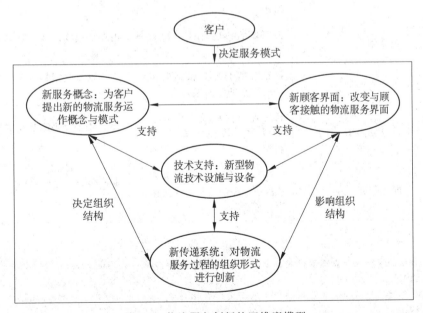

图5-5 物流服务创新的四维度模型

通过物流服务创新的四维度模型,可知物流服务的创新过程包括四个步骤。

（1）客户需求的识别与分析。物流企业要对各种显性和隐性的物流服务需求进行沟通、识别、归类和诊断，提出服务创新的方向。

（2）物流服务创新的产品和模式设计。物流企业从服务创新的四个维度出发，设计相应的服务产品与服务模式。

（3）物流服务能力的整合与配置。物流企业整合、开发、利用、引进各种物流资源和物流技术，合理配置服务创新所需的物流能力。

（4）物流服务创新产品的实际提供与不断完善。

5.2.3 物流服务创新的主要模式

根据本书作者对 2010 年以来的有关物流服务创新案例和成果的整理①，我国物流服务创新涌现出多种模式。下面将对这些模式的主要特点和典型案例分别进行介绍。

物流服务创新的复杂性体现在创新的环节不同。按照这种分类方式，可以分为功能型物流服务创新、一体化物流服务创新、供应链集成服务创新三类不同的模式，如表 5-2 所示。

表 5-2 基于不同环节的物流服务创新模式及案例

创新模式		主要特点	典型案例
功能型物流服务创新	运输创新	开发新的运输模式，如甩挂运输、对流运输等模式	海尔物流公路甩厢运输解决方案
	仓储创新	在仓储环节基础上开展各类增值业务	中储股份金融业务创新
	流通加工创新	利用新的流通加工技术与设备对流通加工环节进行服务创新	山东博远物流商品钢筋物流服务创新
	包装创新	采用新的包装方式对包装环节进行改进	山东博远物流潍柴发动机包装改革创新
	装卸搬运创新	设计新型的装卸搬运器械或者采用新的装卸搬运方式	八达物流杭钢集团车辆装卸设备改进
	信息创新	利用各类信息技术或者信息平台对物流信息环节进行创新	青岛远洋大亚集装箱堆场实时管理系统
	配送创新	设计新型的配送模式，如定日达配送、城乡联合配送、循环取货配送等	天地华宇物流"定日达"公路快运产品

---

① 第十六届国家级企业管理现代化创新成果正式发布，http://www.sasac.gov.cn/n1180/n1566/n258252/n258614/6909601.html，2010-1-18。

公示：2012 年度物流行业企业管理现代化创新成果奖，http://www.chinawuliu.com.cn/office/18/104/9577.shtml，2012-10-8。

全国现代物流工作部际联席会议办公室.全国制造业与物流业联动发展案例精编[M].北京：中国物资出版社，2011.

公示：2013 年度物流行业企业管理现代化创新成果奖，http://www.chinawuliu.com.cn/lhhkx/201310/09/258896.shtml，2013-10-9。

续表

创新模式		主要特点	典型案例
一体化物流服务创新	两个功能型物流组合创新	两个功能型物流服务同时进行创新	安得物流青岛啤酒透明化物流管理方案
	多个功能型物流组合创新	多个功能型物流服务同时进行创新	山东物流协会智能化"物流一卡通"供应链整合方案
供应链集成性服务创新	生产与销售环节组合创新	在生产物流与销售物流两个环节进行集成创新	正本物流"保姆式"石化企业供应链服务解决方案
	采购与生产组合创新	在采购物流与生产物流两个环节进行集成创新	天津丰田物流汽车零配件采购供应链集成化管理模式
	采购、生产、销售一体化创新	在企业的采购、生产与销售物流等多个环节进行集成创新	中铁快运5100冰川矿泉水项目的物流服务创新

按照物流服务创新涉及的范围分类，可以分为企业内部创新、企业与企业之间创新、供应链网络创新和产业集群创新四个方面，如表5-3所示。

表5-3 基于创新涉及范围的物流服务创新模式及案例

创新模式	主要特点	典型案例
企业内部创新	对企业内部的物流服务活动进行创新	宝供物流多库区协同运作解决方案
企业与企业之间创新	企业与合作伙伴之间的创新	浙江陆通公司行业组合创新模式
供应链网络的创新	在供应链上下游企业之间的网络上进行创新	天津物产供应链综合服务模式
产业集群的创新	面向制造业产业集群的创新	浙江中捷环洲制造业产业集群供应链服务解决方案

物流服务创新过程中，一般会选用一些新的物流技术。按照创新的技术分类，可以分为应用既有先进技术、自己开发、外包开发三种类型，如表5-4所示。

表5-4 基于创新技术应用的物流服务创新模式及案例

创新模式	主要特点	典型案例
应用既有先进技术	将已有的先进技术应用到创新成果中	浙江宇石国际制造业物流公共服务平台
自己开发	针对自身具体情况开发新的技术	安吉物流信息可视化管理平台
外包开发	与其他企业合作开发或全权委托开发新的技术	浙江物产物流集中式管控信息化方案

物流服务创新过程中，经常会与其他行业如金融、生产、消费、环保、电商等产业进行融合，形成交叉性的创新模式，如表5-5所示。

表 5-5　基于产业融合的物流服务创新模式及案例

创新模式	主要特点	典型案例
与金融融合	围绕金融领域进行物流金融、供应链金融创新	天津滨海泰达物流集团供应链金融物流服务
与环保融合	在绿色物流、逆向物流等环节进行创新	鞍钢股份鲅鱼圈钢铁分公司打造沿海钢厂生态物流模式创新
与生产融合	在生产制造领域进行物流服务创新	中国物流公司汽车零部件供应链管理运作模式
与消费融合	在消费品批发零售领域进行服务创新	物美超市物流信息化服务创新
与电商融合	在电子商务领域进行创新	上海新杰货运公司"第三方物流＋电子商务管理"的服务模式

按照创新的企业主体类型来分,物流服务创新可以分为物流企业创新、制造企业创新、商贸企业创新和农业企业创新,其中,物流企业创新又可分为平台型物流企业、功能型物流企业、综合型物流企业和供应链型物流企业四类,如表 5-6 所示。

表 5-6　基于不同创新主体的物流服务创新模式及案例

创新模式		主要特点	典型案例
物流企业物流服务创新	平台型物流企业	以大型物流园区、物流中心为企业主体进行创新	传化物流公路港物流服务平台的建设与运营
	功能型物流企业	以功能型物流企业为主体进行创新	远成物流星级服务运作模式
	综合型物流企业	以大型第三方综合物流企业为主体进行创新	上海惠尔物流公司物流与销售双网联动模式
	供应链型物流企业	以供应链公司为主体进行创新	怡亚通供应链股份有限公司 VMI 联合 JIT 创新模式
制造企业物流服务创新		以制造企业为主体进行服务创新	安徽江汽物流企业 MCU 管理模式
商贸企业物流服务创新		以商贸企业为主体进行服务创新	绍兴轻纺城国际物流中心建设方案
农业企业物流服务创新		以农业企业为主体进行服务创新	北京天安农业发展有限公司蔬菜供应链全程质量追溯体系

5.2.4　物流服务创新的常见方法

物流企业的服务创新可以从两个角度展开,一是物流企业自身领域,二是物流企业客户领域。在物流企业自身领域,物流企业需要做好资源整合,包括能力资源整合、客户资源整合和信息资源整合三种方法,以便提高企业的服务能力。在物流企业客户领域角度,物流企业可以将物流服务内容从单一环节向多个环节、从单一领域向其他领域(如金融领域、贸易领域和供应链服务领域等)进行服务创新。

在物流服务创新的过程中,首先要理解物流企业在行业中的分层定位。图 5-6 是物流行业的分层经营模型。政策环境、法规环境、信息基础和理论基础构成了物流行业的软环境,物流设施和设备构成物流行业的硬环境。在此基础上,运输公司、仓储公司、报关货代企业是最基础的物流服务,我们可以称为功能型物流服务。

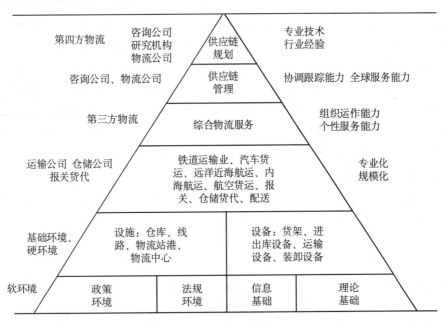

图 5-6 物流行业的分层经营模型

在基础物流服务的上一层,是具有组织运作能力和个性服务能力的综合物流服务,综合物流服务一般由专业的第三方物流公司提供。在综合物流服务之上是供应链管理和供应链规划服务。这种服务一般由专业的咨询公司、综合型物流公司以及供应链公司为其提供相应的服务。通常说的第四方物流公司也可以提供相应的服务。

值得一提的是,在分层经营模型中,越是塔尖的服务,其服务能力整合与集成的程度越高,提供的服务综合性也越强。处于不同层次的企业可以根据自身条件进行资源整合,一般来说,处于上层的企业整合下层企业的服务能力。

任何一项物流业务都可以分解为五个要素,即流体、载体、流向、流量和流程。因此,常见的资源整合主要有以下四种方法。

1. 基于流体要素的整合,即不同"货种"的客户整合

例如,以物流配送为核心竞争能力的物流企业,在发展客户的过程中,需要对不同的客户的货品进行合理搭配,如在同一配送车辆中分别装载不同客户的轻货和重货,充分利用运能,从而为客户降低成本,提高效益。再如,冷冻冷藏车改装成可配送 3 温层(冷冻、冷藏、恒温)或者 4 温层(冷冻、冷藏、恒温、常温)的厢式货车,以期整合更多同一通路产品,共同配送,降低成本,提高效率。

2. 基于流向要素的整合,即对"去程+来程"客户的整合

物流企业的客户大都具有单向性的基本特征,物流公司可以通过这种整合方法,有意识地在开发一个去向客户的同时,有针对性地开发一个来向的客户,减少"返空车"的现象。

案例 5-2

合理搭配客户,实现季节互补效益

一家上海的民营物流公司在市区的配送方面很有优势,一开始它的客户都是大型食品企业,这些企业都有一个特点,天气热的季节,食品销售进入淡季,而随着天气凉的时候,销售量开始回升,因此,物流活动也有明显的季节性。考虑到在天气热的季节,公司的运力处于闲置状态,该物流企业意识到应该选择一些在夏天进入销售旺季的产品。经过仔细的市场调研,他们确定了啤酒和饮料企业作为市场的主攻方向。这些啤酒和饮料企业正在为这种季节性波动造成的成本和管理性问题而发愁,双方一拍即合,很快签订合同。经过对客户的合理搭配,该物流公司实现了全年物流业务量的相对稳定,获得了明显的经济效益。

3. 基于载体要素的整合,即利用不同的载体对客户的物流需求进行整合

例如,物流企业可以运用各种运输方式的差异和特性的不同,对物流客户的线路进行优化,选择有利于降低成本和提高效益、效率的运输方式。总部位于成都的四川某国际物流有限公司是以一家以国际物流运作为核心竞争能力的企业。2003 年,某成都船公司有一些空集装箱在成都堆场挤压,该船公司高层为日益增加的空箱费用颇为焦急,欲调空箱回上海,然而,通过铁路全程运输到上海每只空箱 2 600 元,如此高昂的费用令船公司大伤脑筋。该物流公司有关负责人得知消息后,主动与该船公司取得联系,利用其泸州分公司经营长江水运泸州—上海专线的优势,将空箱从成都运到泸州,然后在泸州装运某瓷砖厂的瓷砖到上海。这次运输大幅度降低了该瓷砖厂的运输费用,也降低了该船公司的费用,而物流公司省去了租箱的费用,从中获得了良好收益,真正实现了"三赢"的目标。

4. 基于服务要素的整合,即整合不同的服务企业

例如,物流企业可以运用各类功能型物流企业的不同运作优势,整合物流运作服务要素,选择有利于降低成本和提高效益、效率的运输方式。深圳市怡亚通供应链股份有限公司以承接全球整合企业的非核心业务外包为核心,为客户提供一站式供应链管理外包服务。怡亚通的董事长兼总经理周国辉指出:"我们的商业模式有点像一个建筑的总包,我总包以后再决定整体的规划设计,土建交给谁,装修交给谁。我做供应链也是这样的,我的资金流包给银行,运输找运输公司帮我做,有时候报关进出口,我找报关公司,我专注在我的核心业务,非核心业务我再外包出去。"例如,报关业务是怡亚通供应链服务中的一环,怡亚通通过整合全国报关公司,在全国各口岸为进出口客户提供全面的通关服务。服务要素整合方面,宝供物流也是行业中的佼佼者。宝供物流整合多个功能型物流企业。

服务内容创新包括一体化物流创新、金融创新、贸易创新、供应链创新四个方面,下面将逐一介绍。

1) 一体化物流创新

一体化物流服务创新实质上是将物流业务的多环节整合起来,形成一体化的服务内容,从而满足客户的整体需求,提高客户的服务水平。利用一体化物流服务创新,物流企业可以为客户提供一体化物流服务,如包括产成品出厂、运输、储存、配送等功能的一体化服务。

例如,中国石油西北公司为了改变产品生产库存积压而运输能力不足的缺陷,设计了一体化物流服务方案,改变了石油难以运往市场的窘境。该方案综合考虑了原材料存储成本、

半成品库存成本、产成品库存成本、销售环节干线运输成本、销售大区中心仓库仓储成本以及销售终端网点配送成本,形成了一个整体优化模型。利用该模型优化给出的方案,每年可以帮助中国石油西北公司节约物流成本超过5 000万元,而且加快了市场响应速度,大大解决了产品运输能力不足的问题。

除了节约成本外,一体化服务还可以帮助客户缩短配送时间。张裕葡萄酿酒股份有限公司资金实力雄厚,但是苦于无法将产品以最快的速度送到消费者手中。因此,天津世能达物流公司为张裕葡萄酒设计了一体化方案,大大减少了葡萄酒的配送时间,提高了顾客满意度。

一体化物流服务不仅能满足顾客多样化的需求,也能给物流企业带来新的发展机会和利润增长点,拓宽企业的业务范围。

案例 5-3

山东博远物流的创新之路

山东博远物流主要专注于提供现代化、工厂化的钢筋加工服务。刚开始时,博远物流做的是简单贸易。博远物流卖出的是原始钢筋,建筑商在浇筑混凝土之前,需要工人在工地现场将钢筋切割,并轧成"成型钢筋"。这种后续作业的操作方式,不仅人工成本高、效率低,还得注意安全,一不小心就容易出事故。2005年年初,博远物流采购了一批国外设备和国内天津建科机械的成套钢筋加工设备和技术,组建现代化钢筋加工配送中心,投产后的加工中心能够为建筑施工单位专业配送各种规格、尺寸、形状的成型钢筋。对于施工周期长的大型工程,为降低运输费用,也能够将钢筋加工厂设在施工现场或附近。这种钢筋加工方式,能够代替传统的使用人工和半机械化设备在工地现场加工的方式,具有降低加工成本、提高生产效率、提高加工质量、减少钢筋浪费、加快施工进度、降低能耗、降低劳动强度等特点。当时国内还没有这类服务,为让客户一听就明白,博远物流给这种产品起了个新名字——"商品钢筋"(因为加工好的混凝土,之前行内都称为"商品混凝土")。由于"商品钢筋"是成型产品,送到工地就能够直接安装,而且价格便宜,在面市之初就大受欢迎。

随着施工技术的快速发展,钢筋加工配送项目逐渐和已经普遍应用的商品混凝土配送项目一样被广泛应用。博远物流逐渐与几家大型建筑公司建立战略合作关系,进一步拓宽销售渠道,为上百个国家重点项目的工程提供了"商品钢筋",如京沪高铁、青岛跨海大桥等工程。2012年年底,博远钢筋与济南钢铁集团共同成立了济钢博远螺纹钢深加工中心,该中心位于济钢园区内,与济钢生产线零距离无缝对接,是博远钢筋与上下游企业的又一次合作创新与尝试。

山东博远物流建立了国内第一个体系完整、技术先进、综合加工能力强的现代化钢筋加工配送基地,成为国内开展数控钢筋加工配送业务的先行者。博远物流不仅是一家现代化的物流企业,也是物流增值服务提供商,通过"卖钢筋—卖'商品钢筋'"的蜕变,将重工业转为轻资产化。

(案例来源:中国建材网.建科客户——钢筋加工配送中心成功案例[EB/OL].(2016-11-04),http://www.bmlink.com/lisababy1234/news/408304.html.)

2) 金融创新

面向金融领域的物流创新,即物流金融,是近几年比较热门的方式,主要包括存货质押监管模式、买方信贷模式和融通仓模式。

存货质押监管可以采取自有库监管的方式,如图 5-7 所示,客户把质押品存储在物流基地,银行根据质押品的价值和其他相关因素向客户企业提供一定比例的贷款。这一过程中,浙江物产负责监管和储存质押品。存货质押监管可以采取异地仓库质押监管的方式,异地仓库质押监管是在仓单质押的基本模式上,对地理位置的一种拓展。

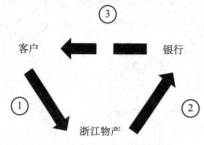

图 5-7 存货质押监管模式

买方信贷模式或称保兑仓模式,如图 5-8 所示。其业务模式的特点是先票后货,即物流公司、银行、生产厂家、经销商签订四方合作协议,银行在经销商客户交纳一定的保证金后开出承兑汇票,收票人为生产企业,生产企业在收到银行承兑汇票后按银行指示将货物直接发送到物流公司基地,货到基地后转为仓单质押。

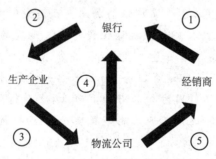

图 5-8 买方信贷模式

融通仓模式的前提是物流公司具有一定的规模和较好的信用,银行愿意与其签订担保合同。如图 5-9 所示,物流金融服务企业为经销商提供融资担保,经销商向物流公司提供存货质押反担保,凭借物流公司仓储物流管理系统和网上银行系统,由银行和物流公司共同向经销商提供集仓储、监管、融资、结算、信息于一体的综合服务业务。

总体来说,按照企业生产经营周期的不同阶段进行划分,物流金融业务模式可以分成三大类(冯耕中等,2015)[①]:①基于交易关系的预付款融资业务模式,即订单融资业务,主要发生在采购提交这一运作周期;②基于存货的业务模式,即存货/仓单质押融资业务,主要发生在持有或制造周期以及销售周期;③基于应收账款的业务模式,即应收账款融资业务,主要

---

① 冯耕中,何娟,李毅学,等.物流金融创新:运作与管理[M].北京:科学出版社,2015.

第 5 章 现代物流服务创新与转型方法

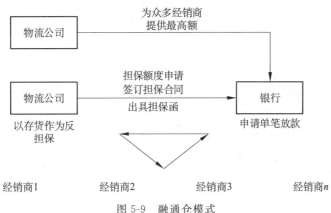

图 5-9 融通仓模式

发生在回款周期。在存货/仓单质押融资业务中，尚未形成该企业与客户的销售合同，是基于存货的物流金融业务模式；而在订单融资业务和应收账款融资业务中，具有该企业与上下游企业或客户的贸易合同，是基于贸易合同的物流金融业务模式。

从原理上来讲，上述三种业务模式构成了物流金融业务创新的三种基本形式。实践中，很多物流金融服务产品都是依据这三种基本业务模式展开的，或者是对这些基本业务模式的集成应用。例如，保兑仓、未来提货权质押融资、打包放款、先票款后货业务、未来货权质押开证、进口全程货权质押授信业务等。在我国现阶段，存货质押融资业务是应用最为广泛的一种业务形式。三种物流金融业务模式的内涵如表 5-7 所示。

表 5-7 物流金融业务模式的内涵

物流金融业务模式	融资属性	银行风险监管重点	物流企业主要职能	中介机构主要关注点
订单融资	信用融资	企业信用、能力	银行业务代理人	信用评级、担保
存货/仓单质押融资	质押融资	质押物	存储和监管质押物	公估、拍卖
应收账款融资	质押融资/信用	质押物/企业信用	存储/运输	信用评级、公估、拍卖

3）贸易创新

贸易创新模式的核心是物流企业开展商贸业务。如浙江物产金属集团代理采购服务，通过建立公司资源信息共享平台，整合资源需求信息，形成船用钢材的规模采购优势，集中向鞍钢、武钢、首钢、马钢、济钢、湘钢、新余等钢厂采购，从而降低采购成本，建立竞争优势。同时，浙江物产金属集团按照船厂的建造进度和排产计划，及时备料、准时供料，为船厂提供包括船板、球扁钢、钢管等船用钢材资源配供配送的全方位服务。

再如，某港口公司与银行合作，利用自身信用获得金融贷款，借助 2009 年全球金融危机下原材料进口价格便宜优势，从国外进口铁矿石等资源，然后将其转卖给港口附近区域相关的制造企业，同时要求这些货物从该港口装卸作业，这样，既获得了采购费用，也增加了物流装卸费用，一举两得。

4）供应链创新

供应链创新模式将为物流企业带来很多新的机会，目前许多物流企业都可以提供供应链服务，如香港利丰供应链公司，深圳市怡亚通供应链股份有限公司，浙江物产金属集团有限公司等。怡亚通、浙江川山甲等一批新兴企业已经成为客户从原材料采购、生产制造到终端分销的供应链整合者，开创了新的市场空间。

供应链创新涉及多个环节。这里将结合不同的环节进行介绍。

(1) 采购环节的供应链服务。采购环节服务包括采购运输业务和供应商管理库存（VMI）服务。采购运输业务中，生产商下达采购需求给供应链服务公司，供应链服务公司发出采购订单并从供应商那里进行采购，然后将供应商的商品运输到国内工厂，公司负责清关、仓储、配送等一系列业务，流程如图 5-10 所示。

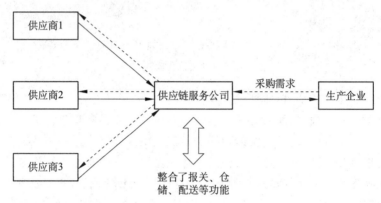

图 5-10　供应链的服务创新涉及的环节

该环节的服务要求物流公司有较强的商务和外贸能力。物流公司采购的总成本（即采购订单成本、运输成本、清关成本的总和）要小于生产企业直接从供应商那里采购的成本。这就要求物流公司与生产企业建立紧密关系，了解可以从哪里采购到产品，并形成规模优势，降低成本。以怡亚通的 Philips 项目为例。Philips 通过怡亚通将订单下达到指定的国内外供应商，再由怡亚通将供应商的商品运输到国内工厂，怡亚通负责包括清关、仓储、配送等在内的一系列业务。通过采购执行服务，Philips 能够缩短前置时间，增加可靠性，提高资金效率，简化采购程序，既降低了供应链成本，也提高了供应链管理效率。

在 VMI 服务中，提供 VMI 服务的物流公司在生产企业周围设立供应商仓库，集合供应商的原材料，一方面降低供应商单独给企业送货的成本，减少单独设立小规模仓库成本；另一方面通过集中送货，生产商只需要将一个订单下达给物流公司即可完成物流配送业务，可以实现准时制配送。因此，该环节的服务要求物流公司有较强的仓储系统投资能力，或者资源整合能力。例如，以新加坡叶水福物流公司为例，从 1999 年开始，该公司天津分公司开始服务于摩托罗拉（中国）有限公司并为其开展 VMI 供应链管理模式。摩托罗拉公司生产线的企业管理信息系统与叶水福公司进行系统对接，一旦生产线的库存量低于一定的安全库存，系统随时进行提示，该公司将生产原材料进行匹配后随时送到摩托罗拉工厂中。叶水福公司的仓库也节约了客户的成本，客户不需要专门在摩托罗拉工厂周边租赁仓库，只需要与叶水福公司签订一个仓储服务协议，将原材料放到叶水福公司的仓库中，由叶水福公司直接进行出入库作业和配送作业，从而大幅节约了客户的成本。如今，VMI 服务已经成为供应链服务公司的必备服务项目。

再如，美的公司的库存实行 VMI 管理模式。美的公司的供应商中，60% 在总部顺德周围，25% 距离总部在车程 3 天以内，只有 15% 距离较远，因此具有实行 VMI 的有利条件。VMI管理提高了美的公司的库存周转率,有效降低了库存成本,增强了物流时效性。实施VMI后,供应商也不需要像以前一样疲于应付美的公司的订单,保持适当的库存即可。

（2）生产环节的供应链服务。生产环节服务主要包括两个服务类型,一是物流企业协作生产企业及时补货。以怡亚通的华录松下项目为例,怡亚通集合供应商原材料,根据工厂生产BOM的拉货信息做齐套拣货并及时出货,协助供应商根据生产预测与计划调整VMI仓库的库存量。怡亚通的库存管理系统可进行补货提醒。这样,华录松下降低了存货水平,增强了供应链的持续改进能力,加强了与供应商的合作伙伴关系。再如,丰田霸道汽车生产厂将物流服务外包给四川宏盛物流国际有限公司。宏盛物流相当于丰田的后备工厂,为丰田提供JIT服务。二是物流企业协作生产企业完成生产环节的循环取料,即放空箱取货物(milkrun),如图5-11所示。

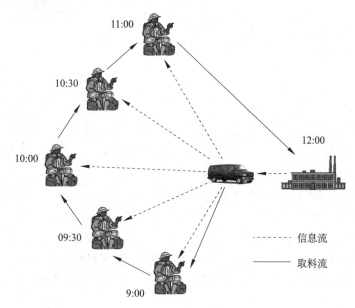

图 5-11　生产环节循环取料

例如,上汽大众的供应商在上汽生产厂周围租用仓库,为上汽提供汽车零配件。为了方便零配件的运输,安吉天地物流为上汽大众提供循环取料服务,即按照既定顺序从供应商处依次取走包装好的零配件,并且为供应商留下空的周转箱,以便供应商下次包装零配件时使用。最后安吉天地物流将所有零配件一起送到上汽工厂,避免供应商单独为上汽送货而给双方带来的麻烦。

（3）分销环节的供应链服务。分销环节服务涉及分销运输服务和全面仓储管理服务。

在分销运输服务中,国外生产企业下发物流订单到物流公司,物流公司负责进口产品,并通过国内网络配送到最终客户手中,物流公司负责其中的清关、配送等一系列业务(见图5-12)。因此,该环节的服务要求物流公司有较强的运输系统资源整合能力。以怡亚通的GE项目为例,GE通过怡亚通将其产品分销至指定的客户手中,怡亚通管理其中的订单流、资金流和物流。通过此项服务,GE可以简化分销层次,减小资金压力与风险,缩短前置时间,供应链信息可视化,从而降低了总成本,提高了供应链效率。上海百岁物流公司为BP

润滑油提供物流业务也是该模式的典型案例。2000年年初,百岁物流就开始同BP合作,承担了BP润滑油和工业用油国内物流业务。此物流项目涉及面广、环节多、作业区域分散,是一个典型的综合物流项目。目前,百岁物流为BP的服务已经从最初的单纯运输业务扩展到从原材料的运输至成品分拨配送的整合物流服务,其中包括进口原油报关及国产原油的港口短驳运输,BP深圳工厂生产的润滑油产品通过海运方式运输至BP的全国RDC,并提供BP上海、厦门、重庆的RDC管理和二级分拨配送服务。同时百岁物流也提供BP深圳工厂生产线的劳务人员管理和装卸作业等增值服务。

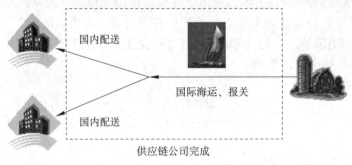

图 5-12 分销运输服务

在全面仓储管理服务中,作为生产企业的仓储供应商,有先进的库存管理系统,能够与生产企业进行系统对接,将仓库中的各种库存数据信息随时通报给生产企业,并且可以对从仓库发送货物到全国各地的情况进行实时跟踪,将情况汇报给生产企业。因此,该环节的服务要求物流公司具有较强的仓储管理能力,或者资源整合能力。以宝运物流公司宝洁项目中的仓储管理业务为例,宝运物流公司为宝洁公司提供实时收、发、存信息,预警平台服务、货物在途实时监控、与客户系统的链接、系统报表等功能。通过宝运物流公司覆盖全国的库存网络,能做到最快一天、最迟三天的门到门配送服务,从而提高宝洁的库存管理效率,提高库存周转率,缩短配送前置时间。通过此服务,宝洁公司节省了仓库管理的成本,提高了仓库管理的效率。

(4) 分销环节的供应链服务。融资环节服务,即物流公司提供供应链金融服务。物流公司与各家银行建立紧密合作伙伴关系,开展仓单质押,给中小企业提供融资服务。因此,该环节的服务要求公司有较强的仓储管理能力,具有与银行合作的能力,同时也具有资源整合能力。

例如,一旦制造企业的货物装上浙江华瑞物流公司的运输工具,即视为进入了"流动的质押仓库",母公司即向其开具国内信用证或银行承兑汇票。制造商下达货物销售指令后,浙江华瑞物流提供货物配送服务,同时再代制造商回收货款。这样既加快了制造商的资金回笼,又促进其销售,方便了货款回收。物流公司也可以提供以加快资金周转为目的的代收款总包服务。例如,有些制造商的工厂远离销地,PTA产品(化工产品)从工厂运到下游客户,再到货款收回周期很长,不但延长了资金回笼周期,有时甚至直接影响到销售。浙江华瑞物流在承接总包物流的同时,利用母公司较强的资金实力和对销地下游客户的了解,提供代收款服务。

5.3 物流增值服务的设计与服务技巧

案例 5-4

首赔担保+纠纷调解，牢牢抓住用户的心

广东林安物流集团（以下简称"林安集团"）是专门从事第四方物流服务平台和物流基地（"基地+网络"模式）的建设与营运企业，其大力整合传统专业市场，建设高端商贸展贸中心，实现商贸和物流的有机结合，逐步构建一体化物流体系。

作为平台型物流企业，林安集团通过多种方式整合了大量的社会闲散车辆。目前连接货主与司机的主要方式是"我要物流"App和物流园区内部的信息大厅。"我要物流"App是主要针对厂家、商家、物流企业、信息中介、货车司机定制的车货匹配软件，可以为货主降低物流成本，为物流企业和货车司机提供更多商机。物流园区内部的信息大厅将档口出租给货主，进行传统的线下交易，满足部分不能使用移动端App的客户的需求。

为提升用户黏度，培养用户忠诚度，"我要物流"App开始提供物流增值服务，结合线下的物流园区信息大厅创新性地提供诚信首赔担保和专业的纠纷调解保障。信息大厅内设有公证担保和纠纷调解部门。公证担保为货车司机和货主提供交易公证服务。货车司机和货主可以在公证担保处出示自己的有效身份证件并进行登记，这样货车司机不用再担心货主不支付运输费用，货主也不用担心货车司机将货物运输到非目的地并私下出售，增加了双方的信任度。此外，当货车司机和货主发生纠纷时，纠纷调解人员负责进行调解，借助线下纠纷调解服务的优势和林安物流的品牌效应，为用户提供"能够负责到底的"专业化服务，保障货车司机和货主的正当权益。

诚信首赔担保和专业的纠纷调解这两项物流增值服务是"我要物流"App成功的关键。一方面，在货运领域，货车司机一般处于弱势地位，被拖欠运输费用的情况时有发生且求告无门，诚信首赔担保和纠纷调解服务保障了货车司机的权益和劳动所得；另一方面，货车司机私自销售货物也时有发生，给货主带来巨大的经济损失甚至对货主的信誉造成影响，进一步导致货车司机和货主之间的不信任，造成双方关系紧张。因此，"我要物流"App也充分保障了货主的合法权益，让用户相信"我要物流"App交易的风控体系是真实有保障的。

思考题：
（1）给"我要物流"App的新用户返现金的做法，是给客户提供增值服务吗？为什么？
（2）提供什么样的增值服务才能真正抓住客户，为企业带来利益？
（3）结合案例5-4，谈谈如何设计物流增值服务，才能同时给不同类型的客户带来好处。

5.3.1 物流服务种类

物流服务通常包括基本物流服务和增值物流服务。基本物流服务包括以下几个方面：运输、保管、配送、装卸、包装、流通加工、信息处理、总体策划服务等。增值物流服务是指独特的活动，这些活动可以使物流服务的供需双方通过共同努力提高效率和效益。物流企业增值服务的起点就是各种物流服务的基本功能，增值服务的延伸将对物流企业的信息集成功能提出更高的要求。物流企业提供增值服务有两个方向：一是沿供应链顺流而下，在产品销售渠道内挖掘。例如,安徽芜湖一家物流公司为美的公司提供家电配送服务。服务过程中,发现消费者普遍希望能够在送货当天完成家电的安装,以便他们尽快使用。因此,该公司将服务向供应链下游延伸,提供配送和家电安装服务,即送装一体服务。目前送装一体已成为家电配送行业的主流,并入选国家标准。二是逆流而上,在物料供应渠道内挖掘。例如,上海欣海报关提供的驻厂服务,即将公司的专业报关员派驻到客户企业,随时随地为客户提供报关服务。

1. 基础物流服务

下面将以物流企业为例,对不同种类的物流服务进行详细介绍。

(1) 运输类服务。运输类服务主要包括三个方面:①运输网络设计和规划,即运输方式的选择、运输路径的选择、运输价格的确定、在途控制方式等。②一站式全方位运输服务,即由物流公司提供多个运输环节的整合,为客户提供门到门的服务。例如,四川宏盛国际物流公司的联运部整合多家物流公司,每家物流公司服务联运中的一个环节。通过多家公司的紧密配合,将货物送到目的地。③管理客户运输力量。例如,TNT 帮助管理澳大利亚的 Telstar 全部运输业务。

(2) 仓储配送服务。仓储配送类主要涵盖以下四个方面的业务:①仓储管理,即货物储存、搬运、装卸等活动。②包装业务,包装大体分为两类,即运输包装和商业包装。一般的运输包装原则是便于运输、装卸和保管,同时还要充分考虑合理性、搬运装卸和运输的效率以及尊重搬运工人的能力。商业包装主要是为了促进销售,包装是保证整个物流系统流程顺畅的重要环节。例如,为了配合宝洁促销活动而开展的包装业务,天津宝运物流公司将原来的整批整箱洗发水拆开,然后组合包装,直接送到超市(冯耕中和刘伟华,2014)①。③配送业务管理。通常来说,配送是物流的最后一千米。一种是由配送中心向各个销售网点配送(即短距离配送)。另一种是由区域配送中心向本地配送中心配送(即长距离配送)。例如,天津宝运物流公司的 RDC(区域分销中心)利用短距离配送,完成面向天津各个大超市的配送业务。④配送网络设计,即物流公司为客户设计合理高效的配送网络,帮助客户更好地满足市场需求。

(3) 物流信息服务。物流信息服务包括三个方面:①利用专业的信息化网络平台为客户提供信息处理服务。例如,天津宝运物流公司委托清华大学开发的第三方物流信息系统,为宝洁提供专业的物流信息服务,满足宝洁的多样化信息数据处理需求。②提供运输过程跟踪服务,例如,成都蚂蚁物流有限公司利用深圳市远东华强导航定位有限公司开发的 GPS 查询系统,为其相关客户提供货物的实时位置信息和运输状态;中远物流已经具备了比较成熟的信息技术系统,他们将"网上仓库管理信息系统""网上汽车调度信息系统""网上订票信息系统""网上结算"系统进行整合,形成了"5156.com.cn"物流网站等功能模块,可以为客户提供方便的查询和实施的信息支持。③信息数据分析服务。通过将交易数据进行整合处理,并分析提炼,形成智能化应用的成果,满足客户的多元化物流服务需求。近年来,大数据、移动智能终端的广泛应用,为信息数据分析服务提供了更多的便利条件。

---

① 冯耕中,刘伟华.物流与供应链管理[M].2 版.北京:中国人民大学出版社,2014.

 **案例 5-5**

林安物流集团的大数据信息服务

林安物流集团的大数据智能应用中心是根据林安平台上交易的数据进行信息采集、大数据分析到案例处理的过程,为林安的客户(物流企业)提供全面的内容管理解决方案而建立的。根据林安平台线上线下众多交易数据,提供数据分析,建立行业数据应用库。林安公路物流价格指数是在大数据智能应用中心中对林安物流交易平台上每天交易运输价格进行定制化的智能分析,从而建立的公路价格体系,并开发了相应的物流服务产品,提供给客户。

(4)总体策划服务。总体策划服务是指物流企业为客户量身定做完整的物流策划服务。例如,华润物流将物流规划能力作为自己的核心能力。2002年5月,在同美国客户洽谈过程中,华润就详细调查了该公司以往存在的物流问题,通过数据测算了成本,在此基础上设计了一套全新的物流方案,赢得了客户的青睐。

2. 增值服务

增值物流服务种类繁多,比较常见的有以下几种。

(1)为制造企业提供后工厂服务。在该服务中,积极承接客户的各项物流服务需求,做到实时响应、与客户联动发展,成为制造企业的后工厂,满足客户的多元需求。

 **案例 5-6**

山东佳怡物流公司的"亲人服务"

山东佳怡物流有限公司是中国物流百强企业、国家AAAA级物流企业,由孙倩女士于1999年10月创办于山东济南。公司主要经营公路零担货物运输、公路整车货物运输、货物快递、综合物流、农业物流、物流园区,同时可提供代收货款、代签回单、保价运输、专业打包、直送服务、开箱验货等通知签收、代收运费等增值服务。

2014年中国重汽集团公司提出打造中国重汽特色"亲人服务"网络体系的市场新优势。为了配合该服务的实施,山东佳怡物流做出了八项承诺:全程在线,快速决断;单据审核,限时快捷;备件调用,准确准时;技术支持,全天响应;旧件确认,一次判定;优化流程,结算及时;配件供应,按时交发;强化沟通,优化升级。山东佳怡物流成为名副其实的中国重汽后工厂。

(2)为客户提供代垫货运费或者代收货款服务。代收货款也是物流公司常提供的增值服务,但是对于物流公司而言,代垫货运费存在一定的风险,因此要求物流公司对客户的信誉及经营状况有比较准确的评估。相比而言,代收货款对物流企业来说更加稳妥。例如,山东佳怡物流对代收货款的服务定位为"更快、更安全",围绕业务特点,山东佳怡物流将代收款定位为增值产品,建立健全以KPI为核心的内控机制,通过与银行金融机构合作,建立专用的代收货款卡,满足不同客户货款回收时间的需求,成为企业业务新的增长点。

案例 5-7

代垫货运费增加物流企业的风险

上海欣海报关公司葛总表示,报关企业一般均为客户代理报关前后环节的其他操作,如前述的换单、三检,之后的运输、仓库等服务,在这些服务过程中,均需有大量资金的投入。由于与客户之间的合同或协议规定,这些资金的投入往往需要有一定的回收期,据不完全统计,每1元营业收入的获得需要由相应代垫资金3元,因此对报关企业来讲,代垫资金额巨大,如不及时回收极可能产生资金链断裂的风险。

(案例来源:葛基中,刘伟华.夹缝中生存:打造利润之舟[M].上海:百花出版社,2008.)

(3)为客户提供售后物流服务。随着人们环保意识的增强、政府环境立法的加快和法规约束力度的加大,客户的售后物流需求越来越多。一些国际知名企业,如通用汽车、IBM、惠普、西门子、飞利浦、西尔斯等已先行一步进入售后物流尤其是逆向物流服务领域,产生了良好的经济效益和社会影响。例如,天津宝运物流公司专门有退货管理部门,设有一个专用的退货库,负责管理产品退货问题,开展退货管理、维修、保养等活动。国内知名的京东物流公司更是在逆向物流中处于领先地位。

案例 5-8

京东快递为微信支付打通逆向售后物流,推出 10 项标准增值服务

为了更精准、有效地完成售后服务,微信支付选择与京东快递合作,将商品的校验、检查工作前置。例如为了判断商品是否被调包,京东小哥在揽收快递时,可以对产品进行 SN 码校验,取消以往的手工录入、人工判断方式,通过设备扫描,系统进行强校验,保障准确率 100%;为了判断商品是否符合售后要求,一方面采用京东快递自主研发的一体机内置示意图检查功能,从商品明细图片(主商品和附件)、封箱后的包裹图片、商品内包装三方面进行多角度拍摄;另一方面对快递员进行多轮业务培训,现场对商品进行专业检查,全方位提升操作的准确性。

"与京东快递的合作,提高了公司售后服务的效率,避免了一些不必要的人力和资源的浪费。"微信支付相关负责人对京东快递的服务给予了充分肯定。

除了协助商家高效完成退换货服务之外,京东快递正在打造循环经济下高品质逆向物流以及后市场供应链,根据商家不同的需求,提供行业一体化解决方案。"现阶段公司已合作电商平台、回收、公益、二手、维修等多类型商家,能提供行业领先的产品化、标准化服务,包括检查塑封包装、检查外包装、检查商品外观、检查使用情况、检查附件等十余项标准增值服务。"

据悉,京东快递的逆向售后服务已经支持全国取件,最快 1 小时上门揽收。

京东快递将持续致力于提供优质的逆向物流,帮助商家缩短售后服务路径,减少中间环节,提高效率,降低成本。同时京东快递也将通过低碳环保的绿色物流解决方案,推进供应

链与消费端的绿色结合，与环境共生，为全社会创造更大的环保效能。

(案例来源：中国物流与采购网. 京东快递为微信支付打通逆向售后物流推出10项标准增值服务[EB/OL]. (2020-04-02), http://www.chinawuliu.com.cn/zixun/202004/02/497552.shtml.)

5.3.2 物流企业的物流服务方案设计方法

物流服务方案的设计内容主要包括方案的目标、物流服务模式和物流信息服务模式(朱芳阳,2007)[①]。物流方案的目标是满足客户需求，提供令客户满意的物流解决方案。因此，方案中应包含物流企业给客户做出的物流服务承诺，以及为达到承诺而采取的措施，即物流服务模式。物流服务模式要阐述物流服务环节的业务流程、优化方法、控制手段和管理方式，尤其是两个主要环节——仓储管理技术和运输、配送管理及其优化方式。物流服务模式应该明确、细致、可操作性强。物流企业可以通过建立有效的物流信息服务模式给客户提供高水平、低成本的物流服务，并根据物流服务模式，以实用、节约为原则，进行物流信息系统设计。

物流服务方案设计需要遵循以下四点原则(朱方阳,2007)[①]。

(1) 物流方案设计的目的性原则。物流方案设计要以达到客户的要求为目的，通常是物流总成本最小，客户服务质量好，总库存最小以及运输时间最短、配送及时等。

(2) 物流方案设计的系统性原则。如果将物流看作一个整体系统，那么物流系统由运输、储存、包装、装卸搬运、配送、流通加工、信息处理等各个子系统组成。子系统之间相互联系、相互作用，因此，需要子系统在数量、质量、时间、空间上密切配合。

(3) 规模适当化。应仔细研究物流系统所在地的物流量大小，并在此基础上确定物流系统规模，避免物流系统规模与物流量不匹配造成的分物流设施、技术装备闲置或无法满足顾客需求。

(4) 物流方案设计的创新性原则。物流企业要体现在设计方案时敢于突破陈规，不被现有的物流管理方法束缚，采用新的、更先进的物流理论技术与工具，从新的角度去看原有的物流模式与体系，进行创造性的设计。

通过对物流方案内容和设计原则的总结，为了更好地为客户设计物流服务方案，物流企业需要掌握以下四点。

(1) 充分掌握客户需求。物流企业需要通过与客户沟通得知现实需求，通过对客户运营状况、现实需求、未来发展、市场环境等的综合分析挖掘客户的潜在需求，并由需求提供相应的服务组合。

(2) 物流企业根据自身的实际能力，设定企业能够提供的服务组合，如运输服务、仓储服务、增值服务等。必要时，要配备相应的服务基础设施。

(3) 考虑是否外包。如果客户的服务需求大于企业自身能力，可以有选择地将部分物流服务外包给其他公司。但是需要注意，企业要做好对外包部分的服务质量的监控，确保外包部分的服务符合企业对客户的质量承诺，能够达到客户对服务水平的要求。

(4) 根据潜在的需要，因地制宜配备特定的人员，满足潜在服务要求。例如，物流企业配备相应的维修服务人员，在为客户提供配送的同时即可完成安装维修业务。

[①] 朱芳阳. 物流方案设计的流程与方法研究[D]. 南宁：广西大学,2007.

案例 5-9

中捷环洲制造业产业集群供应链服务解决方案

随着供应链管理理念的兴起,汽摩配企业管理模式产生了新的变化,给浙江玉环汽摩配制造企业的生产管理模式带来了重大的挑战。如何适应这些业务需求,创新供应链运作方式,成为汽摩配企业急需解决的重要问题。中捷环洲顺应汽摩配产业发展与物流服务变革的要求,以汽摩配产业集群为依托,提供钢材贸易、钢材延伸加工、码头仓储、物流配送、金融服务、实业投资、进出口等一条龙供应链服务,积累了丰富的供应链服务经验,为汽摩配企业提供了"432"模式的供应链解决方案,即"以四大平台为基础,以三种模式为核心,提升业务两条链"。供应链解决方案的核心目标是提升业务服务链和价值链,中捷环洲根据产业集群中客户的需求变化,适时改变企业能力要素组合,新增符合客户需要的个性化能力要素,匹配各种所需资源,提升企业服务的附加值,深化发展价值链的主导能力,延伸客户服务链条,增强客户对中捷环洲服务的依赖性,提高了客户的服务附加值。

供应链解决方案的基础是四大供应链服务平台建设,即采购平台、加工平台、物流平台和融资平台的建设。

"三种模式"是指面向采购、加工与生产物流集成服务的供应链解决方案,面向供应链全程服务的一体化解决方案,融入供应链金融服务的供应链解决方案三种服务模式。

(案例来源:中国物流与采购联合会,中国物流学会.物流行业企业管理现代化创新成果报告(2012—2013)[M].北京:中国财富出版社,2013.)

5.3.3 超越客户期望的物流服务技巧

超越顾客的期望,需要付出成本,有些顾客的不合理要求,物流企业是没有办法实现的。享受到高于期望的服务后,顾客会在内心提高对下一次服务的期望,对物流企业而言,提供更好的服务就需要支付更多的成本,付出更多的努力。长此以往,物流企业将不堪重负,无法应对客户日益提高的期望。那么,在实践中,物流企业究竟如何实现超越顾客期望的,又是如何维持这种状态的呢?

关键的一点在于:好的服务只是比顾客所期望的多一点。

物流企业需要意识到服务的相对论,即只要高于顾客期望就是好服务。例如,京东物流在居民区设立自提柜,若送货时顾客不在家中,快递员将在征求顾客同意后,将物品放入自提柜,系统会将自提柜密码以短信形式发送给顾客。顾客可在 24 小时内去自提柜取走物品。自提服务使顾客接收快递更加方便,不用再担心家中无人无法收到快递。因此,京东服务满足并适当高于顾客的服务期望,使京东服务深受顾客的赞誉。

为了利用服务的相对论,物流公司不要承诺得太多而做得少,一定要适当承诺而做得多些。

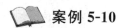 案例 5-10

价格折扣的技巧

例如,德利得物流公司在为广州某客户完成从天津到广州的运输服务过程中,发现客户的采购提前期是7天,德利得物流公司将3天即可完成的公路运输改成海运+陆运的形式,即从天津港出发,通过沿海散货运输将货物运输到广州港。公司在广州港租用仓库,在仓库中完成分拨并将货物运输到客户手中。运输模式的改变为德利得物流公司节省了大量成本。但在给客户的报价中,德利得物流公司并没有给予大幅度折扣,其折扣水平刚好比客户的要求高了1个百分点。一方面,客户因为获得更大的折扣而满意;另一方面,德利得物流公司留下利润空间,以应对客户下一次的折扣要求。

物流公司还可以在企业内部建立一套符合服务成本原理的完善的客户售后服务体系,将其中百分之九十的服务内容告诉客户,而将剩余百分之十的服务内容在进行售后服务操作时候再提供。这种技巧,可以让客户更加满意。例如,某家具企业为顾客送家具后,赠送踏脚垫,给顾客带来意外惊喜,即"剩余百分之十的服务内容"。但顾客下次购买时,该家具企业依然赠送踏脚垫的做法在顾客的意料之中,就变成了"百分之九十的服务内容"。若公司能够在顾客的购买记录中加入关于赠品的记录并在下一次赠送不同的赠品,那么新的赠品依然是"剩余百分之十的服务内容"。

需要注意的是,若物流企业提供的服务比顾客期望的高很多,反而会吓走顾客。例如,饭店在节日给顾客送鲜花,如果不是一朵,而是一打,会如何?遇到这种过分的礼遇,顾客会觉得不安,因为礼物的分量似乎太重。如果收到这么一大束花,顾客的第一反应可能是查看账单或者是认为餐厅滥收费。

5.3.4 基于平台的物流增值服务设计

以互联网、大数据、云计算为技术支撑的科技革命正在深刻影响着物流业的发展,新模式、新业态不断孕育发展,并加速重塑传统货运物流发展格局。在国家大力支持"互联网+物流"转型升级的政策环境下,以数据、信息以及技术为主要驱动力的物流网络平台不断涌现,传统物流企业也积极通过开展网络化、平台化建设来提高运作效率,增加服务的可及性,以达到降本增效的目的。

基于平台的运营模式,是在满足客户基本物流需求的基础上,物流网络平台开展功能的集成,并帮助依附平台的供应商和客户延伸出更多的附加业务,有利于开展服务模式的创新,从而为客户提供更便捷、更多元、更丰富的增值服务,在提高客户满意度的同时扩大平台型物流企业的利润空间。这种服务具有以下三个典型的特征。

1. 基于平台的物流增值服务特征

由于物流网络平台技术渗透性强、整合水平高,与传统模式下的物流增值服务相比,基于平台的物流增值服务通常具有较强的智能化、协同化和定制化特征,具有更好的创新基础。具体可总结为以下几个方面。

(1) 技术融合特征明显。运用大数据、人工智能、物联网、区块链等技术,物流企业在平台运营方面实现了高度数字化、可视化和智能化。当前,越来越多的物流企业开始重视平台化发展带来的巨大效益,物流信息化投入水平不断升高,这也为基于平台的物流增值服务设计创新打下了良好的技术基础。融合大量先进技术的物流平台增值服务应用场景不断增加,电子单证、智能交互等技术加快应用创新,如智能客服、RPA流程机器人等应用到物流服务平台一线,不仅提高了服务效率,节省了物流企业的劳动力成本,而且有效地提高了客户的满意度。

(2) 功能的集成化协同化。通过各类信息技术赋能,物流服务平台能够实现多平台对接,进一步提升功能的集成水平,实现集多功能于一体的一站式物流服务。因此,平台物流增值服务通常会表现出集成化、多样性、便捷性。同时,物流服务平台可以为各类社会物流企业、商业银行、监管部门、运输车辆、船舶、仓储企业等相关主体提供一个协同运作的环境,能够更好地整合社会闲散运力以及多方位服务资源,并提高组织的协同运作效率,帮助客户提供更透明、更全面、更优质的物流服务,实现价值增值。

(3) 更好地满足客户的个性化需求。在互联网信息技术赋能下,平台物流增值服务以客户需求为中心,对基于平台的物流产业链各环节进行独立且详尽的数据分析,不断提升物流服务功能和品质。对物流企业开展服务平台化而言,以产品服务为中心将转变为以消费者服务为中心。物流服务平台会关注消费者服务体验和客户价值的提升,努力为客户提供更优质、全面的定制化服务,以满足客户的个性化需求,全面提升消费者的认同感与参与感①。

案例 5-11

中寰卫星前装商用车车联网平台的销售定制化服务

目前,国内车厂主要的盈利点仍在于车辆的销售环节,激烈的竞争使每家车厂都希望能更进一步地了解自己的用户。

中寰卫星首先通过车联网平台建立了车厂跟终端司机的联系。接着通过大量的用户使用行为的积累,基于车联网的数据、路网融合的车辆行为分析、中寰特有算法,对用户的驾驶行为、载重情况等进行用户画像刻画。同时通过大数据将用户精准分类,知晓用户的货物类型、行驶区域、驾驶行为、使用习惯等。然后将这些精准画像,反馈给车厂。车厂可结合这种用户联系通道、用户精准画像,为客户提供定制化服务。

2019 年上半年,中寰卫星与车厂有过这方面的尝试。最早通过路网匹配,选择了某一客户从鄂尔多斯到石家庄的一条拉煤专线,该线路有 1 万多辆车。车联网大数据对该线路进行了深入的用户分析,然后围绕拉煤行业使用习惯及需求,推出定制产品,通过平台精准推送促销信息。在短短的一两周时间就促成了 14 辆车的销售。这种方式对整个产业销售方式的变革有很大的参考意义。

(案例来源:中国物流与采购网. 中寰卫星前装商用车车联网平台案例[EB/OL]. (2021-04-16), http://www.chinawuliu.com.cn/xsyj/202104/16/546435.shtml.)

2. 平台物流增值服务的创新路径

基于平台的物流增值服务创新展现了由线下业务线上化,过渡到线上业务平台化,再过渡到平台业务生态化的发展演变过程。在开展基于平台的物流增值服务设计时,要重视价值创造的核心。

---

① 张经阳,谢超.互联网时代下物流 3.0 平台模式创新与发展研究[J].商业经济研究,2021(22):109-112.

(1) 物流服务平台价值创造的理论逻辑①。物流服务平台组织系统的价值创造是一个多要素、多层级、多阶段的协同演化过程(见图 5-13),各参与单元之间、各参与单元与子系统之间、子系统与平台内部环境之间以及系统与外界环境之间都存在着相互作用、相互协同与优势互补的关联,在其价值创造过程中,它们之间都进行着物质、能量、信息(数据)、知识的交各层级之间的协同,且协同性越强,整个系统的价值创造效应就越大,也越容易出现整体系统级别的"价值涌现"。

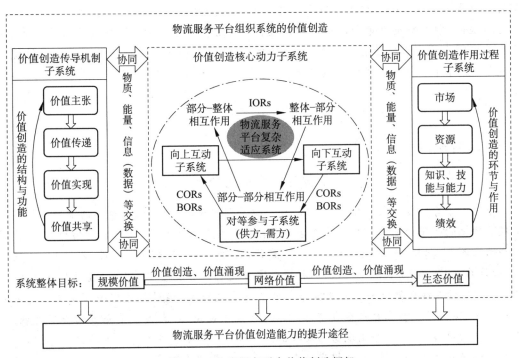

图 5-13 物流服务平台价值创造框架

可见,物流服务平台组织系统价值创造的理论逻辑,是其作为平台复杂适应性系统,既有微观上连接众多物流服务供需方交易形成的规模价值,更有中观层面平台方与物流服务供需方交互形成的网络价值,亦有它们与环境协同演进逐步形成的生态价值。这些价值创造从规模价值、网络价值走向生态价值的同时,在系统不同层面、不同发展阶段出现了价值创造进入"价值涌现"的走势,使物流服务平台价值创造呈现多元性、交互性和客观规律性,反映了平台型物流组织系统价值创造的复杂适应性特征。

(2) 平台物流增值服务创新场景。依托物流平台这个"大盘子",包括专业物流服务提供者(如物流企业、司机)、物流服务需求者(如企业或个人服务需求者、货主)、物流增值服务相关方(如车辆、贷款、保险、银联服务等关联企业实体)、市场监管者(如工商、税收、货运、安全等监管方)等均可以作为参与单元①,使多元化的相关服务和功能整合在一起。同时,信息技术使物流平台可以与各领域的平台和信息系统对接,实现信息共享和工作流协同,开展更高层次的深度融合创新,在数据信息的驱动下形成多主体高效协同、多业务有机结合、价

---

① 尤美虹.物流服务平台的价值创造机理及能力提升途径研究[D].上海:上海海事大学,2021.

值共创、资源共享的物流生态化平台,为客户提供高效率、高质量的各类增值服务,真正实现服务提供者和消费者的双赢。

具体来讲,平台物流增值服务的创新场景可以根据融合的主体和业务的不同,主要分为"物流服务+金融场景""物流服务+车后服务""物流服务+数据服务"以及"物流服务+供应链生态"四个方面。

① 物流服务+金融场景。物流服务+金融场景主要指在基础的物流服务的基础上,融合金融服务场景,满足客户在物流业务方面的金融需求。在这种创新场景下,金融服务务是与银行、金融机构等企业合作为用户提供的增值服务。例如,依托物流服务平台,物流企业可以为用户提供贷款、保险、车辆保险、质押等金融服务,用户获得金融产品优惠和便利,进而有更强的入驻平台的意愿,金融服务提供方和平台都能够获得相应的金融服务收益①。

案例 5-12

货兑宝平台服务体系

货兑宝平台(www.huoduibao.com)由中储京科投资研发构建,平台集成中储股份在供应链管理上的丰富经验与京东数科在金融科技上的领先技术能力,以大宗商品的交易、交付安全为切入点,独创"天网+地网"的产品模式,集成 ABCDI 高科技手段(人工智能、区块链、云计算、物联网、互联网、大数据),打造大宗领域仓储智能管理体系,并提供如下服务。

(1)平台在线仓储服务。货兑宝平台的在线仓储服务,通过货兑宝平台把仓储客户和仓库打通,实现了仓储客户在线办理出、入库,在线查询库存,在线查看仓储物资库存状态,在线仓储物资过户等,完全实现仓储业务的线上化办理,把单据通过区块链进行存证,实现仓库的信息化改造和升级,有效提高了仓储服务水平和服务效率。

(2)平台在线交易交付服务。货兑宝平台基于仓库的现货物资,满足客户的在线交易交付,实现了在线看货、在线签合同、在线收付款、在线货物交付的全过程,并把交易的单据通过区块链进行存证。平台的挂牌交易功能实现了多种交易场景,满足不同交易模式。平台推出的"保兑货"功能,可以实现"一手钱一手货"交易,有效解决了交易中的不信任问题。

(3)平台金融服务。货兑宝平台通过自身的仓储优势,为企业提供供应链金融服务,并辅助资金方进行贷后检测。平台通过 IOT 设备+作业平台+外部数据引用等多方信息整合,构建金融产品数据流闭环,通过 PC 端或 APP 端操控设备读取货物唯一标识,标识引入货物留存在货兑宝上所有关联数据信息,真正实现数据化透明。此外,货兑宝平台开放对接银行产品资源,为企业提供"金融产品超市"实现多金融机构产品"一键查询",清晰掌握不同金融结构的产品模式。

(案例来源:中国物流与采购网."货兑宝"大宗商品服务平台[EB/OL].(2021-06-23),http://www.chinawuliu.com.cn/xsyj/202106/23/552504.shtml.)

② 物流服务+车后服务。物流服务+车后服务是指在基础的物流服务基础上,基于车

---

① 侯亚男.物流信息平台生态化发展策略研究[D].西安:长安大学,2019.

货匹配平台，通过融合车后服务场景来实现客户价值的增值。车后服务是依托运输企业物流基础建设资源和车后市场企业合作提供给用户的增值服务。例如，车货匹配平台与增值服务提供方合作为卡车司机提供车辆 ETC 通行优惠、加油折扣以及车辆维修等服务，平台拥有的大量用户资源有效降低了增值服务提供方的获客成本，吸引更多的服务提供方加入，同时增值服务提供方通过为用户带来优惠的方式吸引更多司机入驻平台，从而获得一定的收益返点，平台也因此积累了更多的用户源，实现了双赢①。

案例 5-13

满帮集团的车后服务

2017 年 11 月两家平台结束"烧钱大战"和激烈的竞争，合并为满帮集团，两个企业主体开始在业务上分工，运满满专注于车货匹配技术的实现，货车帮重点提升卡车后市场服务能力。

货车帮专注卡车后市场服务，探索生态化的盈利模式。2016 年开展的 ETC 充值业务是货车帮首个变现产品，该业务能够保证平台最大限度地控制风险情况下较快积累用户的数据，搭建平台的信用体系并建立产品壁垒。2017 年，货车帮在轮胎和二手车业务方面寻找盈利点，与轮胎厂商合作定制轮胎向司机销售，并提供分期付款业务，司机更换轮胎时需要到货车帮合作的物流园区，也给物流园区带来一定的司机流量。二手车变现模式同样是赚取中间利息差。平台业务开发的出发点是基于对平台中用户需求的深度挖掘，从风险、投资相对较小的业务展开，逐渐实现闭环业务。

货车帮和运满满合并成满帮集团后，信息技术追求更高的突破，增值服务上进行更广泛的布局。在原有业务基础上，聚合车货需求信息，搭建车货匹配信息平台；通过自营完成高端车货运输需求，提供定制化服务；在获得订单数据的基础上，构建 ETC、针对货车司机的个人信贷业务、抵押租赁等金融服务；并进一步完整自身闭环，尤其在能源资源领域，寻求柴油供应链合作；甚至进入物流地产和商业地产领域，完善车后服务；布局无人驾驶，探索清洁能源。

其中值得注意的是，满帮集团不参与物流活动，即不与平台中的车主、货主产生竞争关系，其根本服务宗旨是满足用户全方位的需求。另外，满帮集团的车货匹配业务提高了司机的找货效率，意味着在园区等货的时间减少，这削弱了物流园区经营者的盈利，平台推广受到部分合作商的抵制，但很多增值服务的提供需要与物流园区达成合作并在此交易，因此满帮集团通过更换轮胎业务、车辆维修业务、生活服务等业务限定用户在指定物流园区内进行，一定程度上弥补了物流园区的流量损失，提高了物流园区经营者的积极性。同时这说明物流信息在发展中需要协调用户及合作商的利益冲突问题。

（案例来源：侯亚男. 物流信息平台生态化发展策略研究[D]. 西安：长安大学，2019.）

③ 物流服务＋数据服务。物流服务＋数据服务是平台企业通过提供基础物流服务获得用户数据、交易记录等数据信息，运用大数据、云计算等数据处理分析工具，为客户运作提供数据支持。在这种场景下，数据服务是平台企业结合平台积累的数据资源，与相应企业合

---

① 侯亚男. 物流信息平台生态化发展策略研究[D]. 西安：长安大学，2019.

作,为用户提供的增值服务。例如,利用物流服务平台中积累的车货交易数据、卡车后市场交易数据、金融交易数据等,与技术服务公司合作共同为用户提供数据咨询和数据销售等大数据服务,为用户企业提供决策支持,以此吸引用户入驻,同时物流服务平台获得相应的大数据服务收益①。

案例 5-14

五运通智选物流服务平台

为解决综合型企业存在的问题与困难,五运科技通过打造五运通智选物流服务平台,以信息化为主要手段,结合企业在物流管理发展中的各项需求,与各物流服务商达成合作,通过系统间的对接,将订单管理、物流运输、财务结算、增值服务等以线上的形式相结合,为企业制定数字化、智能化的新物流管理模式,分步实施五运通智选物流服务平台项目,并成功加以应用。

五运通智选物流服务平台集物联网、大数据、云计算、5G、AI 和安全技术等于一体,能有效地提高用户体验和工作效率。五运通智选物流服务平台是一个集统一下单、统一跟单、统一对账、统一管理、数据采集、数据分析等多种功能于一体的综合物流服务平台。平台通过对物流资源的整合以及系统间的 API 对接,实现互联互通、信息共享,为客户提供多种物流解决方案。平台通过大数据分析,为企业提供物流指数可视化,同时建立物流评价体系,为企业相关决策提供数据支撑。

五运科技通过平台进行大数据分析,根据客户填写的基础信息,为企业推送多种运输路线,这些路线中有价格最优、有时效最优、有价格和时效同时满足需求的,企业可根据自身需求自主选择,真正做到智选物流。同时平台提供一键比价功能,企业可一键对比各家物流服务商的价格和时效,为企业甄选物流服务商提供数据决策。

(案例来源:中国物流与采购网.广西五运科技有限公司:五运通智选物流服务平台[EB/OL].(2021-03-29),http://www.chinawuliu.com.cn/xsyj/202103/29/544658.shtml.)

④ 物流服务+供应链生态。"物流服务+供应链生态"是指随着平台型物流企业越来越快的发展,平台所融合的延伸服务范围得到进一步扩大,逐步形成了覆盖采购、供应、生产、运输、销售、售后、金融、监管、数据信息支持等供应链全场景的物流平台生态。通常,这种物流平台生态以提升服务的质量和种类为创新突破口,利用平台的生态型供应商,满足顾客个性化的需要,吸引足特定的客户群体。例如,中储智运挖掘增值服务的广度与深度,从供应链生态角度开展定制化的行业供应链解决方案业务。以钢铁行业为例,平台会从上游煤矿能源开始,到中游的冶炼加工,辐射衍生的废钢废铁回收,直到下游的建筑建材与装备制造,帮助客户实现整个供应链的数字化,通过系统的互联互通最终实现生产运输的全局数字化。此外,其还围绕供应链生态开展多元化经营,例如司机消费业务、车后市场、类金融保险业务等①。

---

① 王慧颖,曹海林.基于商业生态系统视角的物流信息平台商业模式创新路径研究[J].物流科技,2021,44(11):13-17.

案例 5-15

德邻陆港智慧供应链服务平台

德邻陆港智慧供应链服务平台现有十大服务产品：德邻畅途、德邻智园、德邻云仓、德邻 e 宝、德邻玛特、德邻加工、德邻大数据、德邻钢铁、德邻化工及德邻气体。德邻陆港智慧供应链服务平台以供应链为框架，实践"互联网＋物流"的理念，彻底改变传统物流模式中的不足，实现物流全链路的信息化、可视化、数字化、智能化。平台提供精细化物流增值服务（如仓储服务、钢材加工、园区智能导航、物流运输轨迹跟踪、车辆实时定位、大数据分析展示等），体现了物流资源与要素的高效配置，促进物流服务提质增效，"互联网＋物流产业"的良性互动，按供应链视角以智能物流开创智慧物流增值服务运营新格局，既为企业及其供应链伙伴创造了经济效益，又取得了良好的社会效益的目标。

其中，发挥核心功能的模块如下。

(1) 德邻畅途：互联网＋高效运输。

(2) 德邻云仓：互联网＋智能仓储。

(3) 德邻加工（云嘉）：互联网＋钢材全自动剪切加工。

(4) 德邻 e 宝：互联网＋供应链金融服务。

(5) 德邻玛特：互联网＋网上产品销售。

(6) 德邻大数据：互联网＋物流大数据挖掘、分析。

（案例来源：中国物流与采购网. 德邻陆港（鞍山）有限责任公司—德邻陆港智慧供应链服务平台［EB/OL］.（2020-07-20），http://www.chinawuliu.com.cn/xsyj/202007/20/515858.shtml.）

5.4 物流服务创新实践案例分析

为了说明物流服务创新在实践中是如何实现的，本节将选取准时达夏普的全球供应链管理服务创新和铁龙物流与新疆天业联动项目两个典型物流企业创新案例，详细介绍物流服务创新的过程以及创新成果给企业带来的效益。

5.4.1 准时达夏普的全球供应链管理服务创新[①]

准时达作为富士康科技集团授权的供应链管理平台服务公司，是全球 C2M2C（Component to Manufacture to Consumer）全程供应链整合服务的先行者，其核心竞争优势是面向工业制造型企业及 3C 制造商的端到端精益供应链管理服务，为客户提供端到端的全程供应链管理服务，为客户打通制造、供给、商贸的关键环节，连接从供应商、制造商、品牌商、经销商到客户的闭环供应链生态圈。得益于准时达得天独厚的制造业供应链管理基因，在其成立 SIL 后，把夏普的物流部门从原来只负责销售物流全面升级为提供从采购到生产再到回收的全程供应链物流服务。自 SIL 成立以来，已经降低夏普集团两成物流总成本。

1. 采购执行＋供应商管理库存＋JIT 等创新供应链服务

夏普销售网络遍布全球，由于需要采购的原材料种类多，需要同时对接的供应商也

---

① 国家发展和改革委员会经贸司，中国物流与采购联合会. 物流业制造业深度融合创新发展典型案例（2021）[M]. 北京：中国财富出版社，2021.

多,造成订单处理周期缓慢,同时,供应商交货、国际国内运输、仓储、清关、付汇等环节不统一,致使到货时效低、结算过程烦琐、成本高,全程供应链难以掌控。SJL通过对夏普供应链体系进行深入的调研、分析和论证,向夏普提供"采购执行＋供应商管理库存＋JIT"等创新供应链服务。SJL为夏普整合供应链各段的资源,做到了前置运力规划、实时库存管理。

在前置运力规划方面,SJL依托准时达的供应链数字化管理能力,通过对销售预测、生产计划、采购计划的全方位信息掌控,导入JusLink采购协同和POM订单管理系统,提前介入采购订单和供应商备货管理。准时达根据供应商的备货情况、工厂的生产排程、客户的履约时效要求,提前做好原物料采购及成品交付环节的运输模式、方案规划,锁定海陆空铁等运力资源。准时达全球控制塔(Control Tower)还根据全球客户的综合需求,以及市场、行业、交通、天气等整体情况,灵活调度资源,将综合资源在准时达的全球网络实现最大化利用,让夏普在实现全流程库存交付的情况下,实现成本最优。

在库存管理方面,SIL一方面针对原物料推动供应商运用管理库存(VMI)模式,另一方面加强成品在库、在途盘货的全方位管理,灵活利用集装箱、堆场、汽车等资源作为流动仓库。这些举措,一方面节约了仓库等固定资产的投资,另一方面也利用JIT的模式,将夏普的渠道库存降到最低,减少了夏普的库存成本,提升了企业现金流。此外,基于SIL对供应链的整体优化,夏普的下游库存也得到了优化。以前夏普公司的物流流程是商品生产出来后运输到码头,然后到日本的销售单位,弊端是销售单位在日本仓库会有很多库存。经过研究,SJL将夏普的物流流程进行调整,将不发往日本的货物留在码头,这样销售单位不用再承担库存。

另外,在运输和配送业务方面,SJL提供白色家电、液晶电视、太阳能电池板等运输和配送服务,并为夏普集团采购零部件,年运输量达到为600万立方米。此外SJL还帮助夏普整合了保管国内外工厂生产的隶属夏普事业本部库存的后方仓库和保管销售公司库存的前线仓库,通过在仓库内转换库存归属,降低了从后方仓库向前线仓库的库存转移成本。

2. 全球化供应链管理能力的赋能

得益于与生俱来的全球化基因,SIL在中国香港、菲律宾、马来西亚、印度尼西亚、新加坡以及美国、德国、荷兰和法国的子公司都有海外法人。另外,在波兰有夏普的面板工厂,SIL也计划在波兰成立新的子公司,SIL还计划成立中国子公司作为夏普业务的窗口。SIL在整个夏普全球化供应链管理中扮演着协调、统筹与运营的角色:对上参与到夏普的供应链计划中,协同供应链上下游参与者;对下组织各类资源,推进整个供应链体系各环节的高效运转;体现在物流服务中则是整合各类物流服务提供者,实现采购/入厂、场内、销售及售后物流的运营与管理。

准时达提供的从原材料端到消费者端C2M2C(Component to Manufacture to Consumer)的全程供应链管理服务,具备从原材料(components)到生产制造(manufacture)再到最终消费者(consumer)的端到端供应链管理能力。这是一条全新的通路,是一条直通车,而且是正向的直通车,同时也将是未来从终端消费者反向影响制造端的一条反向直通车。只有全段打通,才能真正提升成本竞争力、价格竞争力、渠道竞争力和品质竞争力。

在国际海空运费方面,SJL通过和富士康等国际知名企业的物货结合,进行全球招标、资源性的结合与调度,帮助夏普每年节省了接近30%的国际海空运费。

在进口方面，SJL 每月处理超过 2 500FEU 的海运集装箱和超过 150 吨的空运货物。在日本的各个港口，SJL 还可以安排突然改变交货地导致的长距离拖车服务。在三方货运代理业务方面，SJL 年处理量为空运 3 万吨、海运 20 万 TEU，还支持中国—东南亚和东南亚境内的跨国卡车运输，以及中欧铁路运输、海外仓库运营业务。

3. 软件＋硬件＋行业解决方案的运营模式

夏普的很多产品有上百种原材料来自几十个不同国家，经常需要把这些原材料采购到日本去加工生产，再由日本送到各终端消费环节，这极为考验供应链的数字化管理能力，需要有数字化的全程供应链整合解决方案。

准时达的科技供应链平台管理系统 JusLink 为 SJL 的系统化管理提供了有力支持。首先，SJL 利用 JusLink 的仓储可视化管理系统，有效协同了 WMS（仓库管理系统）和 TMS（运输配送管理系统）的实时在线管理功能，可以弹性应对现场劳动力短缺问题，即在仓库现场，即便新来的人也可以立即上手工作。

针对夏普供应商遍布全球各地，每日有大量进口业务需要通关作业，实时人工核对发货信息的长期境况，2019 年 6 月，准时达运输协同项目在夏普正式上线，帮助夏普实现从采购到运输业务的流程优化、多角色在线协同、运费在线自动核算等强大功能，完成了夏普供应链的数字化管理，实现了全球运输降本增效的里程碑。

仅上线一个月，准时达运输协同项目就快速实现了信息自动导入及系统自动核算，减少了夏普业务操作流程的节点，效率至少提升 40%～60%。另外，不同角色在平台上的协同功能极大地加快了任务处理速度，同时也重塑了作业流程标准，全程高效透明。运费的在线自动核算功能降低了夏普每月的结算人力成本，至少减少人力成本 40%。该项目的上线也有效满足了夏普对每个产品成本的严格管理需求，能快速追踪到每个 SKU 的成本，不仅提升了全球运输作业效率，也实现了产品各项成本的强管控。

5.4.2 铁龙物流与新疆天业联动项目[①]

煤化工产业是以煤为原料，经过化学加工使煤转化为气体、液体、固体燃料以及化学品的过程。该产业的发展对缓解我国石油、天然气等优质能源供求矛盾，促进钢铁等相关产业的发展发挥了重要作用。经过几十年的发展进步，我国煤化工产业正逐渐从以焦炭、电石、合成氨为主的传统煤化工向石油替代品为主的现代煤化工转变。

其中，乙二醇（简称 MEG）作为一种重要的基本有机化工和精细化工原料，其产品主要应用于聚酯涤纶、聚酯树脂、合成纤维、吸湿剂、增塑剂等多种化工产品的生产。进入 21 世纪以来，我国 MEG 的表观需求量大幅增长，到 2020 年已达到 1 993 万吨。由于需求量的快速增长，促进了 MEG 生产能力和产量的不断增加，产生了一批煤质 MEG 生产企业。其中，新疆天业（集团）有限公司（以下简称天业集团）经过多年的发展，建成并拥有全国最大的煤质 MEG 生产基地，国内占有率逐步提高。

天业集团组建于 1996 年 7 月，是新疆生产建设兵团第八师的大型国有企业。作为新疆煤化工战略规划重要的组成部分，2012 年首批年产 5 万吨 MEC 项目竣工并生产国标优等品。为进一步扩大天业集团在成本和资源方面的优势，满足下游客户对 MEG 产品的需求，

---

① 国家发展和改革委员会经贸司，中国物流与采购联合会. 物流业制造业深度融合创新发展典型案例（2021）[M]. 北京：中国财富出版社，2021.

2014年二期、2019年三期、2020年汇合新材料项目相继投入运营。在天业集团业务突飞猛进发展的同时,运输压力和市场竞争压力逐渐凸显。①运输距离长,时效性较差。MEG主要的消费市场位于以长三角为主的东部沿海地区。产地距离消费市场距离超过3 000千米,运输周期高达30天,导致客户响应能力差。②运输环节多,过程不透明。因为运输距离长,自然气候条件恶劣,客户运输方式只能选择铁路运输。但是铁路运输存在灵活较差、周转环节多的特点。天业集团对于MEG产品的运输和流转也有货物透明化跟踪的要求。③运输产品特殊,需要专业化储运。作为非危液体化工品,MEG产品具有吸湿特性。运输和存储过程中需要充装氮气以隔离空气。考虑到上述因素,天业集团投入的资源较多,导致物流运输成本较高、作业效率低下以及运输过程中质量控制力不高。

面对上述物流运输难题,天业集团开始将目光转移到提升物流效率、改善物流系统运作上来。作为中国铁路A股上市公司,中铁铁龙集装箱物流股份有限公司(以下简称"铁龙物流")针对液体运输需求,于2009年成功研发不锈钢框架罐式集装箱,并为客户提供基于特种集装箱的多式联运服务。

双方于2012年开始合作,由铁龙物流基于不锈钢罐式集装箱为天业集团MEG产品提供"门到门"的运输服务。多年以来,双方合作不断深化。借助铁龙物流数字化平台和产运销一体化运输体系,实现了双方基于数据的业务流程协同和物流设施合作共享,为制造业和物流业的深度融合、共赢发展奠定了坚实的基础。

天业集团和铁龙物流从解决全程运输问题入手,通过多年的合作不断深化。目前双方以数字化平台为载体,实现了线下场站和集装箱资源的共享互用、业务流程协同优化、信息资源的融合共率,形成了以市场机制为导向、产运销一体化的新模式,促进了两业融合、合作共赢的新格局。

1. 构建"三网三化三体系"业务新模式

自2016年以来,铁龙物流积极响应国家"互联网+"战略,着力打造数字化平台,提升物流运输数字化能力和服务水平。通过构建"三网三化三体系"的业务新模式(图5-14),实现了信息网络融合化、物流网络共享化、服务网络透明化,最终为上游制造业企业提供基于集装箱的一体化多式联运解决方案。

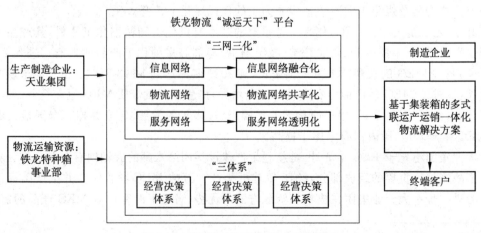

图5-14 "三网三化三体系"业务新模式

2. 优化 MEG 罐式集装箱端到端运输模式

由图 5-14 可知，构建的"三网三化三体系"产运销一体物流新模式，实现了数字信息与物流业务的融合，实现了制造企业和物流企业的标准化对接。借助铁龙物流数字化平台，天业集团和铁龙物流可以实现 MEG 产品多式联运相关信息的共享交换和运输业务的全流程管控，输出从上游制造企业到下游终端客户一体化多式联运解决方案。通过该方案，天业集团可以有效调整运输计划，根据运输执行调整生产，以销定产、全网一盘货；铁龙物流可以有效管理运输资源，实现运输资源的合理调度，提高资源的利用效率。融合具体思路如图 5-15 所示。

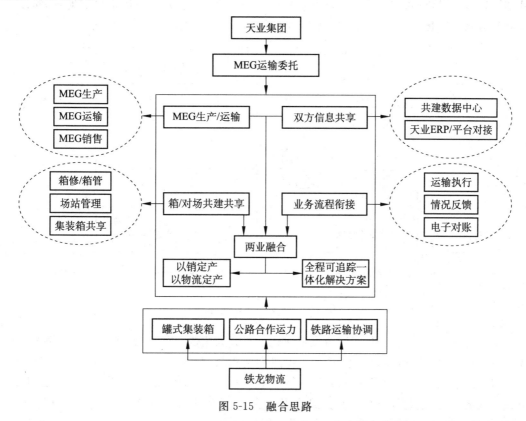

图 5-15 融合思路

3. 融合项目主要实施途径

（1）双方集装箱共享，实现运输绿色化。不锈钢罐式集装箱作为铁路运输中普通液体（如植物油）、液体食品（如葡萄汁）以及化学品液体货物的重要运载工具，具有可以循环利用、便于装卸等特点。其自带的加热系统，可以极大地满足易凝固液体的加热要求。天业集团与铁龙物流通过特种罐式集装箱的资源共享和循环利用措施，实现了集装箱资源的有效利用。在减少运输费用的同时，极大地减少了对环境的污染，符合国家积极倡导的绿色物流新举措。

（2）双方信息系统对接，实现数据融合化。通过铁龙物流数字化平台，改变了天业集团与铁龙物流长久以来的线下人工查对和运输计划表格管理的落后工作方式。双方通过共建数据中心（见图 5-16），实现信息流、业务流和物流的交换，打通了天业集团的 ERP 系统与铁龙物流作业系统，极大地提升了运输计划的执行力和情况反馈效率。

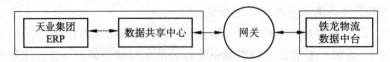

图 5-16 双方共建数据中心

（3）双方业务流程协同，实现物流运作一体化。基于双方业务数据融合及铁龙物流数字化平台运营，简化原有运输计划分别录入、表格传递核对、线下电话沟通同步的工作方式，极大减少了信息传递中的失真和错误，提高了运输计划的下达和执行效率。通过优化运输计划下达执行、执行跟踪反馈及运输费用电子对账等环节，双方业务衔接更加流畅，实现了物流产运销一体化。业务流程如图 5-17 所示。

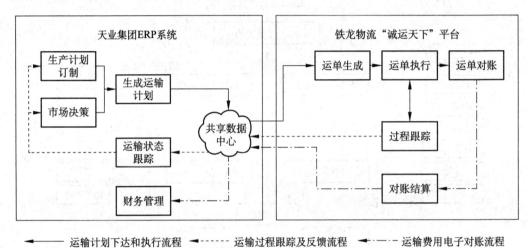

图 5-17 业务流程优化细节

（4）整合多方物流资源，实现节点枢纽化。双方利用数字化平台，实现了对下游线下物流资源的整合、优化，规划建设多式联运枢纽和网络布局（见图 5-18）。平台通过互联网把分散、碎片化的订单、运单资源在线上整合到具备网络规模的临界点，在物流枢纽形成集聚，对接干线通道，通过物流网络交付到最终用户手中，过程中实现了物流运作的组织化、规模化，增加客户黏性，系统创造商品的时间和空间价值。

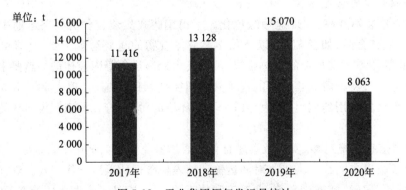

图 5-18 天业集团历年发运量统计

注：2020 年市场需求量降低导致发运量与往年相比有所下降。

借助"诚运天下"数字化平台跟踪信息和货物预报警机制,实现了上游工厂和下游客户有效的信息对接,提升多式联运供应链的弹性、柔性和反应速度。

5.5 现代物流服务的技术创新研究

物流技术创新是以物流市场需求为动力,以创新性物流技术供给为核心,通过物流产业内部及相关产业的生产要素优化组合并引入物流体系,从而推动物流产业不断创新发展(孙淑生和谷伟华,2010)①。物流技术创新可以分为物流工程技术创新和物流信息技术创新。如将托盘技术应用于运输、仓储,以及将自动化技术应用于仓储管理就是早期的物流工程技术创新;EDI 技术与条码的应用就是早期的物流信息技术创新。物流技术的变迁路径如图 5-19 所示(魏际刚,2014)②。

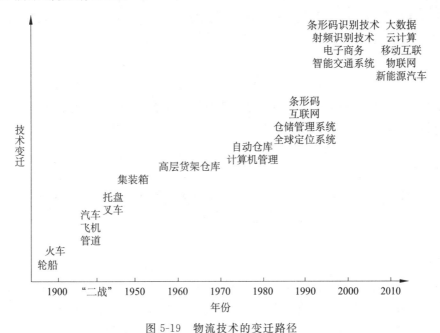

图 5-19 物流技术的变迁路径

21 世纪以来,物流技术出现了飞跃式发展,电子商务的发展促使物流信息技术的创新与应用,环保化和低碳化的创新要求使得物流工程技术朝着资源节约、环境友好的方向发展。下面介绍 2000 年以来物流技术方面的主要创新点。

5.5.1 大数据在物流业的应用

著名咨询公司麦肯锡在 2011 年发表的《大数据:下一个创新、竞争和生产力的前沿》让大数据受到广泛关注,此后,大数据的应用在各行各业展开。大数据通过对数据量巨大、来源多样和类型多样的数据集进行分析,深度挖掘数据集中的价值,帮助企业积累足够的历史数据,便于管理者做出更加科学、理性的决策。大数据在物流企业中的应用主要包括物流决

---

① 孙淑生,谷伟华.探析物流技术创新[J].商场现代化,2010(17):51-53.
② 魏际刚.转型升级的路径思考:物流技术创新及制度激励[J].物流技术,2014(2):12-15.

策、信息平台构建、客户管理以及智能预警四个方面。

1. 物流决策

一方面,物流企业可以利用互联网网页、邮件、文本、微博等半结构化数据构建大数据集,对市场上潜在的合作者和竞争者进行分析,为选择合作伙伴提供可靠依据(叶斌等,2014)[①];另一方面,大数据可以帮助物流企业提高供需匹配能力。例如,阿里巴巴的菜鸟雷达预警系统不断收集用户的交易信息,对物流需求进行分析并共享给圆通等物流服务提供商。在大数据的支持下,圆通能够更好地分配服务能力(如运输、配送、仓储等),满足客户需求。

2. 信息平台构建

大数据物流信息平台是指将多方参与者的物流海量数据信息收集整理形成信息资源,并通过互联网交互传递,以提供物流服务的平台。物流信息平台呈现多样化的趋势。前文提到的菜鸟网络科技有限公司就是利用电商大数据物流信息平台,实现供应链中各合作伙伴信息实时同步。公路货运大数据物流信息平台,如林安集团的"我要物流"App,通过对海量的车源信息和货源信息的整合,提高车、货匹配的效率。供应链大数据物流信息平台通过整合供应链各个环节的数据,提高供应链中采购、运输、配送、仓储等各项物流服务的水平,进而提高供应链的整体竞争力。大数据物流信息金融平台创造了一个低成本的信息完全对称的信贷模式,为解决中小微企业融资难提供新的方案(王柏谊和孙庆峰,2016)[②]。

3. 客户管理

大数据使物流企业客户管理更加科学,通过对客户评价、打分、聊天记录、投诉等信息的收集,完成物流服务的满意度分析、客户的忠诚度分析、客户的需求分析、潜在客户分析、客户的评价与反馈分析。通过这些分析,进一步了解客户当前的状态,预测客户需求未来变化的方向,更好地为客户服务(叶斌等,2014)[①]。

4. 智能预警

物流服务的突发性、随机性和区域业务量不均衡性凸显了基于大数据的物流智能预警的重要性。传统的智能预警系统主要依靠管理者的经验,缺乏对物流要素的宏观把控。大数据使企业有能力全面收集、整理、分析物流活动所涉及的各个因素,对突发事件预警并做好相应的应急预案。

5.5.2 移动互联、云计算与物联网在物流业的应用

近年来,物联网得到产业界和学术界的高度关注,在我国已上升到产业规划与发展的高度,在智能交通、环境保护、水系监测、军事等方面得到应用。在物流行业中,物联网是所有现实物品在 RFID、GPS、二维码、激光扫描等信息检验和识别设备的基础上,通过互联网络连接,进行信息交换和信息传递,实现物品流通的智能识别定位、跟踪和管理的流通方式(孙其博等,2010)[③]。物联网的结构分为三层,即感知层、网络层和应用层。在感知层,通过

---

① 叶斌,黄文富,余真翰. 大数据在物流企业中的应用研究[J]. 物流技术,2014(15):22-24.
② 王柏谊,孙庆峰. 大数据时代物流信息平台构建与建设对策研究[J]. 情报科学,2016(3):52-61.
③ 孙其博,刘杰,范春晓,等. 物联网:概念、架构与关键技术研究综述[J]. 北京邮电大学学报,2010,33(3):1-9.

RFID、GPS、红外感应、传感器等实时采集货物信息,包括货物所处位置、所在物流环节、经手人、环境温度等,呈现运输货物的即时状态。货物的状态在网络层同步,通过可靠的信息共享使物流企业与物流企业、物流企业与客户、物流产业与其他产业之间实现即时沟通和相互融合,形成一体化服务,使物流业脱离孤岛状态。在应用层,通过智能控制、云计算等技术,对物流相关信息进行采集、分析和整合,为物流管理决策提供最翔实的数据并提供智能化决策建议和管理控制工具(高连周,2014)①。

如果说物联网的主要职责是收集和共享数据,那么云计算的主要职责就是处理和分析数据。云计算(cloud computing)是能够通过对信息的统一组织和灵活调用各种ICT信息资源,实现大规模计算的处理方式,最终形成共享资源池并动态地将这些信息向客户传送(顾星,2012)②。云计算的产生背景具有"一切皆按需服务"的理念,在物流领域中搭建云计算平台能够使地区内不同服务器中的"物流云滴"汇集融合成为"物流小云",将一定区域的"物流小云"再整合为更大区域的"物流大云"乃至与物流有关的其他行业的云之间形成"混合云",从信息层面为我国物流业实现高度集约化、统一化、综合化打好基础。应用云计算的物流业能够增强物流信息的安全性,物流企业不用再担心物流数据丢失、病毒入侵、系统软件更新等问题。因此,云计算技术在物流业中主要被用来构建物流信息平台。

大数据时代的到来不仅推动云计算与物联网的快速发展,也推动了移动互联在物流业的应用。随着近年来计算机、平板电脑、手机等移动终端的大规模普及以及终端软件的大量应用,移动互联已经具备了在物流业大范围应用的条件。现阶段,移动互联在铁路物流配送和公路物流配送中起到重要作用,改变了传统的配送业务流程。移动互联条件下,物流配送业务包括五个环节,即需求和车源发布、车货匹配、业务实施、费用结算和跟踪评价。

(1) 需求和车源发布。货主在物流信息平台发布货源信息,包括始发地、目的地、货物种类、数量、运输要求等信息;货车司机在物流信息平台发布车源信息,包括始发地、目的地、运输能力、货车车型、运输费用等。

(2) 车货匹配。货主和货车司机登录物流信息平台,实时查询车源信息和接收配送业务需求,在线寻找与自己相匹配的车源和货源。

(3) 业务实施。货车司机按照与货主的约定,完成装车并在规定的时间内将货物安全送达目的地。

(4) 费用结算。货主按照与货车司机的约定,在规定期限内通过线上或线下的支付方式将运输费用支付给货车司机。

(5) 跟踪评价。配送业务完成后,货主和货车司机通过信息平台对本次交易进行评价。

随着物流技术的进一步发展,将形成基于物联网和云计算的智能物流体系,为提高物流效率、物流精确度及服务水平提供数据基础。基于物联网和云计算的智能物流体系分为应用、物流云计算平台、大数据中心、物流物联网四个部分,如图5-20所示。物流物联网层是智能物流体系的基础,通过收集实时物流数据(包括仓储、运输、流通、集装、装卸、设备、路径、资金等信息),实现物品流通的智能识别定位、跟踪和管理。这些数据经过大数据中心的处理后交给云计算平台分析处理,并得到对物流所需软件、设备、物资进行资源化管理、仓储

---

① 高连周.大数据时代基于物联网和云计算的智能物流发展模式研究[J].物流技术,2014(6):350-352.
② 顾星.电信运营商物联网运营管理平台架构分析[J].中国新通信,2012(24):20-21.

管理、路径计算、运输管理、装卸管理、资金管理等有价值的信息。在应用层,物流企业能够通过客户端应用程序获取物流相关信息并发布对应的措施,物流客户能够通过一般 PC 浏览器、平板电脑、手机等在云客户端查询物资流通的具体状态。

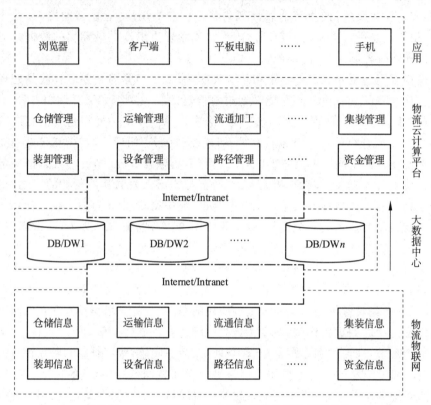

图 5-20　基于物联网和云计算的智能物流体系结构①

5.5.3　冷链物流技术创新

尽管大部分货物适合在常温下运输和储存,但一些特殊货物,如食品、药品,对存放温度有较高要求,无法采取普通的运输和储存方法。例如,绝大多数疫苗应保存在 2~8℃,疫苗保存温度过高或过低都会使其效力不可逆地降低。食品行业和医药行业对温度的要求促进了冷链物流产业发展迅速。下面将从保温材料技术、运输装备技术、多温区智能化集装箱技术、蓄冷保温箱技术和 VVM 疫苗温度标签五个方面介绍冷链物流中的技术创新(李援朝,2010)②。

(1) 保温材料技术。纳米材料被用来制作超级绝热保温材料,如纳米气凝胶保温毡、纳米绝热保温毯、改性高温陶瓷纤维板等材料,可任意切割,保温性能是传统材料的 2~8 倍。纳米超级绝热材料为储存保温、运输保温提供了技术基础。

(2) 运输装备技术。国际冷链物流运输装备的发展主流是多式联运冷藏运输装备、散装冷藏运输船、铁路机械冷藏车、部分公路冷藏车将被逐步淘汰,取而代之的是冷藏集装箱

---

① 高连周.大数据时代基于物联网和云计算的智能物流发展模式研究[J].物流技术,2014(6):350-352.
② 李援朝.冷链物流技术创新探讨[C].北京:北京制冷学会,2010:18-23.

船、铁路冷藏集装箱列车和公路冷藏集装箱拖车。

（3）多温区智能化集装箱技术。集装箱的主要类型有保温集装箱、外置式冷藏集装箱、内置式冷藏集装箱、干冰冷藏集装箱、气调冷藏集装箱。多温区智能化集装箱除保持整箱温湿度均衡外，还可使箱内的温度按不同的分隔段实现不同的温度控制。多温区智能化冷藏集装箱既能方便运输单位整合不同客户的物流需求，又能给客户提供多样化的服务。

（4）蓄冷保温箱技术。国外配送高档冷藏货物时使用系列化蓄冷保温箱。蓄冷保温箱可以在店内插接电源制冷，作为冰箱储存货物使用，也可与物流托盘配套或自配滚轮在店内移动。

（5）VVM疫苗温度标签。运用化学聚合反应原理，使标签颜色发生从浅变深的、渐进的、可预见的、累积的和不可逆的变化，明确告知医务工作者疫苗是否在储运过程中始终受到冷链保护，以及目前是否还能用于接种。同时，温度标签还能简单明确指出冷链中哪个环节发生问题，以便进行有效的改进。

5.6 物流企业如何开展服务转型

5.6.1 服务转型的方法论

在国家关于"加快经济转型升级，促进科学发展"的一系列政策支持下，国内许多企业踏上转型之路，不少服务企业也纷纷转型。本节将介绍如何运用系统方法进行服务转型。

企业在服务转型过程中，必须坚持以科学发展观为指导，运用系统方法，坚持从实际出发，处理好上游与下游、局部与全局、内因与外因、眼前与长远等多方面的关系，增强发展的协同性、持续性。

1. 发挥要素的整体效应

在企业转型升级过程中，人、财、物、知识、技术、管理和信息等要素作用的发挥，不仅取决于要素的质和量，更重要的是取决于要素的活力及整体效应的发挥。发挥要素的整体效应，要实现生产要素的帕累托最优配置，大力创造或培育优质要素，着力提高优质要素的集聚能力。

2. 实现企业、市场和政府的耦合

系统方法告诉我们，企业转型升级是一项整体的活动，它不是企业家个人的一厢情愿，也不是某一个企业的单打独斗，而是企业、政府和社会的所有经济主体的协同参与。要充分发挥企业的主体力，充分发挥市场的引导力，充分发挥政府的推动力。

3. 提高外部环境的适应力

外部环境是企业存在和发展的必要条件和土壤，它对企业的转型升级起着一定的支配作用。因此，在转型升级的过程中，企业必须努力提高环境适应力。所谓环境适应力，是指一个企业在把握外部环境的基础上，从企业实际出发，使企业发展的战略目标与外部环境相适应，并迅速整合相应的资源，形成新的竞争优势，确保企业持续稳定发展的一种平衡能力。转型升级是企业环境适应力的集中体现。在转型升级过程中，提高企业的环境适应力要建立环境监测反馈机制，加强学习型组织建设，提高快速反应能力。

4. 建立企业运行的开放系统

企业转型升级阶段性、动态性的特征要求企业适应市场环境的变化，建立开放式企业，提高企业的应变能力和生存能力,积极创造转型升级的各项条件,实现开放式创新、开放式经营、开放式管理。

5.6.2 物流企业服务转型的具体措施

随着我国经济转型升级的加快以及市场对物流服务需求的增多、对物流服务要求的提高,物流企业迫切需要通过转型升级的方式增强自身实力。中国物流与采购联合会会长、中国物流学会会长何黎明指出,当前,物流业正处在转型升级的关键时期。物流企业转型升级要认清形势,遵循规律,立足打造产业核心竞争力,以质量和效益为中心,以市场为导向,以服务为宗旨,以区域结构优化和城镇化为抓手,以科技创新为支撑,以开放型经济为契机,兼顾资源节约和环境保护。

(1) 以质量和效益为中心,打造一体化新优势。一是推进系统整合。通过兼并重组、联盟合作等多种方式,推进横向扩张和纵向延伸,扩大企业规模、完善产业链条。二是加快产业链延伸。从单一的物流环节向整个供应链上下游延伸,从简单的交易关系向战略联盟发展。利用物流业连接产、销两端的优势,打破组织边界、重塑产业链条,推动与制造业、流通业、金融业等多种产业的联动融合,提升物流业对供应链的掌控能力。三是开展组织调整。加强集团总部的控制力,减少不合理的层级结构,推进组织的扁平化、协同化和一体化,提高市场响应速度。特别是推动采购、财务、商务等运营服务的集中化管理,实现资源利用效率的最大化。

(2) 以市场为导向,打造专业化新优势。一是坚持需求引导。从原来的价格导向转变为需求导向,从关注低成本竞争转变为创造价值竞争,实现内涵式发展。二是聚焦核心业务。加强业务梳理,实行战略性收缩,集中资源打造核心业务。深入挖掘客户需求,明确自身市场定位,提升在细分市场的占有率。三是加强集约化管理。推行多种形式的降本增效活动,实施管理的精细化、运作的规范化和经营的专业化,压缩内部成本,提升运作效率,依靠管理创新提升经营效益。四是加大资源投入。加大对专业性基础设施、设施设备、人才团队等资源的投入力度,把握核心物流资源。特别是要充分利用好金融资本市场,实现产业的跨越式发展。

(3) 以服务为宗旨,打造社会化新优势。一是调整服务理念。适应快速变化的市场需求,逐步从传统的产品竞争、价格竞争、规模竞争向服务的质量竞争、品牌竞争、合作竞争转变。二是创新服务模式。加快资源的优化配置,开发高附加值的服务模式,培养高端服务能力。特别要关注电子商务、城市配送、冷链物流等新兴消费业态对物流服务的新要求,提升市场响应能力和服务水平。三是提高服务质量。全面梳理业务流程,推动流程的标准化和规范化发展,加强服务绩效管理,提升服务质量水平。四是树立服务品牌。关注客户服务体验,提高服务的个性化水平,培育高端服务品牌。特别是要加强企业诚信建设,坚持服务标准、遵守服务承诺、打造企业信誉,逐步形成企业品牌文化,充分发挥企业的社会责任。

案例 5-16

对服务进行创新突破

被《华尔街日报》评为"非凡商业书籍,非常值得认真深读"的《基业长青》一书,经过对比多家企业研究发现,如果把一家公司比作一个物种,进化才是这个物种每天要做的第一件事,不管是业务内容,还是管理方法。

在怡亚通,对于客户服务的"进化",同样是每天的头等大事;通过进化,怡亚通的服务更加符合客户的真实需求,真正帮助客户实现成功。对服务不断创新,是怡亚通帮助客户成功的必由之路。客服创新需要怡亚通站在客户角度进行思考,把客户当成婴儿一样对待——面对不会表达的婴儿,怡亚通需要创造需求,抢占先机,而不是等待客户主动提出,更不是等待客户自己发现。通过沟通了解客户的真实需求与想法,积极地做出反应,除满足客户的需求外,还通过敏捷服务,促使客户的潜在需求得到激发并获得满足,让客户获得被带动成长的快乐体验。

创新意味着根据客户的潜在需求,打破现有的规则,不断寻求自身的创新,从而形成自身与众不同的竞争优势。最后,通过与客户的合作,在合作过程中帮助客户实现价值增值,使怡亚通占据客户心中无可取代的地位,与客户建立战略合作伙伴关系,共同开辟新蓝海。

(案例来源:新浪博客.怡亚通:一切以客户为中心[EB/OL].(2016-11-04).http://blog.sina.com.cn/s/blog_7fe5c7980102vhak.html.)

(4)以区域结构优化和城镇化为抓手,打造网络化新优势。一是搭建主干网络。夯实重点城市战略布局,打造核心物流节点和业务平台,形成物流服务主干网,增强网络的控制力和覆盖面。二是下沉网络渠道。抓住城镇化发展的机遇,积极向二、三级市场、重点城镇和社区下沉网络和渠道,提高网络的渗透力和辐射力。抓住城镇消费市场启动的机会,加快城镇网点布局,实现网络的精耕细作,提高终端市场响应速度。

(5)以科技创新为支撑,打造信息化、自动化新优势。一是应用科技创新。提高物流产业的科技水平,推动物流管理的标准化和业务流程的透明化,提升物流信息化、智能化水平。推进现代化设施装备升级改造,提高单位产出效率,提升物流机械化、自动化水平。二是推进集成创新。有效集成现有知识、技术、管理、制度,发挥协同效应,创新经营模式和组织方式,形成企业独特的竞争能力。三是开展协同创新。坚持理论联系实际,提升创新的实践性和针对性,构建以企业为主体、市场为导向、产学研相结合的创新体系。协调多方利益,形成产学研互利共赢的利益分配机制,加大科技转化力度。

(6)以开放型经济为契机,打造国际化新优势。一是建立国际标准。树立国际化发展理念,引进国际先进的物流管理方式、运作模式和技术装备,加强与国际一流企业的对标管理,提升物流国际化水平。二是承接国际业务。立足国内市场,完善国内网络,承接国际产业转移,为国际客户提供全程物流服务,培养国际化运作能力。

(7)以资源节约和环境保护为重点,打造绿色新优势。一是推行绿色运作方式。在采购、运输、仓储、包装、流通加工等各个环节推行绿色物流运作方式,完善逆向物流系统,实现物流全程绿色化管理。二是推广绿色技术。积极应用高效能、低排放的新型车辆,推进以天然气等清洁能源为燃料的车辆应用。开展仓库太阳能发电工程,加快托盘共用系统建设,参与国内碳排放交易,推动循环物流系统发展。

此外,物流企业的转型发展还需要注意以下五点[①]。

---

① 中国物流与采购联合会,中国物流学会.物流行业企业管理现代化创新成果报告(2013—2014)[M].北京:中国财富出版社,2014.

1. 物流企业需要不断重新定义自己

企业转型发展总体上是要解决"到哪里去"的问题,但首先要回答"我是谁"和"从哪里来"的问题。在动态的市场过程中,物流企业需要不断学习和重新定义自己。比如,一家仓储企业市场定位的坐标就至少包括仓库出租公司、存货管理公司、配送服务公司、物料供应管理公司、客户供应链管理服务提供商,隶属于更大物流网络的枢纽型节点,以及电子商务的实物交割服务平台等。

物流企业转型发展,首先要看它对自身市场定位的认知,其次才看其整合资源和协同服务能力。由于物流企业运营的最大特点就是"服务即管理"或"管理即服务",以致物流服务的绩效不会由物流企业单方面来评价,而是物流活动有关各方共同行动的结果。换句话说,物流企业的客户并非传统意义上的物流服务需求方,而是物流活动的合作方和合伙人。相应的,物流服务合同也并非传统意义上的"服务"买卖合同,而是物流"管理"的合作协议书。物流企业必须在客户对其服务价值的认知过程中不断更新自己的市场定位。

2. 转型发展重在知识管理升级

进入21世纪,知识管理已经成为企业核心竞争力和创造价值的新型资本。传统上,物流企业的知识管理重在稳固客户关系和提供解决方案。但在互联网和大数据条件下,其知识管理的重点将转向对客户物流价值需求的管理,旨在发现为客户提供新价值的机会。为此,物流企业需要重新定义客户价值、客户关系数据库,并学习提升物流管理"大数据能力"。比如,电子商务在缩短了商务活动空间距离的同时,提高了消费者的时间要求,以致物品递送速度成为继支付安全后的电商企业核心竞争力。物流企业如何为电商企业提供作为其核心竞争力的实物交割服务,在递送速度、能力布局、信息共享、O2O协同、产业链整合、跨境运营规则甚至系统融合等方面都需要知识更新,需要培育互联网思维。

众所周知,管理创新的魅力在于现有要素资源的重新组合,其后台支撑就是知识管理能力。物流企业转型发展一定要注重知识管理升级,而不是一味把有限资源配置到硬件系统建设方面。

3. 转型发展要优选延伸服务

对大多数物流企业而言,延伸服务是一条比较稳健的转型发展之路。因为客户需求明确,所以重新整合资源的风险比较小;因为是沿着客户产业链延伸服务,所以学习成本比较低;因为有原先的信用和能力做基础,所以创新服务的价值容易得到客户认可。

但跨界经营或跨行业经营并不必然构成转型发展,反而可能隐含潜在的经营风险。大体上来说,沿产业链纵向延伸服务属于"升级"范畴,增加了服务范围、提高了服务价值。而横向跨界经营更多包含了"转型"的基因,意味着增加服务品种、进入新领域参与竞争。如果跨界业务远离核心竞争力,且企业管控能力又不够,就可能放大经营风险。期望通过并购重组来实现转型发展的企业则更需关注这类风险。坚持稳健和专业化经营是恰当的,切忌盲目多元化或贸然进入所谓产业链"高端"。

4. 转型发展需要持续的战略管理

转型发展是企业战略抉择过程,需要良好的战略管理。但对大多数企业来说,其战略管理的"短板"不在战略制定,而在战略执行。战略执行的关键在于一线员工对企业发展战略目标和路径的高度认同,因为他们才是实现客户价值的第一界面,是对市场变化最为敏感的群体,实际对企业战略管理成效起决定性作用。将一线员工排除在企业战略规划制定进程之外是非常危险的。

战略管理的目的在于及时发现和抓住企业战略转型机遇期。就目前来看，物流企业转型发展至少面临六大战略机遇：①全球化调整，包括全球经济结构调整和贸易规则重建（BIT、TTP、TTIP 以及 TISA 等）；②城镇化建设，包括城市基础设施改造和城市功能布局完善；③老年化社会，包括市场需求结构的变化和老年产业的升级；④个性化消费，包括产品和服务的持续创新和新市场的重新发现；⑤互联网经济，包括实体经济时空结构的变换和知识经济的互联互通；⑥社会化责任，包括绿色低碳市场创新和供应链节能减排增值服务。

5. 转型发展要注意预防"大公司病"

触发企业转型升级的发展危机表现各不相同，但有一个共同原因，就是患上了以官僚主义为典型症状的"大公司病"。患病企业往往表现出对市场和客户的傲慢、对以往成功路径的过度依赖、对当前转型发展机遇的麻木不仁，以及面对危机的处置失当。物流企业要时刻保持对客户需求变化的高度敏感性、对客户服务的敬畏之心，并建立"大公司病"预防机制，因为等到危机爆发时再实施战略转型往往代价太大。

5.6.3 仓储运输类企业转型升级路径探析

随着现代科学技术和管理水平不断提高，我国产业转型速度明显加快，商业模式呈现多样化发展态势，社会生产流通对物流服务的需求从数量和质量上都发生了质的提升。然而，目前我国物流市场上还存在着大量以仓储、运输等单一服务为主营业务的所谓"物流企业"。这类物流企业虽然从名称和形象上积极向现代物流靠拢，但因其业务模式和管理理念与现代物流相去甚远，服务的广度和深度十分有限，业务效率低下，经营效益普遍较低，已经越来越不能适应现代社会经济和生产的需要。面对瞬息万变的经济商业环境，传统的仓储运输类物流企业只有适时进行组织形态和经营策略的调整，对企业组织结构、业务流程和产品（服务）内容进行转型升级，发掘企业新的核心竞争力，才能改善企业经营绩效，维持可持续的企业竞争力。

通常来说，有以下四种转型方式可以供仓储运输类物流企业在转型中参考（王笑领等，2014）①。

1. 仓储运输精细化管理

根据中国仓储协会提出的仓储企业转型升级评价指标，仓储企业转型升级之后应具备存货管理、加工包装、订单处理、分拣配送等各项服务功能，每万平方米仓库产值应达到 800 万元以上，企业主营业务收入（仓储、运输及其增值服务收入，不含商品经销收入）年均增幅在 10% 以上，净资产收益率应达到 6% 以上。围绕这一指导目标，依托仓储、运输客户资源，开展仓储运输精细化管理，通过将对客户的仓储服务扩展到装卸、配送、库存控制、分拣包装、物流金融等方面，运输业务扩展到运输方式设计与选择、货物在途监控跟踪、报关、货物回收与结算等，主动迎合客户需求，创新性地设计个性化的物流服务方案，能够提升顾客服务体验，创造物流增值效应。

2. 基于资源和业务整合的供应链服务

未来的竞争，不再是企业与企业的竞争，而是供应链与供应链的竞争，传统仓储运输企业利用经营网络优势，与核心客户建立战略合作关系，通过先进的信息系统和现代化的管理

---

① 王笑领，马莎，王玲玉. 仓储运输类物流企业转型升级模式研究[J]. 物流工程与管理，2014，36(5)：20-21.

手段,参与到客户的供应链管理过程中,实现对客户采购、生产、流通、退货等各个环节物流活动的设计与管理,为生产流通企业客户提供制造、销售及决策方面的支持,如物流系统规划与设计、订单处理、库存管理与控制等,帮助客户提高物流管理水平和控制能力,优化客户自身物流系统,加快响应速度,提升供应链服务能力。

3. 仓储式现货交易市场

在计划经济向市场经济转型的过程中,市场上出现了大量专业商品交易市场,仓储运输类企业在经营过程中,也会培育出部分商贸流通类的大客户。利用这些客户的存货,发挥仓储资源优势,把有形市场和仓储业务有机结合,依托企业现有的土地、库房和库存优势,建设仓储式现货交易市场,在市场里与客户进行现货交易,既可以带动物流业务量的提升,又可以通过涉足商品交易建立新的盈利增长点。例如,中国物资储运总公司在转型过程中通过成功开办贸易市场,有效拉动了客户需求,仓库中 70% 的货物来自这些市场,为企业向现代物流转变提供了规模巨大的需求市场。

4. 基于保税中心的国际物流

保税物流特指在海关监管区域内,包括保税区、保税仓、海关监管仓等,从事仓储、配送、运输、流通加工、装卸搬运、物流信息、方案设计等相关业务,企业享受海关实行的"境内关外"制度以及其他税收、外汇、通关方面的特殊政策。近年来,外贸经济的发展对国际物流产生越来越多的需求,也为保税物流提供了广阔的发展空间。传统仓储运输业依托先天资源、网络优势,发展保税中心,满足国际贸易中货物在保税中心集结、配送、转口贸易、商品展示等多种功能需求,实现业务模式的转型升级。例如,河南郑州E贸易试点就是以河南保税物流中心的特殊功能为前提要件,结合河南中部内陆区域的物流特性、企业的强烈需求,参考国家的相关政策,研究利用保税中心的平台功能,搭建的一个跨境贸易电子商务综合服务平台,如今已打通欧美澳等 16 个国家及 160 多个城市的市场,改变了原丝绸之路的传统商品交易模式。

本章小结

服务行业在创新中不断发展和完善。作为服务业中高速发展的一个部门,物流公司也要不断进行物流服务创新才能适应不断变化的市场和日趋激烈的竞争,满足客户多样化的需求。物流服务创新的特征是过程复杂、系统性强、有较为明显的交互性,因此,物流服务创新的模式也十分多样化,可以基于不同环节、物流服务创新涉及的范围、物流服务创新模式、基于产业融合、创新技术应用、不同创新主体对创新模式进行分类。

为了留住客户,物流企业纷纷提供增值服务。但增值服务并不是越多越好,因为过多的增值服务在给企业增加负担的同时也会给客户造成困扰。需要注意的是,好的服务只是比顾客所期望的多一点儿。

物流技术的创新突飞猛进,也为物流企业的服务创新和转型升级提供了支持。物流企业在转型升级、增强自身实力的过程中,需要从定位、战略、管理等多角度出发,把握转型方向,谋求基业长青。

关键概念

服务创新　物流服务创新　大数据　云计算　物联网

思考题

1. 结合 5.1.1 小节中学者对服务创新的定义,说说服务创新的核心是什么?
2. 物流服务创新的典型特征有哪些?
3. 假设你拥有一家物流公司,请为你的客户设计增值服务,并说明设计思路。
4. 说说现代物流服务技术创新的重要性。
5. 哪些因素推动物流企业转型?物流企业转型过程中可能会遇到哪些阻碍?

课堂讨论题

1. 未来物流服务可以朝哪些方向创新?
2. 未来如何将物流服务与技术更好结合进行创新?

第 5 章扩展阅读

 **案例分析**

大庆油田物资公司现代物流战略转型案例

2000 年,大庆油田物资公司作为生产后勤保障单位被剥离出来,成为油田若干个存续企业中的一个。分开分立后,大庆油田物资公司面临物资采购额大幅下降、员工普遍对企业发展缺乏信心、大量的企业资产处于闲置状态、企业业务单一、产业链条狭窄等严重的生存考验。

为了企业的生存和发展,大庆油田物资公司决定转型升级。延展产业链条、拓展更大的发展空间就成了大庆油田物资公司亟须解决的问题。按照"系统化改革,规范化管理,战略化经营,多元化发展"的发展思路,在油田二次创业的背景下,大庆油田物资公司开始了新的创业。

1. 转换机制,再造流程,向现代物流企业转型

运用现代物流技术,满足客户对现代物流的需求,是大庆油田物资公司付诸行动、孜孜以求的现实目标。一是实施扁平化管理,建立现代物流体制。在管理体制上,由三级管理变为二级管理,减少了管理幅度;在流程再造上,压缩了 29 个业务环节,提高了工作效率;在职能划分上,实行专业化管理,将子公司划分为采购物流中心、仓储物流中心和区域物流配送中心,各司其职,相互配合,充分满足市场经济条件下客户对物流业务的需求。二是实行供应链管理,建立供应商网络和客户管理体系,铺设国内外物流网点。利用企业长期稳定的物资需求和供应商资源、客户,与 6 700 多家企业建立起覆盖了全国各个省份的供应链网络体系,与宝钢、鞍钢、一汽、大庆油田有限责任公司、大庆石油管理局所属的 11 个企业集团、9 个专业公司和可口可乐公司、庆客隆等大型企业建立战略联盟。同时采取自建和结成协作联盟的方式建设国内主要城市运营网点 129 个,国外运营网点 3 个。三是开拓新项目,开展物流加工服务。积极开发深加工项目,成立了抽油杆加工厂、套管加工车间、商品混凝土加工厂,提高物流服务的附加值,创造了良好的经济效益;加大基础设施投入,为客户开展代保管、代理采购、货运代理、网络寻价、物资配送等增值服务,坚持 24 小时保生产的优良传统,

划分11个区域物流服务中心现场办公,配套成立了招标公司、会展中心,对重点项目实行跟踪服务。

2.用现代物流理念细分供应链管理,做好第三方物流服务

将供应链管理应用于物流实践,发挥供应链管理特征和集成化优势,实现物流系统的效率性和敏捷性,为服务企业有效降低物流成本。一是凭借多年的物资营销经验、良好的企业信誉和拥有遍布全国的物资供应商网络,积极争取成为大庆油田有限责任公司的物流服务商,经过艰苦的谈判,双方签订了物流关联交易协议,并为其设计了切合实际的第三方物流运作方案。2005年,仅为大庆油田有限责任公司代理采购、仓储、计量、检验、分拣、配送等物流服务的收入就达到40亿元。二是在采购物流上,根据物资品类特点,采用采购物流和区域物流相结合的方式,由专业采购物流中心负责批量物资的采购业务,由遍布油田的物流网点负责零散物资的物流服务。三是在仓储物流上,将仓库按区域划分为3个仓储物流中心和12个区域物流配送中心。仓储物流中心负责大宗物资和批量物资的保管和配送,区域物流配送中心负责零散物资的配套服务和配送业务。四是在回收物流上,建立生产企业报废固定资产回收体系和社会废旧物资回收体系,实现年经营收入8 000多万元。此外,还利用4万多平方米的库房为大庆市内各企业提供仓储、配送、信息等商贸物流服务。

3.整合现有资源,规划建设大庆物流园区

自2000年起,大庆油田物资公司开始提出利用公司现有闲置资源规划建设大庆物流园区的设想,在大庆市中心位置,规划建设一个占地面积663万平方米,可建设用地504.48万平方米的综合型物流园区。目前,大庆物流园区建设项目作为大庆市、大庆石油管理局的重点建设项目,已列入国家公路运输主枢纽规划、黑龙江省哈大齐工业走廊产业整体规划。大庆物流园区一期建设项目已基本完成,建成有公路货运站、货运专用道路、物流园区北门出口道路、海关监管场地、集装箱货场、木材建材市场、消防系统、维修改造现有仓储设施等单体项目。

4.发挥信息、咨询、培训优势,支持物流业务发展

几年来,大庆油田物资公司利用拥有自主开发、在国内物资行业居于领先地位的物流管理信息系统,使每年上百亿元的物流工作量全部实现了计算机管理。利用强大的信息技术开发队伍保障线,大庆油田物资公司信息中心开发、管理和推广了通用进销存系统、中石油编码系统和物流配送管理系统等多个软件和系统工程。公司拥有配套的局域网和互联网网站,计算机保有量在1 500台以上,企业网的网站日点击率达3 000多次,物流信息发布和传递均已在网络上实现。与黑龙江省共同开发建设了全省的物流信息平台。与此同时还积极加强同大专院校、科研院所的沟通交流,引进"外脑",提高自身的理论知识水平,如与北京交通大学共同完成《大庆物流园区战略发展规划》。同时面向社会开展物流信息咨询、技术培训和技术支持服务,已培训高级物流师、物流师、助理物流师等多类人才。

思考题:

1.大庆油田物资公司转型是否符合物流企业的转型发展需要注意的六点要求?

2.大庆油田物资公司转型的前提条件有哪些?

3.大庆油田物资公司通过哪些方式实现转型?

CHAPTER 第 6 章

物流服务——从经营走向精营

> 学习目的

- 了解现代企业为什么需要提高服务水平；
- 理解服务行业提出的几种新理念的服务模式；
- 了解服务的"蝴蝶效应"；
- 理解企业为什么要从"经营"走向"精营"；
- 掌握"经营"与"精营"之间的区别；
- 掌握"精营"的法则；
- 了解现代服务业，树立社会主义核心价值观。

第6章微课

案例 6-1

王永庆卖大米

王永庆早年家庭贫困，只好去做买卖。1932年，16岁的王永庆在台湾嘉义开了一家米店，从此踏上了艰难的创业之旅。那时，嘉义已有米店近30家，竞争非常激烈。当时仅有200元资金的王永庆，只能在一条偏僻的巷子里承租一个很小的铺面。在新开张的那段日子里，生意非常冷清。

在这种情况下怎么打开销路呢？王永庆想起父亲常说的一句古训："不惜钱者有人爱，不惜力者有人敬。"他没钱，唯一能做的是不吝惜时间和力气。

刚开始，王永庆曾背着米挨家挨户去推销，一天下来，人不仅累得够呛，效果也不太好。王永庆决定从每一粒米上打开突破口。那时候的台湾，由于稻谷收割与加工技术的落后，很多小石子之类的杂物很容易掺杂在米里。人们在做饭之前，都要淘好几次米，很不方便。但大家都习以为常。

王永庆却从这司空见惯中找到了切入点。他和两个弟弟一齐动手，一点一点地将夹杂在米里的秕糠、砂石之类的杂物拣出来，然后再卖。一时间，小镇上的主妇们都说，王永庆卖的米质量好，省去了淘米的麻烦。这样，一传十，十传百，米店的生意日渐红火起来。

王永庆并没有就此满足。他还要在米上下大功夫。那时候，顾客都是上门买米，自己运送回家。这对年轻人来说不算什么，但对一些上了年纪的人，就是一个大大的不便了。而年轻人又无暇顾及家务，买米的顾客以老年人居多。王永庆注意到了这一点，于是主动送米上门。这一方便顾客的服务措施同样大受欢迎。当时还没有"送货上门"一说,增加这一服务项目等于是一项创举。

王永庆送米,并非送到顾客家门口了事,还要将米倒进米缸里。如果米缸里还有陈米,他就将旧米倒出来,把米缸擦干净,再把新米倒进去,然后将旧米放回上层,这样,陈米就不至于因存放过久而变质。王永庆这一精细的服务令顾客深受感动,赢得了很多的顾客。

不过,由于嘉义大多数家庭都靠做工谋生,收入微薄,少有闲钱,主动送米上门,如果马上收钱,碰上顾客手头紧,会弄得双方都很尴尬。因此,每次送米,王永庆并不急于收钱。他把全体顾客按发薪日期分门别类,登记在册,等顾客领了薪水,再去一拨儿一拨儿地收米款,每次都十分顺利,从无拖欠现象。

王永庆精细、务实的服务,使嘉义人都知道在米市马路尽头的巷子里,有一个卖好米并送货上门的王永庆。有了知名度后,王永庆的生意更加红火起来。这样,经过一年多的资金积累和客户积累,王永庆便自己办了个碾米厂,在最繁华热闹的临街处租了一处比原来大好几倍的房子,临街做铺面,里间做碾米厂。

就这样,王永庆从小小的米店生意开始了他后来问鼎台湾首富的事业。

(案例来源:创业网,http://chuangye.yjbys.com/gushi/anli/578523.html,2017-2-8。)

6.1 新服务与新理念

6.1.1 为什么要提高服务?——从全球金融危机说起

1. 中国经济下行态势严重

2008年的金融危机对全球的实体经济产生了巨大的冲击,虽然经过了最近几年的调整,但是世界经济仍旧复苏缓慢,不确定性、不稳定性增加。目前,我国经济进入了新常态,正处在调结构、转方式的关键阶段。新常态下,中国经济主要表现出三个特点:一是从高速增长转为中高速增长;二是经济结构不断优化升级,第三产业消费需求逐步成为主体;三是从要素驱动、投资驱动转向创新驱动。

受新旧动力转换等因素影响,国内经济下行压力较大。2015年国内经济增长速度在"新常态"中进一步放缓,去产能、去库存和去杠杆进程尚未结束,多项宏观指标在趋势性和周期性因素的叠加影响下出现深度回落,凸显经济增长动能不足,下行压力有增无减。2015年,中国GDP增长6.9%,同比下滑0.4个百分点,出现自1991年以来首次年度GDP增速跌破7%的现象[①]。2016年国内生产总值前三季度都是6.7%,经济下行压力有增无减。

与经济下行、供给过剩、需求收缩相对应的,是制造业萧条的深度扩散。制造业PMI持续低于50%的荣枯线,标志着制造业市场状况依然低迷。2015年我国规模以上工业增加值增长6.1%,相对于前些年两位数的增幅明显回落。在规模扩张乏力的同时,工业企业经营效益的持续下滑更为显著。2015年,工业企业主营业务收入仅增长0.8%,利润下降2.3%。进入2016年以后,制造业PMI有了较大幅度的提升,特别是10月制造业PMI为

---

① 泰博典藏网,http://btdcw.com/btd_519wc8am2z83hrs8bv9k_1.html,2017-1-1。

51.2%,比上月上升 0.8 个百分点,创近两年新高。这说明国内的生产和需求双双回暖,带动企业采购活跃,继续呈现量价齐升的特点。

同时,近年来国际制造企业也加速撤离中国。一些知名外资企业,如松下、日本大金、夏普、TDK 等均计划进一步推进制造基地回迁日本本土。优衣库、耐克、富士康、船井电机、歌乐、三星等世界知名企业则纷纷在东南亚和印度开设新厂,加快了撤离中国的步伐。2015 年以来,我国进入了制造业发展的真正考验期①。

2. 中国经济发展方向——中国"服务化"进程

在上述背景下,必须探索新的经济增长方式。目前,服务业已经成为我国新一轮经济增长的"火车头"。《中华人民共和国 2016 年国民经济和社会发展统计公报》显示,全年国内生产总值 744 127 亿元,比上年增长 6.7%。全年人均国内生产总值 53 980 元,第三产业占国内生产总值的比重为 51.6%,增长 7.8%②。第三产业占比持续上升,这表明我国经济结构正在发生重大变化,转型升级已到了关键阶段,中国经济由工业主导向服务业主导加快转变,中国"服务化"进程已不可逆转,并且越来越快。

服务业在消费升级的推动下加速发展,二者相互促进;服务业在国家政策支持下迸发出勃勃生机,成为推动中国经济增长的主要推动力。各种新产品、新行业、新产业、新业态、新模式都加速成长。

3. 从中国制造到中国服务

近年来人们对"中国制造何处去"的讨论,经常会提及从"中国制造"到"中国创造"的转型,相对注重技术研发和创新。但越来越多的人意识到,企业的技术创新如果不以市场需求为导向,或者说缺乏服务意识,很容易失去方向,且不说研发成本的不合理攀升,更重要的是会错失企业发展的时机,有的甚至会遭遇灭顶之灾。近年来"服务"概念在中国制造升级的讨论中跃居核心位置,反映业界对于制造业服务化转型的趋势越来越强。

深知台湾产业转型甘苦的企业家施振荣曾提出,加工贸易企业的升级转型必须向"微笑曲线"的两端延伸(见图 6-1)。现代制造业价值链类似一条微笑型的弧线,中间部分是附加值很低的制造、组装,两端则是附加值高的业务,比如前端的研发、设计、材料采购和后端的品牌营销、金融和供应链管理。因此加工贸易型企业的转型方向,应该是尽力朝"微笑曲线"的两端延伸,提高附加值。

6.1.2 新理念,心服务

在经济下行、企业转型艰难的背景下,服务业也需要一些新的理念为企业提供指导,如定制化服务、一体化服务、智能化服务、O2O 服务等。

1. 定制化服务

定制化服务是指按客户的自身要求,为其提供适合其需求的,同时也是客户满意的服务。定制化服务的基本特征如下。

(1) 定制化服务是一种劳动,并且是一种高水平的劳动。它需要"劳动者"有更高的素质,更丰富的物流服务专业知识,更积极的工作态度。因此,这种劳动较有形的生产劳动和

---

① 阿力士招商网,http://www.qalex.com/chanjingxinwen/2340.html,2017-1-1.
② 中华人民共和国国家统计局.2016 年国民经济和社会发展统计公报[EB/OL].(2017-2-28).http://www.stats.gov.cn/tjsj/zxfb/201702/t20170228_1467424.html.

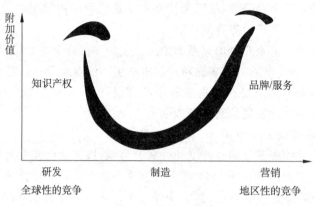

图 6-1　微笑曲线

无形的服务具有更大的价值。

(2) 定制化服务带给客户的是个性的感受,"结果是没有哪两个人能够得到完全相同的体验"。因此这是一种量身打造,有需有供的活动,它不会出现生产过剩,也不会出现需求抱怨,进而保证经济运行的平衡与稳定。

(3) 定制化服务所产生的"体验"效应是带给客户美好的感觉、永久的记忆和值得回味的事物与经历。客户对这种美好的感受不会独自享有,而会与他人分享,即积极地传播,进而产生放大效应。

同时,想要开展定制化服务也需要满足一定的条件。

(1) 客户的需求个性须具有一定的规律性。从理论上讲,服务定制化完全可以做到针对每个客户的具体需求设计出一套营销方案,即"一对一营销"。但在实践中,受限于成本和技术因素,这往往不太可能实现。因此,这些客户的需求必须具有某种程度的共性,可以把它们划分为一些类别。这样,物流企业才可能对这些类别的个性需求进行服务定制。

(2) 要有合适的技术手段作为技术支持。服务定制化需要物流企业借助一定的物流技术手段来实现,其中最重要的是计算机技术。只有这些技术手段在现实中得到广泛的运用,服务定制化才能够顺利地进行。

(3) 对物流企业而言,采用服务定制化应当是有利可图的。这包括两方面的内容:一方面是服务定制化的成本不能太高,否则物流企业将很难承受;另一方面是物流企业采用该营销方式后必须能够产生收益,而且该收益要能够弥补其成本支出。只有这样,服务定制化在经济上才是可行的。

只有满足上述条件时,物流企业才有可能开展定制服务。

定制化服务的延伸是体验服务。所谓体验服务,是让客户对产品或公司进行全面体验,它以提高客户整体体验为出发点,注重与客户的每一次接触,通过协调、整合售前、售中和售后等各个阶段,重视各种客户接触点,或接触渠道,有目的地、无缝隙地为客户传递目标信息,创造匹配品牌承诺的正面感觉,以实现良性互动,进而创造差异化的客户感知价值,实现客户的忠诚。顺丰嘿店就是一个很好的例子,它是一个网购服务社区店,通过整合渠道资源,为顾客提供更灵活、更便捷、更智能化的线下社区服务体验。

案例 6-2

浙江宇石物流：基于两业融合的多模式物流与供应链一体化创新

振石控股集团有限公司（以下简称"振石集团"）位于浙江省嘉兴境内桐乡经济开发区，历经 50 余年的创新发展，从创立初期总资产不足 5 万元的小企业，逐步拓展成为资产超过 300 亿元的多元化大型集团。2004 年，振石集团实施第二产业、第三产业分离计划，将服务性业务从制造业中分离，和嘉兴市宇翔国际集装箱有限公司实行资产重组，成立浙江宇石国际物流有限公司（以下简称"浙江宇石物流"）。浙江宇石物流成立后，主要依托嘉兴桐乡本土的大型制造业企业，以资产为纽带，借助振石集团产权关系，开展制造业与物流业的联动发展。目前浙江宇石物流在桐乡拥有 244 亩物流园区，配备 200 多辆重型牵引车、300 多台挂车，具有 4 万多平方米的仓储面积，并建成了桐乡市内唯一的内河多用途码头，跻身为桐乡市最具实力的物流企业，有效带动了当地物流业的发展。

浙江宇石物流经过不断摸索，有效综合各方优势，充分发挥浙江宇石物流专业车队力量，利用供应处管理模式，为集团降低物流成本，提高货物配载效率。在见识到浙江宇石物流的专业服务后，当地知名制造业如桐昆集团、华友钴业、新凤鸣集团等也开始寻求浙江宇石物流的专业服务。浙江宇石物流采取定制物流服务模式，对于桐昆集团、新凤鸣集团两家大型上市化纤企业，浙江宇石物流从实际角度出发，通过考察制造企业生产现场，全程参与生产线改扩建，为其定制专业的物流方案，涵盖原料装卸设备使用、装卸现场工艺调整、配送线路优化等方面。该方案的要点在于转变了传统 PTA（精对苯二甲酸）粉料袋装运输的模式，提出罐式挂车运输的定制服务模式。首先，罐式挂车为口对口装卸，无粉尘外泄，可实现物料零损耗，节约多余器械和人员成本，减少袋装模式下的粉尘污染；其次，罐式挂车运输装备受客户需求影响小，可作为移动库存设备，节约仓储成本；最后，该设备为制造企业节省编织袋资源，降低运输成本。浙江宇石物流用自身专业化的物流服务补齐制造业发展中的短板，实现双方联动发展。

（案例来源：国家发展和改革委员会经贸司，中国物流与采购联合会.物流业制造业深度融合创新发展典型案例（2021）[M].北京：中国财富出版社，2021.）

2. 一体化服务

一体化服务就是为了一个共同的事业（满足客户需求），多个企业或者多个环节聚集在一起，沿着服务价值链进行资源的整合，每个企业和环节都保持独立但是共同协作。一体化服务强调的是精心照顾客户需求，以向客户提供完善的产品解决方和系统化综合服务为目标。一体化服务的核心是以客户为中心，不是以产品为中心。传统企业是以产品为中心，生产什么推销什么。在全球化趋势下，企业必须转向以客户为中心，才能营造自身的优势。一体化服务的经济学思想基础是协作经济。所谓协作经济，就是为了一个共同的事业，多个企业聚集在一起，每个企业都保持独立但是共同协作，创造比原来单个企业运作时多得多的财富。协作经济没有一成不变的交易模式，服务是不断创新的组合过程，协作经济没有了传统固定的资源模式，是不断整合资源的过程。

在实际运用中，要将一体化服务与战略中的纵向一体化、横向一体化等区别开来。一体化服务是以客户为中心，关注的是客户需求，提供的是满足客户需求的一整套的解决方案。

一体化服务是指将所有的物流环节集成起来,不是简单的纵向一体化或者简单的横向一体化,也不是横向一体化与纵向一体化的简单相加。一体化服务以协作经济为基础,是为了满足客户需求,企业与不同行业的相关企业,或者企业内部的多个环节之间进行合作,进而为客户提供一整套的解决方案,在为客户提供整套方案的过程中,各个企业之间并不是隶属关系,而是企业之间保持着相对的独立性,只是为了一个共同的事业而联合在一起。

案例 6-3

深圳越海:"B2B+B2C+运营执行"一体化供应链管理服务模式创新

深圳越海全球供应链有限公司(以下简称"深圳越海")于 2012 年 3 月成立,是一家全球性、智慧型的供应链企业。经过多年在供应链领域的深耕和创新发展,公司已成长为"独角兽"企业、商务部供应链创新与应用试点企业。利用强大的 VMI 和 JIT 运营能力与智慧仓网,深圳越海为众多跨国 500 强企业提供多方位供应链服务。疫情发生以来,深圳越海利用全球网络优势,积极投入"协同抗疫、保障生产"。在全球范围采购和运送超过 5 000 万件防疫物资。根据商务部的调查,深圳越海取得全国抗疫物资进口阶段性首位。

深圳越海致力于打造高效的"B2B+B2C+运营执行"一体化供应链管理服务。针对不同业态的客户提供定制化服务,所有的服务都是基于实体物流上下延展,风险可控、链路完整、盈利多元。从整合物流资源到协同客户,从点到线到面,深圳越海与相关产业的良性互动,对国民经济的发展起到积极推动作用,为保持产业链和供应链稳定作出积极贡献。深圳越海采取的方法如下。

(1) 仓配一体化。深圳越海拥有 200 万平方米的智慧仓储网络,包括保税仓及非保税仓,已成为中国最大的专业第三方智慧供应链协同公司,业务可实现"全国云仓,一键发货"。

(2) 全链路。深圳越海自主开发的服务系统,汇集开发需求预测、需求订单监控、交付分析、物流仓储管控等功能,实现了供应链全流程可视、多维度数据挖掘和全业务智能输出。

(3) 定制化服务。根据不同客户需求,深圳越海提供高度定制化的智慧供应链模式,助力客户应对持续变革的市场环境。

在国内国际双循环体系构建中,深圳越海通过创新的商业模式、遍布海内外的智慧仓储网络、先进的物流科技以及强大的综合整合能力,首创"供应链协同"和"共享供应链"模式,助力众多知名企业应对持续变革的消费市场。通过聚焦物流与供应链、电商供应链、外贸综合服务、国际业务、智慧云仓、冷链六大业务板块精耕细作,为国内外客户提供全方位一体化供应链服务。深圳越海通过自主研发打造了智慧型"共享供应链"创新体系平台,这一数字化供应链平台以技术驱动创新,打造开放的供应链协同平台,从而提供全方位多维度的系统解决方案。

(案例来源:国家发展和改革委员会经贸司,中国物流与采购联合会.物流业制造业深度融合创新发展典型案例(2021)[M].北京:中国财富出版社,2021.)

3. 智能化服务

智能化服务是在网络环境下通过计算机模拟或类似于人的智能行为,为不同用户提供信息服务。同传统信息服务相比,智能化服务主要有以下几层含义。

(1) 具有高度的智能性,即使在没有用户的干预下也能自主或交互地执行各种拟人任务。

（2）根据用户的使用习惯、爱好、背景和要求，主动分析、预测用户需求，为用户提供量体裁衣式的个性化服务。

（3）集成专家系统、机器学习、人机接口等功能，能自我学习、自我调整，加快知识库更新，不断满足用户需求。

可见，智能化服务不是一个简单的系列操作过程，而是由智能断定、获取、精练、开发创新、提供信息和信息应用效益评估等系统组成的有机统一体，是一种源于自动化、网络化、数字化的新型信息服务，具有智能性、主动性、针对性、交互性和预测性等特点。

案例 6-4

中国平安推出"AskBob 医生站"，展现医疗科技的强大力量

2020 年 11 月 17 日，中国平安医疗生态圈首次体验分享会在上海举办，引发了业内外的广泛瞩目。在大会上，中国平安推出医生 AI 助手"AskBob 医生站"，充分展现医疗科技的强大力量。智能问诊、影像辅助阅片、疾病预测等，随着医疗科技的发展，在医疗服务环节中扮演着愈发重要的角色。平安智慧城市智慧医疗事业部总经理谢震中在分享会上详细介绍了医生 AI 助手"AskBob 医生站"。通过人工智能学习技术，该产品在心血管诊疗方面的专业度，甚至可以与三级医院住院医生一较高下，实力令人震撼。

"AskBob 医生站"的主要应用场景之一就是通过先进的人工智能技术搭建智能辅助诊疗系统，帮助基层医疗机构和医生提升医疗服务量、服务效率、质量水平和技术能力。目前，"AskBob 医生站"已落地甘肃、重庆等地 17 000 多家基层医疗机构，为当地医疗机构及医生提供智能辅助诊断系统、智能医学智库等智慧化服务和工具。持续推动科学发展和技术创新，为防控体系的建设和发展提供强有力的保障，助力国家公共卫生应急管理体系的建设。

除了"AskBob 医生站"，中国平安在医疗科技领域已拥有全球第二医疗科技专利申请数，具备全球领先的科技实力，为无数患者和医生提供了优质的产品和服务体验。值得一提的是，智慧医疗依托平安集团庞大的五大医疗数据库，已建立起全球领先的医疗数据中心。

（案例来源：问春.2020 新基建创新案例 TOP 100[J].互联网周刊，2020，No.717(15)：30-42,44-45；搜狐.中国平安医疗生态圈首次体验分享会成功举办，深入探讨前沿医疗科技[EB/OL].(2020-12-07). https://www.sohu.com/a/436705202_120527514.）

4. O2O 服务

O2O 即 online to offline，是指将线下的商务机会与互联网结合，让互联网成为线下交易的前台，这个概念最早来源于美国。O2O 的概念非常广泛，只要产业链中既可涉及线上，又可涉及线下，就可通称为 O2O。

O2O 电子商务模式需具备五大要素：独立网上商城、国家级权威行业可信网站认证、在线网络广告营销推广、全面社交媒体与客户在线互动、线上线下一体化的会员营销系统。

O2O 的优势在于把线上和线下的优势完美结合。通过网购导购机，把互联网与地面店完美对接，实现互联网落地。让消费者在享受线上优惠价格的同时，又可享受线下的服务。同时，O2O 模式还可实现不同商家的联盟。因此，O2O 服务具有以下特点。

（1）O2O 模式充分利用了互联网跨地域、无边界、海量信息、海量用户的优势，同时充

分挖掘线下资源，进而促成线上用户与线下商品与服务的交易，团购就是O2O的典型代表。

(2) O2O模式可以对商家的营销效果进行直观的统计和追踪评估，规避了传统营销模式推广效果的不可预测性，O2O将线上订单和线下消费相结合，所有的消费行为均可以准确统计，进而吸引更多的商家参与进来，为消费者提供更多优质的产品和服务。

(3) O2O在服务业中具有价格便宜、购买方便的优势，且折扣信息等能及时被客户获知。

(4) 拓宽电子商务的发展方向，由规模化走向多元化。

(5) O2O模式打通了线上线下的信息和体验环节，让线下消费者避免了因信息不对称而遭受的"价格蒙蔽"，同时实现线上消费者"售前体验"。

整体来看O2O模式如果运行得好，将达成"三赢"的效果。

(1) 对本地商家来说，O2O模式要求消费者网站支付，支付信息会成为商家了解消费者购物信息的渠道，方便商家搜集消费者购买数据，进而达成精准营销的目的，更好地维护并拓展客户。通过线上资源增加的顾客并不会给商家带来太多的成本，反而带来更多的利润。此外，O2O模式在一定程度上降低了商家对店铺地理位置的依赖，减少了租金方面的支出。

(2) 对消费者而言，O2O提供丰富、全面、及时的商家折扣信息，能够迅速筛选并订购适宜的商品或服务，且价格实惠。

(3) 对服务提供商来说，O2O模式可带来大规模高黏度的消费者，进而能争取到更多的商家资源。掌握庞大的消费者数据资源，且本地化程度较高的垂直网站借助O2O模式，还能为商家提供其他增值服务。

案例 6-5

O2O 时代之药店"变型记"

随着新零售的快速发展，越来越多的药店开启O2O全渠道引流，与京东到家、达达、饿了么、百度外卖、美团等第三方平台合作，同时开展营销网络建设项目、O2O健康云服务平台建设等。在诸多因素的影响下，消费者购买行为全场景化，O2O模式越来越普遍化，药店顾客购买行为和习惯的改变，导致传统门店的一系列工作发生了变化。随着O2O新零售的持续发展，药店的门店类型发生了改变，传统门店的功能也更加丰富，甚至门店的选址和布局也越来越倾向于智慧化，获客成本降低，坪效人效提升。

社区店越来越受重视。社区药房做O2O逐渐变成仓店，主要为解决24小时送药问题，同时为适应线上的O2O购物人群，门店产品布局、产品的SKU数以及营业时长等都随之进行了调整。此外，随着网订店取、网订店送的O2O新零售趋势的形成，部分门店在功能上也正在尝试新零售项目，配置了一些智能设备和软件(如无人售药机、订单提醒软件、电子支付、刷脸支付、ERP软件打通各种接口等)，以及一些新的体检和服务项目(如智能问诊、智能检测等)，以此来创造新的增值机会和会员服务。

出现店仓一体、纯O2O类型的"轻"门店。发展O2O新零售，不论是网订店取还是网订店送,所有的商品都要从门店出货,此时传统线下门店为配合线上扮演的是仓配的角色,成为店仓一体型门店,并做了一定的调整,一些企业也提出了前置仓、中心仓(店)的概念。据山东燕喜堂医药连锁有限公司新零售事业部经理王刚介绍,燕喜堂会在每个区域挑选2至3家作为重点门店,培养成中心仓,该重点门店的线上活动会单独设置,并在优惠力度、赠品、流量辐射等方面对其倾斜,立志将其打造为区域顶尖金字塔式的流量门店,以提高区域竞争力。

(案例来源:姜志敏.O2O时代之药店"变型记"[J].中国药店,2021(1):97-99.)

5. 其他类型的新服务

其他类型的新服务包括零缺陷服务、用心服务、客户没有错服务等。

(1)零缺陷服务。一次性把事情做好会降低返工成本,并带来较高的客户满意度,这是显而易见的。但是零缺陷并非绝对没有缺点,而是指要以"缺点等于零"为最终目标,每个人都要在自己工作职责范围内努力做到无缺点。

(2)用心服务。用心服务包含以下几个关键点:对客户表示热情、尊重和关注;帮助客户解决问题;迅速响应客户需求;始终以客户为中心;持续提供优质服务;设身处地为客户着想;提供个性化服务。

(3)客户没有错服务。对服务性行业而言,客户与公司的关系永远是雇用与被雇用的关系。虽然在消费供求上,公司是卖方,客户是买方,但这仍然改变不了公司与客户之间事实上的从属地位。因为这种地位并不取决于消费供求的指向,而是取决于利润供求的指向。利润是客户供给的,客户是理所当然的"上帝"。

只有认同了"客户是上帝",才会把客户的消费需求看作是自身的生存和发展之基,才会把客户的事当成自己的事并在服务上竭诚尽力,直至客户满意。只有承认"客户永远没有错",才能不断地内练素质、外树形象,实行科学管理、规范经营和理性竞争;才会要求公司职员充分尊重客户的意见,诚恳接受客户的批评,时时处处用职业道德和社会良知约束自己的言行。"客户是上帝",他永远没有错,如果一定要说客户错了,那就是他不该选择了你!"客户永远是对的"是经营理念的核心①。

案例6-6

凯傲集团:为客户创造非凡的价值

凯傲集团是内部物流领域的全球领先供应商,其主要业务包括工业叉车、仓储技术及相关服务和供应链解决方案。凯傲集团在全球一百多个国家和地区通过对物流解决方案的设计、建设和完善,帮助工厂、仓库和配送中心不断优化其物资流和信息流。凯傲集团是欧洲第一、全球第二的工业车辆制造商,也是仓储自动化领域里的领先供应商。凯傲集团旗下品牌享誉世界,均为当之无愧的行业领导者。凯傲集团在全球已售工业车辆150余万台,已安装系统6 000余套,客户遍布全球六大洲,规模不等,涵盖所有行业。凯傲集团拥有员工总计超过35 000人,其中约10 500名员工在德国。2019年,凯傲集团创造了88亿欧元的销售额。

---

① 楚天都市报,http://ctdsb.cnhubei.com/html/ctdsbfk/20091029/ctdsbfk885195.html,2017-1-4.

2020年，凯傲集团在国际上的业务受到一些影响，但在国内2020年下半年物料搬运设备领域出现明显回暖的情况下，凯傲集团在中国市场的经营状况仍然实现了增长。近年来，凯傲集团在中国加大投资，将资源统一起来进行优化，促进林德和凯傲宝骊两大叉车品牌的全面发展，更好地为客户提供不同的产品解决方案。长期以来，凯傲集团致力于向市场提供一站式物流解决方案，不断升级改进，满足客户不同工况需求。凯傲中国战略市场与产品管理副总裁连宗庆表示，无论是入门级产品、传统设备还是新兴的全自动设备，凯傲都能根据客户的实际工况为他们提供最优选择，不断满足客户在物料搬运方面的需求。除此之外，凯傲集团专注于本地化的渠道拓展，采用了数字化营销手段，并通过大数据分析对重点行业采取了针对性策略。加上凯傲集团一直以来都注重后市场领域，力图在整个销售和使用过程中给客户最好的使用体验。

（案例来源：孙昊.凯傲：全心全意为客户服务——专访凯傲中国战略市场与产品管理副总裁连宗庆[J].中国储运,2021,254(11):49-50.）

（4）细节服务。服务型企业没有太多的技术壁垒，能不能在激烈的市场竞争中立于不败之地，往往就看其服务能不能留住顾客。而服务水平的高低常常取决于服务细节是否做得好。虽然服务型企业都要通过各种各样的手段包括投诉机制等来保证服务质量，弥补服务缺失，特别是一些知名企业服务质量的保证机制更全面、更细致。然而这些机制往往在对服务细节的约束上显得有些无能为力，而顾客能够感受到的往往是大量体现在员工服务过程中的细节。市场发展的脚步、客户需求层次的提升，在行业的规范和成熟中加速。企业不断推出新产品，令消费者应接不暇。客户面临越来越多的选择，而产品的优势在整体质量高速上行的行业中所能领先的时间越来越短，市场面临越来越大的挑战。面对这样的形势，将更多的关注转向客户、市场，无疑是最明智的选择。全心全意做好市场和客户的服务工作，显得至关重要。

世界著名企业宝洁、沃尔玛、海尔无不是从精耕细作走向辉煌的。肯德基在进货、制作、服务等所有环节都有严格的质量标准，并有一套严格的规范保证这些标准得到一丝不苟的执行，包括配送系统的效率与质量，每种佐料搭配的精确分量，切青菜与切肉的顺序与刀刃粗细，烹煮时间的分秒限定，清洁卫生的具体打扫流程与质量评价量化，乃至点菜、换菜、结账、送客，遇到不同问题的文明规范用语，每日各环节差错检讨与评估等上百套工序都有严格的规定。比如肯德基规定它的鸡只能养到七个星期，一定要杀，到第八个星期虽然肉最多，但肉质就太老了①。

案例6-7

联合包裹服务公司(UPS)的细节服务

UPS的业务网点遍布200多个国家和地区，每天在全世界运送1 330万份包裹和文件，全球80%的人可以在48小时内接触到它的服务。拥有36万员工的UPS去年创造了313亿美元的营业额。UPS仍然恪守着创始人詹姆斯·凯西的严格准则：礼貌待客、诚实可靠

---

① 资料来源：新浪博客.论"服务细节"的重要性[EB/OL].(2017-2-2). http://blog.sina.com.cn/s/blog_4bc38d1d010007i4.html.

以及全天候服务。每个 UPS 的员工都有一本《UPS 职工道德手册》，其中详细阐明了员工的品德、仪表、对客人说话的语气甚至走路速度等方面的规范。有一个细节可以充分说明——司机的钥匙应该挂在哪个手指才能上车后以最快的速度去发动车子？UPS 的规定是全球的 UPS 司机都用右手的小指头来挂这个钥匙，这样就成了一个习惯动作，上车就不用去找这个钥匙，往那儿一坐，"嘭"一下打火，就省了 3 秒，12 万员工，每天还不止一次，至少二三十次吧，那全球每天就省了 50 万美元。全球每个子公司都有 IE 工程部，专门研究如何压缩成本，如何在拥挤的城市里提高运送速度。

（案例来源：全国物流信息网.联合包裹服务公司：细节见功夫[EB/OL].(2017-02-08).http://www.56888.net/news/2004115/1151.html.）

6.2 服务是本难念的经

6.2.1 服务的"蝴蝶效应"

对于企业服务工作来说，处处有"蝴蝶效应"，对服务质量、服务态度、服务细节若不加以关注，"蝴蝶效应"带来的就是负面的影响。在市场竞争加剧的情况下，消费者越来越理性、成熟，更加相信自我的感觉，产品质量、服务质量、服务态度、产品消费等这些无形的价值都成为他们选择判定的因素。

如果一个企业的服务比较差的话，那么客户对该企业的评价就比较差，同时客户会把他的不满告诉身边的人，身边的人又会把这件事情告诉身边的其他人，导致企业在市场上的口碑就比较差，这样会降低企业的销售业绩，进而带来企业的效益差，员工的待遇也会较低，因此服务态度更差，造成恶性循环。忽视服务，就有可能危及企业形象，很可能让一个精心打造的品牌顷刻倒掉，正所谓"千里之堤，溃于蚁穴"。

6.2.2 顾客的五种基本心理需求

顾客寻求服务不仅是为了满足物质的需求，心理需求往往也占据着很重要的地位。服务人员在为顾客提供准确服务的同时，也要满足顾客的五种基本心理需求。

（1）准确感。顾客希望在服务中获得准确而全面的信息。
（2）尊重感。没有尊重，服务再好也不会获得认同。
（3）安全感。沟通中要给顾客营造出被保护的安全感。
（4）舒适感。客服人员的言行和服务场所的硬件应让人感觉舒适。
（5）多得感。个性化服务能让顾客觉得自己所得的利益比别人多。

顾客的需求就是企业的服务内容，随着消费者消费水平的提高和消费观念的转变，顾客对服务的需求也在不断更新和提高，心理需求也跟着增长。客服人员在为顾客提供准确服务的同时，也要满足顾客的心理需求[①]。

曾有人做过顾客流失的原因分析，如表 6-1 所示，将近 70% 的客户流失是因为服务人员对客户的需求漠不关心。因此，提供满足客户需要的服务是非常重要的。

---

① 顾客的五种基本心理需求，http://www.WenhuaQiang.net/goods-9354.html，2016-11-23.

表 6-1 顾客流失原因

失去客户百分比	原因
1%	趋势
3%	搬家
4%	改变喜好
5%	在朋友的推荐下换了公司
9%	在别处买到了更适宜的产品
10%	对产品不满意
68%	服务人员对他们的需求漠不关心

一个投诉的顾客,他背后其实有25个不满的顾客,一个不满的顾客会把他糟糕的经历告诉10~20人,投诉者比不投诉者更有意愿继续与公司保持关系,如果问题得到解决,会有60%的投诉者愿与公司保持关系,如果问题迅速得到解决,会有90%~95%的顾客会与公司保持关系。

对于一个满意的顾客,他会告诉1~5人,100个满意的客户会带来25个新顾客,维持一个老顾客的成本只有吸引一个新顾客的1/5,并且老顾客会更多地购买且长时间地对该公司的商品保持忠诚,更倾向于购买公司推荐的其他产品并且提高购买产品的等级,较少注意竞争品牌的广告,对价格也不敏感。

6.3 服务——从经营走向精营

6.3.1 "精营"基础理论

1. 服务链理论

服务链理论认为,服务企业或者机构间存在着一定的联系,就像"链条"一样,当服务企业之间形成这种"链条"关系之后,服务企业的服务效率和服务质量会有很大的提高。Edward G等学者在1999年首次提出了"服务链"的概念,即为了最大限度满足消费者的需求,和某项产业相关的企业、机构和社会部门会组合形成"链条"。政府、企业、社会团体、民间组织等相关社会力量都可以被纳入这个网络中,并根据"服务链"的要求发挥各自不同的作用,共同为消费者提供所需要的服务。

为了维持一个稳定、高效的"服务链",就要正确处理产品生产企业、服务提供企业和消费者三者之间的关系。产品生产企业要根据消费者的需求设计生产出不同的服务产品,服务提供企业则要根据产品生产企业的服务标准和服务要求将这些服务产品提供给消费者,产品生产企业和服务提供企业之间互相依赖、互相监督、互相支持,根据消费者的需求,共同为消费者提供所需要的服务。因此,一个良性运转的"服务链"就必须具备系统性、社会性、主动性、前瞻性、完整性和相符性的特点,即"服务链"中涉及的不同行业企业或者社会部门构成一个系统,这个系统要能够主动、带有前瞻性地寻找服务对象的需求,并为服务对象提供完整、相符的服务(王莉莉,2013)①。

---

① 王莉莉.基于"服务链"理论的居家养老服务需求、供给与利用研究[J].人口学刊,2013(2):49-59.

2. 服务利润链理论

服务利润链理论是美国哈佛大学 Haskett J.L. 等教授在前人对服务市场营销理论研究的基础上,于1994年提出来的。它表明了利润、顾客、员工、企业四者之间的关系。

服务利润链理论认为:利润增长、顾客忠诚度、顾客满意度、顾客获得的产品及服务的价值、员工的能力、满意度、忠诚度、劳动生产率之间存在直接的、牢固的关系。其逻辑内涵为:企业盈利能力的增强主要来自顾客的忠诚度的提高;顾客忠诚是由顾客满意决定的,顾客满意则是由顾客认为所获得的价值大小决定的;顾客所认同的价值大小最终要靠工作富有效率且对公司忠诚的员工来创造,而员工对公司的忠诚又取决于其对公司是否满意;员工满意与否主要取决于公司内部是否给予了高质量的内部服务。这一逻辑要有效,即要使这一正相关的"链条"能够联动起来,需要把握两点精髓:①让外部服务为顾客创造出高的顾客让渡价值;②通过高质量的内部服务为一线员工(内部顾客)创造高的"内部顾客让渡价值"。对于服务业,后者更为关键。

服务利润链包括两个层次的含义:一是服务链基于服务领先战略;二是利润链基于成本领先战略。两者相辅相成,浑然一体。服务利润链主要涉及员工、顾客、企业业绩三个主题及其之间的关系,将三者联系在一起的逻辑框架,称为服务利润链理论模型(田丽,2008)①。

服务利润链构成环节及驱动关系如下:发端于内部服务质量,按照员工满意度、员工忠诚度、员工生产率、外部服务价值、顾客满意度、顾客忠诚度次序,最终收效于企业的收益率和成长性,并伴随着绩效的反馈补偿。

3. 精益理论

1) 精益生产理论

精益生产理论首先是日本丰田汽车公司提出来的。第二次世界大战以后,汽车工业中的主要生产模式是以美国福特为代表的大批量生产方式,与之相比日本的汽车工业处于相对落后的阶段,因此日本派出了大量人员到美国进行考察。丰田汽车公司在参观美国的几大汽车厂后发现,采用大批量生产方式仍然无法最大程度上降低生产成本,而且日本国内技术落后、资金不足,这种生产方式并不适用。在这种背景下,丰田创造了世界闻名的多品种、小批量、高质量和低消耗的精益生产理论。

相比较之下,精益生产是将手工生产和大规模生产的优点结合在一起,同时避免了前者的高成本和后者的单一化。为此,精益生产在组织的各个层次使用了擅长多种技能的熟练工人组成的小组,使用灵活、日益自动化的机器大量生产数量众多的产品。精益生产与大规模生产最显著的差别就是它们的最终目标。大规模生产为自己设定了有限的目标——"足够好",即可接受的缺陷数量、库存的最大可接受水平、范围较窄的标准化产品。相反,精益生产的目标是持续降低成本、零缺陷、零库存和无限产品种类。

精益生产方式与其他两种传统的生产方式相比,有以下几种特点。

(1) 产品设计和开发的驱动因素是"顾客需求",采用并行工程精简产品开发流程对市场的变化做到快速响应。

(2) 物流的平衡、零库存是企业生产理想目标。利用"看板"技术调节生产,由下一道工序拉动上一道工序的"拉动"式生产。

---

① 田丽. 基于供应链理论的员工与顾客满意度研究[J]. 中国市场,2008(6):78-80.

(3) 在设计、生产、销售等过程中,以"精益"为原则,消除一切不必要的浪费,节约成本。生产中充分应用成组技术、准时制生产和全面质量管理等技术,对产品生产流程进行优化。

(4) 以产品"小组"为工作单位,让工作人员了解生产中各个方面的技术,担起更多的责任,更有利于不同工序之间的沟通和交流。

2) 精益物流理论

所谓精益物流,就是以精益思想为指导,运用主要的精益方法对整个价值链上所有的企业从各方面进行持续改进,消除浪费,从而使物流在整个供应链上进行有效、平滑的流动,从而达到价值流最大程度增值的目的。精益物流的实质是精益思想在物流领域的应用,即消除物流过程中一切不必要的浪费,达到尽善尽美。

3) 精益物流的实施条件

(1) 以供应链管理为基础。精益物流的实施必须以供应链管理的思想为基础,才能使准时、高效、低成本的优势得以充分发挥。

(2) 加强信息技术的应用。现代物流与传统物流有着明显的差别,现代物流是一个庞大的、复杂的、高科技装备相结合的系统工程。目前,发达国家已经普遍应用数据库技术、条形码技术、电子订货技术、电子数据交换技术、全球卫星定位系统、物资采购管理、企业资源规划等信息技术,使这些国家在提高物流效率、降低物流成本方面取得了显著成效。

(3) 增加物流的柔性和敏捷性。加强物流实施的柔性和敏捷性就是要求一方面要有"以不变应万变"的缓冲能力,另一方面要有"以变应变"的适应能力。增加柔性和敏捷性使制造企业能够获得更好的适应性,从而在激烈的市场竞争中立于不败之地。

(4) 精益化生产及合理供货。精益物流是客户拉动的物流系统,它与企业的精益化生产紧密结合。精益化生产意味着小批量,其优势在于减少在制品库存,降低原材料库存,易于管理。小批量生产的切换速度快,因而要求供应商能小批量、频繁及时供货。制造企业作为精益生产的实施者和精益物流的最直接需求者,其生产均衡与否以及其供货政策是否合理在很大程度上影响并制约着整个精益物流系统的运作效果。

(5) 精益物流思想与团队精神有机结合。任何先进的设施和系统都要人来完成,人的因素往往发挥着决定性的作用,精益物流系统的实施也应体现以人为本的原则。在正确认识产品流、信息流和物流等一系列价值流的基础上,对包括管理层和全体员工在内的企业所有人员进行精益物流思想的传输,使他们理解并接受精益物流思想。因此,应从整个系统角度齐心协力地消除一切不合理的现象,杜绝浪费,并以满足最终客户需求为中心,形成一种鼓励创新的氛围,在不断完善的基础上实现跨越式的提高,从而充分体现精益物流效益决策的内涵,促进物流体系的不断完善,使企业形成较强的竞争能力。

案例 6-8

厦门中远海运物流:深耕制造业精益物流,助力两业深度融合创新

厦门中远海运物流有限公司(以下简称"厦门中远海运物流")是中国远洋海运集团旗下中远海运物流公司(以下简称"中远海运")在国内设立的八大区域公司之一,凭借中远海运的品牌优势和遍布全球的网络资源,竭诚为客户提供辐射全球的项目物流、仓储物流、供应链管理等专业化现代物流服务。

厦门中远海运物流始终秉承"客户至上、追求卓继"的核心价值观念，竭诚为客户提供最优质的精益物流服务。以客户 A 工厂库存管理项目为例，服务期为客户提供共计 70 多家供应商的 800 种原材料的精细化物流服务，为客户降本增效，赢得了客户的高度赞赏，具体措施如下。

(1) 定期分析库存。联动客户 A 主机厂的采购部门与计划部门，对产量进行合理的安全库存预测，优化供应商送货节拍，使用 Milk-run（循环取货）、Two-bin（双箱）、Calloff（滚动计划）、Linefeeding（巡线）等方式提高供货效率。

(2) 建立可视化看板管理。实时跟踪客户的生产计划，采用"水蜘蛛"配送模式，科学设定最优拣配路径。通过上述手段，6 个月内使客户工厂原材料配送平均响应时间从 24 小时降低至 4 小时，紧急和售后物料均可在 1 小时内完成响应，大大提高了生产效率。

(3) 设定原材料库存先进先出的管控原则。加强信息系统对来料日期、产品序料号、BOM（物料清单）产品的组合管控，建立物料可追溯标签，实时掌控物料的在库状态，建立特殊物料管控机制。

(4) 流程改进。采用更为优化的装备、标准化单元化物流器具（如周转箱、仓储笼等）、工位器具（如工位车、精益管架、流利条货架等）、转运设备（如 ACV、RGV、堆垛机、自动分拣机、输送机等），实现从商贸、物流等领域向制造领域延伸，提高托盘、包装箱等装载单位标准化和循环共用水平。

(5) 设立生产线边仓。按照生产计划的用料需求，采用 Kitting（齐套拣货）等方式拣配所需物料，按工程订单排序封装，快速送达生产线边仓，促使物流和生产有效融合。

厦门中远海运物流始终坚持价值导向，聚焦高端先进制造业，专注细分市场和核心领域，高度介入制造业供应链，利用优化的技术手段，为客户降低库存、提升工作效率，从而降低供应链的上下游成本。经过多年运营，不断积累经验，厦门中远海运物流形成了标准化的精益物流服务体系。

(案例来源：国家发展和改革委员会经贸司，中国物流与采购联合会.物流业制造业深度融合创新发展典型案例(2021)[M].北京：中国财富出版社，2021.)

4. 顾客满意度理论

1) 顾客满意度理论概述

顾客满意度理论是 20 世纪 90 年代管理科学的最新发展成果之一，它体现了管理科学"以人为本"的本质。早在 1950 年，管理大师彼得·杜拉克就已指出："企业的任务，就在于创造满意的顾客，利润并不是最重要的事情，因为利润只是我们让顾客满意之后的一种回馈。"由此可见，顾客满意原本就存在于企业经营理念中，只不过在以往，它被放在了后面，是企业希望晚一些实现的目标。但在日趋激烈的市场竞争下，未来企业成功的关键不再是技术的优劣，而是服务能否让顾客感到满意。了解顾客的需求，提供令顾客感到满意的服务，才是企业努力追求的目标，也唯有"赢得顾客"或者"超越竞争者"才有可能实现更多的利润。若是提供的产品或服务不能够让顾客持续满意并购买，或者并不比竞争者提供的产品更受到顾客接受或喜爱，企业就不能永续经营。

2) 顾客满意度的基本特征

(1) 主观性。顾客的满意度是建立在对产品或服务的体验之上，感受的对象是客观的，而结论是主观的。顾客满意的程度与顾客自身的特征如年龄、知识和经验、收入状况、生活习惯、价值观念等有一定的联系,还与媒体宣传等有关。

(2) 层次性。美国著名心理学家马斯洛提出的需求层次论指出,人的需要有七个层次,即生理需求、安全需求、社交需求、求知需求、尊重需求、求美需求、自我实现的需求。处于不同层次需要的人对产品或服务的评价标准不同。因而,不同地区、不同阶层的人或同一个人在不同条件下对某种产品或服务的评价可能不尽相同。

(3) 相对性。顾客的满意或不满意是与自己的预期比较的结果。而顾客的预期受到产品的口碑、过去的经验、自己的需要、信息的沟通、自身特征等因素的影响,不可能是一成不变的。因此,顾客满意度总是相对于顾客的某一预期而言的(史锋苹,2005)[①]。

6.3.2 物流服务——处在剧变的时代

1. 企业经营收入下滑

近年来,我国经济一直处于下行的态势,企业规模扩张乏力,同时经营效益的持续下滑更为显著。很多迹象表明,我国经济已经步入"微利时代"。据中国物流与采购联合会于2016年12月30日发布的《2016年全国重点物流企业统计调查报告》,我国物流企业物流业务收入增速有所放缓。数据显示,2006—2015年重点企业物流业务收入年均增速10.7%,2015年比上年增长0.9%,增速同比回落4.7个百分点,回落幅度有所扩大,延续了2010年以来的回落走势,如图6-2所示。

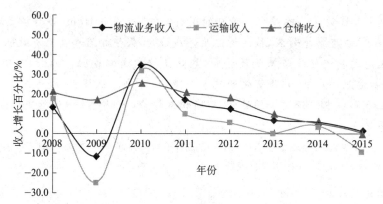

图6-2 2008—2015年物流企业收入增长情况

2. 成本上升,举步维艰

近年来,成本上升一直是企业面临的主要困难之一。从要素成本看,随着人口红利消失和要素成本的全面上升,我国制造业原有的比较优势正在逐渐消失。2014年我国劳动年龄人口从2011年的顶点下降了560万,劳动力供给呈缩减趋势,并直接导致用工成本上升。2015年物流企业物流业务成本比上年增长3.6%,增速同比提高1.6个百分点。据中国物流与采购联合会的调查,2006—2015年重点企业物流业务成本年均增速11.5%,2015年物流业务成本增速虽有小幅回升,但总体仍低于近年的平均水平,总体仍处于低速增长。其中受物流业务量下滑等因素影响,运输成本比2014年下降8.7%,降幅扩大6.5个百分点。随着城市物流用地价格持续上涨,仓储成本呈现加快增长态势,比2014年增长13.9%,增速

[①] 史锋苹.顾客满意度模型研究[D].广州:暨南大学,2005.

同比提高 2.3 个百分点。2015 年物流企业物流业务利润额有所下滑,由 2014 年增长 5.0%转为下降 4.3%[①]。

3. 生产流通对物流运作要求不断提升

随着社会的进步,制造企业生产管理面临着三大趋势:生产精益化、生产敏捷化、生产外包,因此对物流运作的要求不断提升,物流企业的角色更多地成了保姆、管家的角色。

随着市场竞争的加剧,以及顾客对产品和服务的要求越来越高,企业不得不采取更加精细化以及敏捷化的运营方式,但是也对物流提出了巨大的挑战。对供应链来说,敏捷物流不仅意味着物流反应速度的提高和物流时间的缩短,还意味着用较少的投入获得更多的产出。时间是企业实施敏捷物流最大的助推器,同时也是其头号敌人。敏捷的物流反应体系意味着物流时间的大幅缩短,在企业竞争日益以速度取胜的今天,对供应链管理而言,保持物流反应的敏捷性对整个供应链获取竞争优势是十分重要的。它将大大提高企业的客户满意度和对客户订单的反应度。在敏捷物流管理中,企业不仅要针对客户需求的变动及时做出快速反应,如对存货数量的调整、对客户订单的修改、对配送车辆的重新调度等,而且要尽量缩短货物的交货时间。现在,消费者和企业对物流服务的期望值已越来越高,都要求尽可能地缩短物流时间,提高物流服务水平。

6.3.3 为什么要从经营走向精营

在物流服务运作中要倡导从经营走向精营,其原因在于传统的经营模式存在以下四个方面的缺陷。

1. 合作关系脆弱,抗风险能力较差

合作关系,是指两个或两个以上独立的成员之间形成的一种协调关系,以保证实现某个特定的目标或效益。合作关系在于通过提高信息共享水平,降低成本和提高整个供应链的运作绩效,是人与人之间或企业与企业之间达成的最高层次的合作关系,在相互信任的基础上,双方为了实现共同的目标而采取的共担风险、共享利益的长期合作关系。

对企业来说,合作关系是指客户能否离开企业产品或服务的程度。越能离开,说明合作关系等级越低;越不能离开,则说明等级越高。

从经营层面来看,合作内容是大多数竞争对手能够提高的,而精营是高手才能提供的。也就是说,企业必须提高自己在客户心目中的地位。

物流企业的抗风险能力随着精营深度的增加而增加。也就是说,企业实施"精营"战略后,会发现你能够给客户提供的服务会很多,客户越离不开企业,客户的忠诚度会更大。

2. 业务形态单一,产品附加值低

目前我国大部分的物流企业在业务模式上缺乏物流设计、开发、运作的综合能力,业务形态比较单一,服务水平低下。我国大多数物流企业的收益主要来自基础性服务,如运输管理和仓储管理,而增值服务、物理信息服务和支持物流的财产服务总收益只占较少份额。很多物流服务企业无法提供整体供应链解决方案,只局限在相对低利润的物流作业层次。业务模式的单一,能够为客户提供高附加值的服务就更困难。与西方发达国家相比,我国的物

---

① 中国物流与采购网.2016 年全国重点物流企业统计调查报告[EB/OL].(2016-12-30). http://www.chinawuliu.com.cn/lhhkx/201612/30/318177.shtml.

流服务企业在服务理念、服务规范、服务内容、服务营销、服务质量控制等方面还存在许多差距,这些问题使我国的物流企业缺乏竞争力。

精营的目的就在于精耕细作,从有限的服务业务拓展到多个业务,从有限的服务环节扩展到多个环节,从有限的服务空间拓展到无限的服务空间,能够提供更有高附加值的产品和服务,拓展客户群,为公司提供新的利润增长点。

3. 服务品质不高,缺乏市场竞争力

我国的服务企业规模较小,结构不平衡,服务的品质也不高,缺乏市场竞争力。很多服务企业缺乏对服务市场的深刻认识,没有针对服务的特征开展经营活动,而是采用实物产品的营销方式和手段来对待服务产品的营销,因而难以取得满意的效果。例如,从质量管理来看,消费者对实物产品关心的是它的最终结果,如功能、价格、式样、售后服务等,而对这种产品的生产过程与内部管理不大感兴趣。服务产品则不然,它是一种由多种要素组成的复合物,不仅包括人的要素和物的要素,还包括管理的要素等。消费者对服务产品质量的评价,也就不能停留在最终结果上,而要考虑服务过程。因此,对生产企业来说,服务质量的管理更加复杂困难。然而,我国许多服务企业并没有针对服务的特性来进行质量管理,因而服务品质低下,服务生产的效率也不高。

因此,企业如果强调经营,容易故步自封,守住一亩三分田,而强调精营,会更加容易放开手脚,挖掘客户的需求点,提供满足顾客需求的服务,提高顾客忠诚度;强调经营,企业容易从客户身上找问题和缺点,而强调精营,企业容易从自身找问题与缺点,不断完善自身的条件,从而为顾客提供更加满意的服务。

案例 6-9

中储股份船板供应管理模式创新

中储发展股份有限公司青岛分公司是中储发展股份有限公司在青岛地区设立的分支机构,具有先进的物流管理技术。随着生产规模的日益扩大和造船技艺的不断提高,物流问题成为制约北船重工提高生产效率的一大瓶颈。物流运作方式滞后,北船重工生产效率受限。由于船舶制造以工程项目为单位进行,本身具有严格的工期要求,进而对相关物流工作的效率也提出了严格要求。在船板、舾装品等众多生产组件和设施装备中,造船厂使用的船板多达 4 000 余种且以堆码运输和堆码存放为主,因而船板物流管理较之船厂其他物流业务操作更为复杂。船板物流管理涉及船板的厂外供应、厂内入库管理和翻板发货等环节。由于厂内的物资仓储数量巨大且供应速度要求较高,因此船板的厂内仓储物流管理成了船板物流管理的重点和难点。

针对北船重工物流运作方式滞后的困境,中储青岛分公司充分发挥物流企业的专业优势,与北船重工进行两业联动项目的运作,为其改进了运作方式,量身开发了船板管理信息系统,实现动态的"账卡物三相符"和船板的准确定位,并通过优化组织结构、再造船板物流管理流程、变革作业方式和接管库区设施设备等多个途径为北船重工提供个性化的物流服务,实现了作业方式变革,有效提高了北船重工的运作效率。

(案例来源:王慧敏,何明珂,张晓东. 全国制造业与物流业联动发展示范案例精编[M]. 北京:中国物资出版社,2011.)

4. 赢利能力不足,可持续性发展能力有待提高

虽然社会物流费用较高,但中国物流企业的利润率并不高。目前,中国大量的物流企业聚集在中低端市场,产品和服务同质化严重,在大型客户和外资物流企业的供应链中处于被整合、被挤压的地位,缺乏定价权。而在医药物流、整车物流、国际快递、时装与成衣物流、冷链物流等科技含量高、服务附加值大、专业化要求高,需要全球网络运营能力的高端物流业则主要为国际巨头所垄断。我国物流企业的可持续发展能力还有待进一步提升。

就拿仓储经营的例子来说,我国市场上仓储企业的竞争日益激烈,而且利润点很少,同时利润额也不高。单独以出租仓库的业务模式存在竞争对手多、价格竞争过于激烈、发展难以持续的缺点,单纯依靠仓储业务为企业获取利润的核心模式,不仅失去自我改进和提高的机会,也将在快速发展的物流市场竞争中失去话语权。而如果采用仓储精营的话,就可以扩大企业服务环节,提升企业利润点,增强可持续能力,实现与客户的双赢格局。

6.3.4 经营与精营的区别

经营是被动的,很少会主动与客户联系。一般来说,企业只关心自己的利益,寻求自己的利润最大化,只为顾客提供基本的服务,不会对客户需求进行深度挖掘。因此,在经营的状况下,企业与顾客之间的关系是比较脆弱的,客户的忠诚度也不是很高,与企业随时可能分道扬镳。

精营是主动的,要求物流企业设身处地了解客户的需求,满足客户的要求,与客户一起成长。精营也是双赢的,在尽量满足顾客需求的情况下,提升了本企业的形象,获得了一大批具有忠诚度的客户,企业与顾客之间的关系也是比较紧密和友好的。

6.3.5 变革时期的精营:带来的机遇与挑战

企业在提供精营服务的时候,能给企业带来一些机遇,比如说可以对顾客的需求进行深度挖掘,在提供更加精细化的服务之后,也可以赢得顾客的信任,提供客户的忠诚度。同时,进行精营管理也能够帮助企业进行转型升级,另外,也可以对企业内部和外部的资源进行整合,从而延伸企业的利润链条。

但是实施精营管理的时候,也可能对企业形成一些挑战,比如说企业可能并不了解客户的需求模式的解决方案,也不了解客户及其顾客市场,这样贸然实施精细化运作可能带来企业成本的上升。另外,企业可能不了解自己公司的管理模式的创新,也不知道如何进行资源的整合,这样进行精营的话也不会产生很好的效果。因此,牢记精营法则非常重要。

6.3.6 精营法则

1. 抓住客户,深挖需求

精营的第一个法则就是要紧紧抓住客户,对客户的需求进行深度挖掘,以提供满足顾客需求的产品和服务。

首先,要发现客户的需求。发现客户需求的方法有三种:①让员工发现需求。企业的员工是与客户接触最多的,员工在为客户提供服务的时候,最容易发现顾客的需求。比如安得物流的员工在为顾客配送冰箱的时候,发现客户可能还需要对冰箱进行安装和调试,这就可以提高顾客的满意度。但是也需要注意,许多员工不愿意与领导沟通客户需求,因此需要领导及时向员工了解顾客的需求。②与客户进行沟通。比如宝运物流公司会定期派人员拜访客户,客户随时有问题随时解决。③利用第三方发现需求。由企业外部人员对公司提出需

求,企业要及时发现需求。

其次,在发现顾客需求之后,需要对顾客需求进行挖掘。顾客的需求分为显性需求和隐形需求。对于显性需求,要建立客户永远是对的理念,识别公司可以当前解决的需求、今后可以解决的需求。然后进行需求的分类,敢于给客户承诺。另外,也从客户反馈表中可以直接发现显性需求,利用这些显性需求变成企业可以直接操作的部门业务。然而在很多情况下,顾客的需求是隐形的,也就是顾客可能不太明确自己到底需要什么,对于顾客的一些隐形需求,就需要设立客户项目小组,召开头脑风暴,研究解决客户项目运作中出现的新情况、新问题,同时也要与客户积极沟通,设法将隐性需求变为显性需求,让客户主动说话。

案例 6-10

开发准客户的十大绝招

(1) 为老客户提供优惠,为准客户树立榜样,比如航空公司推出 VIP 卡。
(2) 经常提醒你过去的客户。
(3) 不断坚持产品创新。
(4) 预测准客户未来的消费行为。
(5) 为准客户推介有针对性的产品。
(6) 成为准客户细心的朋友。
(7) 为准客户提供相对优惠。
(8) 看准目标,提供特别服务。
(9) 与互补的企业结成营销联盟。
(10) 确认准客户位置及最佳送货方式。

最后,挖掘出顾客的需求之后,还需要对顾客的需求进行管理,管理顾客需求的方法有三种:①设立质量管理部,负责询问客户对公司物流服务质量的反馈。质量管理部由公司总经理直接主管。②建立客户需求解决机制。打破部门界限,市场部、运营部、质量部、财务部、人事部共同商议,协调解决客户需求。建立部门联席会议机制,定期研究解决重大客户需求。③建立客户需求的激励体系。鼓励员工发现问题,上报问题,解决问题。引导公司形成客户导向的文化。

2. 精耕细作,延伸链条

精营的第二个法则是要精耕细作。精耕细作不仅要精,更要细,突出成本控制优势。在直接物流成本降无可降的时候,提高供应链效率将是物流企业与客户最终必然走到一起的出路。建立相互融合、共同发展的新型战略合作关系,以提升客户整体竞争力和市场占有率,与客户共同成长是企业精细化运作的最终目标。

企业实施精耕细作也有以下两种方法。

(1) 精和细。首先要梳理一下本企业的优势是什么?客户的劣势是什么?让企业的优势服务于客户的劣势,这样才能够达到精的目标。细就是要讲究细节决定成败,仔细梳理企业的每个服务细节,是否还有客户不满意的地方,对顾客不满的地方要及时改进。如果客户都满意,那么细还要体现企业对整个运作流程是否做到足够优化?流程是否还有优化空间?

(2) 成本控制。想要对企业的成本有一个比较好的控制,就需要用精益生产的思想来进行精益服务。精益的理念就是消除一切形式的浪费,一切不产生附加价值的活动都是无效劳动,精益求精、尽善尽美,尽量做到零缺陷、零库存、零故障、零调整,同时也要把调动人的积极性、创造性放在首位,进行人本管理,因为人具有能动作用,在生产力诸要素中人的作用居首位。

在精耕细作之后,企业可以进行业务链条的延伸,延伸业务链条有两种方法:向上延伸,向下延伸。向上延伸就是逆流而上,在物料供应渠道内挖掘;向下延伸是沿供应链顺流而下,在产品销售渠道内挖掘。

3. 资源整合,加强监督,把握技巧

公司经营的第三个法则就是进行资源整合,同时要加强监督。

资源整合是物流企业战略调整的手段,也是物流企业经营管理的日常工作。整合就是要优化资源配置,就是要有进有退、有取有舍,就是要获得整体的最优。资源整合是指企业对不同来源、不同层次、不同结构、不同内容的资源进行识别与选择、汲取与配置、激活和有机融合,因而获得成本最优控制,并创造出新的资源的复杂的动态过程。公司进行资源整合的方法有三种。

(1) 公司内部资源整合。就是对公司内部的资源进行整合,这也是整合的重要方式,资源应该作为成本中心而不是利润中心,进行资源的整合也可以有效规避各个资源相互竞价。案例 6-11 显示了马钢集团在进行内部物流资源整合方面的典型做法。

案例 6-11

马钢集团内部物流资源整合的策略

马钢集团是我国前十名特大型钢铁生产企业,属于国有大规模工业企业,目前拥有钢铁主业、矿产资源业、非钢产业三大板块。马钢集团拥有众多全资、控股子公司,其下设诸多生产企业物流部门或物资公司,采购较为分散,各子公司都具有自己的采购计划和采购渠道。集团没有统一的采购标准、运输标准、仓储标准,导致长期存在采购成本高、空载运输、仓库闲置现象。为此,马钢集团开始进行资源整合,其内部资源整合的思路如下。

(1) 组织整合。马钢集团的物流资源都是由各个子公司独自管理,可通过打破这种各自为政的组织结构,整合集团各子公司各部门的物流资源,减少物流部门,集中管理人员,简化管理层次,提升集团内物流职能集中度。集团要设立专门的物流管理部门,完善企业物流管理体制,使物流活动统一标准化管理。

马钢集团总部在实施物流资源整合战略前,应构建一个总部直辖的临时物流资源整合团队,团队成员从各子公司抽调,这些成员必须熟悉本子公司的物流资源情况并长期从事物流管理活动,领队属于总部高管并具有很强的领导能力。同时,集团要建立奖惩制度,完善考核机制。

(2) 信息整合。钢铁物流是资金流、物资流和信息流三位一体的具有钢铁行业特色的物流活动,它涉及多方面、多行业、多领域,更需要信息作为连接各方的桥梁。因此马钢物流资源整合的重点之一是信息资源的整合,要以信息和网络技术为支撑,实现企业信息的快速反应,完善 ERP 系统、LES 系统等现有系统,并对这些系统重合部分进行优化;建立更加完善的信息共享机制,以达到子公司之间物流信息的交流和共享,实现共同采购原材料、共同利用运输设备、共同利用仓储设施等;要加快实现供应链全过程的信息化管理,构建闭环信息化管理系统。开发物流信息化管理系统,实现计划、采购、供方管理、出入库管理、内外部结算的全程信息化管理。

(3) 仓储整合。对集团下属各仓库进行盘点,将分布广泛、管理混乱的仓储设施进行整合,对于交通便利、具有运输优势、距离厂房近的仓储地点可以选择扩大规模,对于那些整合后闲置、不利于仓储配送的仓库实行租赁或者转让的措施推向市场;对马钢备件库存中长期闲置、超过储存期限的存货和报废备件以回购、置换等方式,盘活马钢库存,降低损失。重新计算订货点和订货量,避免过量采购导致的长期占用库存。改变经营观念,在仓储能力能满足本集团内部需要的前提下开展对外仓储业务,最大化地实现仓库资源的合理利用。马钢集团下主管原燃料采购的子公司或者采购部门,如马钢股份有限公司材料公司、原燃料采购中心,将各自在分厂的仓库进行合并和整顿,形成规范有序的原燃料堆放,合理堆放结构,由总部决定剩余仓库的利用方式。

(资料来源:徐秋杭. 集团型企业物流资源整合研究[J]. 安徽工业大学学报(社会科学版),2015,32(3):32-34;东吴证券. 高弹性、长板材兼顾的区域龙头[R/OL]. (2021-07-23). https://pdf.dfcfw.com/pdf/H3_AP202107231505662404_1.pdf?1627203544000.pdf.)

(2) 系统内部资源整合。相邻地区的物流分公司可以加强整合与合作。例如,国家物资储备局下属的上海公司正和浙江公司进行合作,联合考察宁波梅山港区的保税物流业务,共同开展相关业务。广东国储物流与新疆国储公司也开展合作,设想是双方共同出资成立子公司,共同经营"一带一路"的铁路集装箱运输业务。

(3) 社会化物流资源整合。这种整合是公司整合社会资源、提升企业服务竞争力的一种方式。例如,天津大港油田物资供销公司正在拟定润滑油和代储代销物资运输招标方案,采取招标定商的方式确定第三方运输公司,利用运输公司的中大型运输车辆等硬件优势,专门负责公司润滑油及代储代销物资的配送服务工作,与此同时,相关区域分公司安排小型车辆自行配送其他日常物资,利用公司现有车辆和第三方运输公司车辆共同完成润滑油及代储代销物资的配送任务,以此满足用户物资配送服务的强烈要求。

另外,为保证服务水平,物流企业也要加强服务监督,监督的方法有以下两种:①细化公司的管理规定。对公司的各个部门以及基层单位进行责任分工,对各项作业的细节进行规定和要求,达到规范化管理的目的。②强化考核。可以采用电话调查、现场检查、"神秘用户"调查、信函调查、日常服务等方式对公司进行考核。

4. 学习、培训与提高

精营的第四个法则就是进行学习、培训与提高。首先要形成一个学习型的组织。因此学习不仅是个人终身的事情,也是企业终身的事情,学习力是企业生命之根。例如,浙江中捷环洲供应链集团公司每月都会进行定期学习培训,全公司的人员都要参加学习,以学习来带动公司竞争力的提升。只有形成上下学习的氛围,才能不断进行创新和发展。

在公司的发展中,要特别加强对高层的理念培训、中层的执行力培训和基层的操作力培训,提高企业和个人的发展能力。

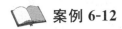

案例 6-12

顺丰集团公司的培训体系

顺丰重视员工与企业共同成长,建立了基层、中层、高层不同维度的领导力培训体系,并将培养与实践相结合,使员工在培养中学习如何领导团队,在实践中塑造自身领导力。

2020年,顺丰着重开展了网点负责人项目、后备部负责人项目和高管项目三大领导力培训项目。其中,网点负责人项目是针对在职、新任和后备网点负责人,通过464个案例和64门课程,提供有针对性的资源与培训项目,帮助网点负责人提升业务实际开展能力。后备部负责人项目是对通过对培训学员进行分层,鼓励随时随地线上学习。顺丰提供包含24门课程、236个实践案例的学习资源。学员以答辩方式进行关键节点考核,以此督促学员加快学习与培训周期,2020年参训344人。高管项目的培训内容以战略和经营为主,形式是内部组织与外部专家分享相结合的方式,以此开阔高级管理人员的视野,实现复合型人才战略。本年度,高管项目覆盖500多名学员,线上线下各类课程等共计24 580学习人次。

(案例来源:顺丰控股2020年度可持续发展报告,https://pdf.dfcw.com/pdf/H2_AN202103171473028250-1.pdf? 1616021073000.pdf。)

6.4 怎样做到精营服务

要想进行经营服务,需要做好以下三点。

1. 成为客户的物流专家

要想为顾客提供精营服务,首先要成为客户的物流专家。了解客户的行业定位和企业关注点。要从"经营"客户走向"精营"客户。只有物流企业变成客户这个行业的物流专家,客户才愿意将他的业务交给你来做。同时也要了解客户的业务流程及需求点,寻找适合的创新模式,利用独特的资源整合技术,找到需要整合的资源,为客户提供集成化的服务。集成的服务才是有竞争力的服务。

2. 服务靠执行,没做等于零

对于企业,执行力是核心竞争力。制订的各项方案和计划都要很好地实施,不然的话就相当于纸上谈兵,没有任何的效果。对于企业员工来说,在为顾客提供服务的时候,需要嘴巴甜一点、脑筋活一点;方法新一点、行动快一点;效率高一点、做事多一点;理由少一点、度量大一点;说话轻一点、脾气小一点;微笑露一点、服务好一点。

3. 牢记服务两条链:服务供应链+服务利润链

服务供应链是指以服务为主导的集成供应链。在这种供应链中,一旦下游顾客向服务集成商提出服务请求,服务集成商就会立刻响应,这样从顾客的服务请求出发,通过处于不同服务地位的服务提供商对顾客请求逐级分解,由不同的服务提供商彼此合作构成供应关系,同时服务集成商承担各种服务要素、环节的整合和全程管理。服务供应链表明,外部客户固然重要,但是内部客户同样重要,内部部门之间要减少相互推诿的情况。

服务利润链是表明利润、顾客、员工、企业四者之间关系并由若干链环组成的链,是

1994年由詹姆斯·赫斯克特等五位哈佛商学院教授组成的服务管理课题组提出"服务价值链"模型时提出的。服务利润链可以形象地理解为一条将盈利能力、客户忠诚度、员工满意度和忠诚度与生产力之间联系起来的纽带，它是一条循环作用的闭合链，其中每一个环节的实施质量都将直接影响其后的环节，最终目标是使企业盈利。因此，我们不仅要关注客户，更要关注企业内部的服务链条，九州通医药集团的"服务+供应链"深刻地表明了这一点。

案例 6-13

九州通医药集团的服务+供应链

九州通医药集团（以下简称"九州通"）持续探索向平台化、互联网化、数字化转型的新模式，积极拥抱互联网，不断加大对信息技术和物流技术的投入，以更好地服务于上下游客户，满足客户多样化的需求，打通服务+供应链，为平台客户、保险公司、医疗机构提供直达C端的供应链服务。公司现时已成为科技驱动型、高效运营的全链医药供应链服务型企业，共有技术开发人员和系统维护及再开发人员1 048人。

在平台化方面，九州通建成了覆盖连锁药店、单体药店/诊所、医院/基层医疗机构、县级商业联盟分销商（准终端）以及互联网医药供应链的全渠道"高速公路"平台，并利用该平台运营不同品类的药品、器械、中药、消费品以及总代总销和自产产品。

在互联网化方面，九州通从医药分销与零售入手，搭建了互联网交易平台及为客户提供赋能服务的互联网工具包。2021年上半年，公司B2B电商业务实现销售收入81.78亿元，较上年同期增长43.57%，销售占比13.20%，电商渠道已成为公司重要的业务渠道，凸显了公司供应链平台价值。

在数字化方面，九州通是行业内少数具有自主研发的全国统一的ERP系统、主数据管理系统的现代数字化医药流通企业，公司的数字化体系对内可以提升管理水平和运营效率，对外可以提供增值服务，还可以支撑高效、安全的物流供应链服务。

（案例来源：九州通医药集团官网，https://www.jztey.com/Views/EnteringJointown/groupOverview/index.html，2022-01-19.）

本章小结

我国制造业在服务化的过程中，也出现了很多新的理念，比如定制化服务、一体化服务、智能服务、O2O服务等。服务对于企业来说是非常重要的，需要不断根据客户的需求对服务进行改善，因此现代企业越来越需要从"经营"走向"精营"。

本章主要讲述了企业从"经营"走向"精营"服务的背景，二者之间的区别，进行"精营"服务的相关法则，以及如何做到"精营"服务。对于物流企业来说，现在正在处于剧变的时代，因为现在我国大部分物流企业的业务形态比较单一，产品的附加值较低，提供的服务品质不高，缺乏市场竞争力，同时盈利能力不足，可持续发展的能力有待进一步提升。在这样的背景下，物流企业应该实施"精营"服务。要想实现"精营"，需要遵循相关的法则，首先要抓住客户，深挖需求，其次是精耕细作，延伸业务链条，再次就是进行资源整合，同时要加强监督，最后就是学习、培训和提高。在实施"精营"服务的时候，也有一定的挑战，因此企业需要根据自身的情况适当地开展精营服务。

关键概念

定制化服务　一体化服务　智能化服务　O2O服务　顾客基本心理需求　经营　精营　精营法则

思考题

1. 企业为什么要提高服务水平？
2. 客户的需求变化对企业来说意味着什么？
3. "精营服务"带来的只有好处吗？企业实施"精营服务"有什么挑战？
4. 物流企业的抗风险能力随着精营深度的增加而增加？为什么？
5. 如果一个企业仍然采用传统的经营方法，将会失去什么？
6. 如何对客户的需求进行挖掘和管理？

课堂讨论题

1. 企业为什么要提供"精营服务"？
2. "经营服务"与"精营服务"之间的区别是什么？
3. 如何做到"精营服务"？

第6章扩展阅读

案例分析

青岛日日顺基于四网融合的配送物流服务

一、企业基本情况

日日顺物流成立于1999年，并于2010年并入香港上市公司海尔电器集团（1169.HK）。公司自成立以来，始终以客户及用户需求为中心，在满足海尔集团内部物流服务业务的同时，积极拓展社会化业务，在行业中树立了从企业物流向物流企业转型的典范。

多年来，在公司经营中，日日顺物流时刻以用户需求为中心，赢得市场和社会的认可：中国物流与采购联合会授予的首家"中国物流示范基地"、首届"国家科技进步一等奖"；国家标准化委员会授予的中国物流行业首家"国家物流服务业标准化示范单位"、物流综合实力AAAAA企业、"中国物流改革开放30年旗帜企业"。

二、创新成果主要内容

1. 差异化服务体验：按约送达、送装同步

基于用户大数据分析，日日顺物流发现服务用户抱怨突出的问题是"多次上门"（占20%），使用户往往为了签收产品而不得不多次请假。"按约送达、送装同步"的最后一公里物流服务模式，实现了一次上门送货加安装，免去了用户多次请假的麻烦，并且可以提前预约，以便在用户方便的时间送货。

日日顺物流通过"24小时按约送达,超时免单,送装同步"的高差异化用户服务,实现全流程用户最佳体验。一方面,在服务的量上,日日顺物流已经达到全国2 800多个区县的零盲区覆盖,并且深度上能够进区、到村、入户;另一方面,在服务的质上,日日顺物流为用户提供"24小时按约送达、送装同步"的承诺,且已经覆盖全国1 500多个区县。为实现对用户的承诺,平台内部全流程作业环节都树立同一目标,即实现用户最佳体验,建立全流程服务标准的引领体系。

2. 打造平台式企业:"四网融合"凸显优势

面对来自企业内在发展和流通渠道的挑战,日日顺物流建立虚实融合的大件(家电)物流开放平台,打造物流网、配送网、服务网、信息网四网融合的核心竞争力。

(1) 即需即送的物流网。通过三级网络布局,在全国建立87个TC物流网络,在深度、广度、密度方面实现全国无盲区,可满足渠道下沉个性化服务需求。

(2) 直配到村的配送网。在全国规划3 000多条班车循环专线,创新多元化配送服务模式,使配送效率大幅度提升,同时降低了配送成本。

(3) 送装同步的服务网,打造高差异化用户服务体验。最后一公里竞争力,不只在物流配送环节,还包含最后一公里的服务,所以日日顺物流将物流网与服务网创新融合,推进物流服务一体化,创新"按约送达、送装同步"的差异化解决方案,满足用户全流程即需即送,打造最后一公里物流服务的差异化用户体验。

(4) 社会化公共信息网。建立多元化开放智慧物流平台,将客户、用户、物流商、企业的信息实时共享,实现在线供需互动、在线资源可视以及服务的每一款产品、每一笔订单的全流程可视化追踪,提升各类信息资源的共享和利用效率。

以"四网融合"资源平台为基础,日日顺物流对全国87个TC、3 000多条专线、6 000多个服务网点的资源进行有效融合,解决了最后1公里网络深度不够、配送速度慢、配送质量差、大件(家电)商品配送安装多次上门等问题,打造"24小时按约送达、送装同步"的最后1公里差异化配送平台。

3. 信息化系统支撑:实现高效智能化服务

日日顺物流运用先进的物流技术,建立起贯穿全程服务可视化、社会化的开放物流平台,实现对平台上流动的每个产品、每个订单的透明追踪。通过信息共享与资源优化配置,从用户需求的科学管理,到货物的科学配载、最优线路的规划、用户信息化签收等一系列创新实现企业内外部信息实时共享。一方面,提升物流服务速度,实现了区域内24~48小时按约送达;另一方面,有效提升物流社会化资源利用率并达到30%以上,从一日一配提升至一日两配、三配。同时高效智能化物流平台对于推动绿色物流以及提高物流资源有效利用率起到积极的作用。

4. 标准化引导:"七定配送"引领标准

虚实融合物流服务平台,是一个精准、快捷、高效的用户差异化体验平台。其中运营模式的核心是"七定配送"。"七定配送"的内涵具体如下。

(1) 定单。用户下单后,订单信息会同步在物流系统中显示,物流实时接单,并每小时对系统传输的订单按用户地址、产品及用户需求送达时间信息进行分类。

(2) 定人。根据用户订单量、地理分布划分区域内配送路线,每条专线指定专业服务人员(线长),使其负责进行全流程用户订单信息的在途监控。

(3) 定车。线长根据订单需求配车,系统查询配送车辆所在位置,确认车辆状态及时间安排,指定车辆(司机),进行合理化配车并制作配送单。

(4) 定点。配送订单生成并通过信息系统同步传送到仓库。仓库事前按单备货和装卸资源的准备。配送车辆司机根据配送订单信息,准时到达指定提货码头口进行装车。

(5) 定线。按线路、产品及用户地址进行装车,且司机提前2小时与用户预约送货时间,按约送达。

(6) 定时。根据与用户事前约定的时间准时送达,将货物安全、准时送货到门;实现送装同步、货票同步,满足用户个性化需求。

(7) 定户。送货入户后,服务人员首先主动公示服务名片及服务内容要求,并请用户进行监督。用户签收后,服务人员在手机终端上传签收信息,实现订单信息流闭环。对于用户签收不满意信息,由该线路指定服务人员负责与用户沟通并一票到底解决。

服务结束,用户可通过网络或电话进行最后一公里物流服务评价。用户评价将持续驱动用户服务体验的改善。

(案例来源:中国物流与采购联合会,中国物流学会.物流行业企业管理现代化创新成果(2013—2014)[M].北京:中国财富出版社,2014.)

第3篇
创新篇

第 7 章 CHAPTER

供应链服务运作管理与创新

 学习目的

- 理解供应链服务的内涵及发展过程；
- 掌握供应链服务的五种经典模式；
- 了解供应链金融创新的基本形式；
- 理解供应链金融和物流金融的区别；
- 了解智慧供应链金融的内涵及运作机制；
- 掌握供应链服务未来发展趋势；
- 理解智慧供应链服务创新的内涵及特征；
- 了解智慧供应链创新的三大路径；
- 培养创新能力，增强管理意识和创新意识。

第 7 章微课

案例 7-1

夏普的困境

夏普作为全球知名的家用电器制造商，自创立以来推出多件划时代的产品，而随着夏普上下游供应链的复杂程度不断加深，夏普也面临着供应链效率低、响应速度变慢、生产计划难以预测等诸多挑战。自 2016 年 8 月夏普被富士康收购后，同年 10 月富士康改组了夏普的物流部门。SJL（日本准时达）由夏普与准时达于 2016 年共同出资成立，作为准时达在日本的子公司，通过软硬件结合的方式，为夏普提供制造业供应链端到端的全链条优化，协助夏普完成供应链转型升级，实现扭亏为盈。自 SJL 成立以来，夏普已经降低两成物流总成本。

夏普销售网络遍布全球，由于需要采购的原材料种类多，需要同时对接的供应链也很多，造成订单处理周期缓慢，同时，供应商交货、国际国内运输、仓储、清关、汇款等环节标准不统一致使到货时效地、结算过程烦琐、成本高、全程供应链难以掌握。SJL 通过对夏普供应链体系进行深入调研、分析和论证，向夏普提供采购执行、供应商管理库存、JIT 等创新供应链服务，为夏普整合了供应链各环节的资源，做到了前置运力规划，实现了实时库存管理，让夏普在实现全流程库存 JIT 交付的前提下，实现成本最优，并且降低了夏普的库存成本，提升了企业现金流。

针对夏普供应商遍布全球各地、每日有大量进口业务需要通关作业,实时人工核对发货信息较为烦琐的情况,2019 年 6 月,准时达运输协同项目在夏普正式上线,帮助夏普实现从采购到运输业务的流程优化、多角色在线协同、运费在线自动核算等强大功能,完成了夏普的数字化管理,实现了全球运输降本增效。

通过 SJL 为夏普提供的全球供应链管理服务,夏普的供应链服务人力成本优化 70%,物流采购成本优化接近 20%,作业和沟通效率提升 50%,订单交付时效提升约 30%,作业准确率提升至接近 100%。

由此看来,在如今的经济大背景下,供应链服务将变得越来越重要。

(案例来源:国家发展和改革委员会经贸司,中国物流与采购联合会.物流业制造业深度融合创新发展典型案例(2021)[M].北京:中国财富出版社,2021.)

7.1 供应链服务的兴起与内涵分析

随着生产采购的全球化、社会分工的细化,企业在经营活动中供应链上下游之间的关系网变得越来越复杂。然而一般的生产制造企业并不具备管理复杂供应链系统的能力,或者说管理的成本极高。于是,一批具有较强资源整合能力以及供应链管理技术的企业开始涌现,它们作为第三方专门为生产制造企业提供专业化的供应链管理服务,供应链服务的概念也应运而生。

7.1.1 供应链服务的兴起

供应链服务是指服务型企业承接工贸企业非核心业务外包,并对其供应链的商流、物流、信息流和资金流进行整合和优化,从而形成的一种以共享、开放、协同为特征,以平台化为手段的创新性一体化商业服务。一般来说,从事供应链服务的企业将基于生产/商贸企业的供应链上下游结构,对供应链的物流、信息流和资金流进行整合和优化,为供应链的采购、生产、分销等环节提供增值性的服务。

供应链服务的思想最早可以追溯到波特在 1980 年《竞争优势》中提出的"价值链"思想[1]波特将企业的价值活动归纳为九种,由五个基本活动和四个辅助活动组成,他认为"价值链将一个企业分解成战略性相关的许多活动,企业通过比竞争对手更廉价或更出色的开展这些活动来赢得竞争优势"。波特的价值链竞争的核心思想可总结为,企业活动由一系列的战略性活动组成,但不是每个活动都是创造价值的,企业所创造的价值都来源于价值链上某些特定的创造价值的环节(嵇瑾,2009)[2]。基于此思想,1990 年 Hamel G 和 Prahalad C K 提出了"非核心业务外包"的概念[3],是指企业将一些非核心的、次要的或辅助性的功能或业务外包给企业外部的专业服务机构,利用他们的专长和优势来提高企业的整体效率和竞争力,而自身仅专注于企业具有核心竞争力的功能和业务。在全球外包的发展趋势下,不少制造企业纷纷将采购、物流、售后等服务外包给专业的供应链公司,由供应链公司负责对制造

---

[1] 迈克尔·波特.竞争优势 [M].陈小悦,译.北京:华夏出版社,2005.
[2] 嵇瑾.一站式供应链管理服务的运行机制和实证研究[D].广州:暨南大学,2009.
[3] HAMEL G, PRAHALAD C K. The core competence of the corporation[J]. Harvard Business Review, 1990, 68 (3):79-91.

企业的上下游供应链业务进行处理，从而形成了供应链服务。

在学术研究中，国内对于供应链服务的研究是从第四方物流开始的。1998年埃森哲咨询公司率先提出第四方物流并以此作为专有的服务商标进行注册后，国内理论界就对第四方物流的定义和内涵展开了激烈的讨论。杨鹏（2001）[①]、姜灵敏和官东（2003）[②]等学者认为，第四方物流是供应链服务创新的主题，第四方物流服务提供商是一个供应链集成商，它对公司内部和具有互补性的服务提供商所拥有的不同资源、能力和技术进行整合和管理，提供一套供应链解决方案。之后宋华（2003）[③]又对第四方物流的本质与功能特点进行了详细的梳理，并探讨了第四方物流发展过程中的问题与风险控制，认为第四方物流的发展必须建立在第三方物流行业高度发达和企业供应链业务外包极为流行的基础上，而当时我国并不具备大范围推广第四方物流的条件。

随着我国物流业的快速发展和全球经济竞争环境的变化，运输和通信成本不断降低，更多的企业开始对全球的资源和市场进行整合，以创造更高的利润，企业之间的竞争开始转变为供应链之间的竞争。但全球竞争也使得供应链的复杂程度大大增加，复杂的供应链管理使企业无法专注于自身的核心业务，发展供应链服务时机逐渐成熟，于是一些具有较强的供应链管理能力和资源整合能力的企业开始专门承接其他企业的非核心业务，用自己的专长为企业提供供应链服务（如利丰集团）。供应链服务作为一个新兴名词受到了广泛的关注并且逐渐取代了第四方物流的说法。随着实践的深入，学者们也开始从运营层面探讨供应链服务企业的商业模式。谢磊（2006）[④]分析了我国外贸进出口权全面开放后的中国传统外贸企业的处境，阐述了其转变为供应链服务商的契机与优势，并为外贸企业的转型提出了相应的对策。刘伟华和彭岩（2010）[⑤]在金融危机的背景下，回顾了金融危机影响与外贸型物流企业供应链服务战略的研究现状，利用likert量表进行了问卷调查，给出了外贸型物流企业融入供应链服务的发展战略模型，总结了五种融入供应链服务的发展战略路径。霍春辉等（2009）[⑥]将研究拓宽到一般的企业，分析了供应链服务这种商业模式兴起的背景，并对其上游供应商网络管理能力、下游客户网络拓展能力、供应链解决方案设计能力、供应链金融服务能力、风险控制能力、供应链物流服务能力、供应链信息服务能力等能力基础体系进行了分析。近年来，大数据等信息技术的出现让供应链服务得到了进一步的发展，产业集群和生态圈逐步成为研究的热点。王元十（2015）[⑦]在产业集群供应链以及供应链协同管理的基础上，对企业集群供应链服务平台的构建进行了分析，并重点介绍了其组织构架和功能模块及其运行机制。计国君等（2016）[⑧]对近年来大数据驱动下的全渠道供应链服务创新及其关联因素进行了综述，构建了基于大数据驱动下全渠道供应链服务创新的决策框架，为服务创新优化决策提供支持。因此，2010年以来，供应链服务已成为热点话题。

---

① 杨鹏.第四方物流:供应链服务的创新[J].IT经理世界,2001(13):84-88.
② 姜灵敏,官东.第四方物流——供应链服务创新的主题[J].商业研究,2003(20):150-151.
③ 宋华.整合供应链服务提供商——第四方物流[J].经济理论与经济管理,2003(8):40-44.
④ 谢磊.外贸企业向供应链服务和管理商转变的契机与谋划[J].求索,2006(2):36-38.
⑤ 刘伟华,彭岩.外贸型物流企业融入供应链服务的发展战略研究——以金融危机为背景[J].武汉理工大学学报(社会科学版),2010(2):188-193.
⑥ 霍春辉,刘力钢,张兴瑞.供应链服务集成商业模式解析[J].经济问题,2009(7):52-53.
⑦ 王元十.集群供应链服务平台构建与管理机制研究[D].昆明:昆明理工大学,2015.
⑧ 计国君,余木红,KIM H T.大数据驱动下的全渠道供应链服务创新决策框架[J].商业研究,2016(8):152-162.

7.1.2 供应链服务的发展

供应链服务的形成不是一蹴而就的,它经历了一个循序渐进的发展过程。一般的供应链公司或从贸易,或从物流或从通关等领域起步,形成了集成服务的创新,最后拓展到供应链服务中。从上文介绍的物流行业分层模型来理解,我们所说的供应链服务一般由处于塔尖或其下一层的供应链公司来承担。不同于其他两种物流业态,供应链服务的提供商主要是基于生产企业的供应链上下游结构,对其供应链的物流、信息流和资金流、商流进行整合和优化,其核心竞争力在于协调跟踪能力、全球服务能力以及它的专业技术和行业经验。

如图 7-1 所示,供应链服务的发展通常可分为以下三个阶段(王子先等,2012)①。

第一阶段:单一产品服务阶段。在这个阶段中,企业主要从事一些单一的业务,如运输仓储、进出口代理等,业务功能较为简单,盈利模式也比较单一。也就是行业分类中的功能性物流企业。

第二阶段:简单组合产品阶段。随着业务的不断发展和市场竞争的不断加剧,企业从事单一产品的利润率越来越低,市场竞争力也越来越薄弱,为了提高市场竞争力,一些物流或外贸企业开始尝试向产品组合模式演进。通过简单的产品组合,不仅能使业务加快拓展,业务规模迅速扩大,还能形成一些产品组合,提高公司运作的盈利水平。也就是行业分类的综合性物流企业。

第三阶段:供应链集成解决方案阶段。该阶段的形成标志着供应链服务作为一套成熟的商业模式正式形成。在这个阶段中,不同的供应链服务公司依托自身的核心产品和战略资源,加大力量开发供应链服务的深度和广度,进而在市场上形成了多元化的业务服务模式。

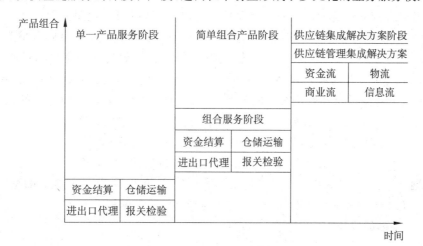

图 7-1 供应链服务发展的三个阶段

案例 7-2

苏宁的供应链发展战略

苏宁创立于 1990 年,在境内外拥有两家上市公司,是中国领先的商业企业。苏宁有 30

---

① 王子先,郑艳玲,闫振坤.深圳市供应链管理行业发展报告[M].北京:经济管理出版社,2012:49-50.

万员工,服务全球6亿用户。2020年中国民营企业500强排行榜中,苏宁以6 658.59亿元的规模位居第二。秉承"引领产业生态,共创品质生活"的企业使命,苏宁产业布局零售、地产、金融三大板块,其中,苏宁位列《财富》世界500强。从苏宁的整个发展历程来看,可以分为三个阶段,分别扮演了三个不同的角色,完成了从零售商到电商平台再到供应链服务商的转型升级。

第一个阶段:从1990年公司成立至2012年,苏宁从线下实体店开始发展,凭借自身优良的业绩实现上市,成为全球家电连锁零售业市场价值最高的企业之一。公司不断发展的同时也围绕供应链思想进行了改革。

第二个阶段:从2012年到2020年,苏宁先后更名为苏宁云商及苏宁易购,持续推进新十年"科技转型、智慧服务"的发展战略,云服务模式进一步深化,逐步探索出线上线下多渠道融合、全品类经营、开放平台服务的业务形态,不断探索新的模式,致力于打造全场景的智慧零售生态圈。至此,苏宁依托线上电商平台和线下实体店的供应链格局模式已经成型。

第三个阶段:从2020年以来,苏宁提出由"零售商"升级为"零售服务商"的转型战略,通过输出自己的核心能力,为用户提供供应链综合服务。今后,苏宁的服务不再只是面向消费者,更重要的是面向中小零售商等B端合作伙伴,为他们提供供应链、物流、金融与科技等核心服务。

通过不断地发展,苏宁从一个单一的家电零售商成长为一个具有创新精神的大型供应链平台企业,从一个单一的企业运营者成长为一个负责任的供应链组织协调者,其成长过程构成了供应链管理实践的成功案例。

供应链服务发展的驱动因素是顾客需求的变化。21世纪初,在国内制造业以及出口形势大好的时候,供应链服务企业多是与制造业进行对接,为制造业提供从代理采购到分销执行的供应链全程运作。2010年以来,国内制造业形势下滑,同时互联网技术的兴起和运用使得广度供应链服务利润被压榨,供应链服务企业开始转向深度服务,专注于平台的搭建。2015年之后,大数据以及互联网技术的普及,使得新业态不断涌现,企业原有的运营模式逐步被打破。富有远见的企业开始更加重视与供应链上的利益相关者共同建立价值生态系统,而不只关注以自身能力或资源来构建竞争优势。基于此,目前的供应链服务企业纷纷向商业生态圈的模式发展。商业生态圈是以共享、共赢为宗旨,汇聚多样化组织,构建能力互补的价值网络,实现全链条上关键的优势资源协同发展、跨界融合,形成强大的竞争力,从而创造一种动态平衡的商业发展生态,让所有参与者共享生态圈机会和生态圈利润,从而实现最经济、最大限度的成长。

 案例7-3

怡亚通发展三部曲

怡亚通是中国领军的供应链服务企业之一,其成功的背后是对顾客需求和商业发展趋势的深刻理解和把握。从1997年成立以来,怡亚通发展主要经历了三个阶段。1997—2009年:行业服务型企业。这一阶段怡亚通主要专注于非核心业务外包服务,从IT业务入手,最后成为IBM、惠普等世界500强企业的一站式供应链服务提供商。2010—2014年:平台型企业。这一阶段怡亚通成长的亮点是"380计划",即计划在2017年前完成在中国380

个城市建立深度分销平台,将传统渠道代理模式转变为平台运营模式,覆盖1~6级城镇,打造一个覆盖近10亿人口的快消行业B2B平台。2015年之后:生态型企业。怡亚通在创始之初就在企业文化中注入了"共荣、共生、共享、共赢"等元素,2015年,怡亚通将自身定位为"第三代互联网生态型企业",致力于打造一个共享共赢的O2O供应商生态圈,以提高供应链商业价值,推进中国流通业发展。

7.1.3 供应链服务的内涵

供应链服务与供应链管理是两个不同的概念,在实际运用中却时常被混淆。供应链管理是指公司内部对其自身的供应链进行管理,而供应链服务是指供应链服务公司承接了产品或服务生产和运动过程中的代理采购、库存管理、虚拟生产、分销执行和物流运输、进出口通关、融资、税收等各项外包业务,并通过资源整合和再次外包来为客户提供定制化、集成化的供应链解决方案。如表7-1所示,供应链服务其实就是将公司供应链管理业务内容外包的一个过程。供应链服务公司通常具备提供物流、商流、信息流和资金流四个方面的服务,就像一个大超市,客户能够自主选择他所需要的单个或者"四流合一"的整合服务。供应链服务公司打破了地域、行业、企业及上下游之间的重重屏障,为客户节约成本、提升价值的同时,实现企业自身价值的增值(王子先等,2012)①。

表7-1 供应链服务"四流合一"的主要功能及内涵

类别	主要功能	供应链公司能提供的服务项目
商流	货物在由供应者向需求者转移时,货物与其等价物的交换和货物所有权的转移	参与市场调研、做出需求预测、谈判撮合、作为交易的对手参与货物的买卖交易
资金流	随着商品实物及其所有权的转移而伴随发生的资金往来	商业信用放大、融通仓、代垫税款、代开信用证、外汇支付便利
物流	货物从供应者到最终用户的全程实体形态的流动	运输、仓储、包装、装卸、分拣、供应商库存管理、通关保税、集货、其他增值服务
信息流	物流、资金流、商流的流动影像,分为信息采集、传递和加工处理	条码管理、在途查询、数据报送、供应链管理系统开发

"四流合一"是供应链服务的基本内容。近年来,随着业务的需要,许多供应链公司开始提出"五流合一"的概念。如普路通为客户实行的供应链服务中,增加了"工作流"这一内容,就是将业务流程自动化,使各环节能够无缝对接;浪花公司在为客户提供供应链服务时增加了"增值流",即在完成基本功能的基础上,根据客户需求提供各种延伸业务活动,比如融资支持、信息服务及所有相关服务。

从供应链的组成来看,供应链服务的工作流程可分为供应链上游、中游以及下游三段。上游段落的工作主要包含设计、采购及生产。以顾客为中心,先分析顾客需求,设计和开发产品,选择生产商和供应商,制订生产计划,采购原材料,监控生产和保证品质。中游段落工作主要是批发与代理,具体可分为合约生产、顾客需求分析、物流、市场营销和去销售渠道管理。下游段落主要负责零售,主要是零售商的市场策划、顾客服务的需求分析,以及零售商

---

① 王子先,郑艳玲,闫振坤.深圳市供应链管理行业发展报告2012[M].北京:经济管理出版社,2012.

和供应商之间的直接配送和中央仓配送。在整个上、中、下游的供应链服务工作流程中,配套的物流、信息流及资金流服务是必不可少的[①]。

关于供应链服务的内涵,还有一个关键的问题是:供应链公司的利润从哪来呢?通过对供应链服务公司的服务项目进行分析,供应链服务的利润主要存在以下五个渠道:①单纯降低单位成本的运输费用、仓储费用以及其他物流费用。②有效实现物流运作的一体化设计和系统集成服务,减少物流运作过程在时间和空间上的消耗,提高物流运作效率。③通过提高物流全过程的科技信息含量,实现物流作业的增值效益。④为上下游提供增值服务。⑤提供融资、信息等服务。

我们可以将供应链服务的利润来源归纳为服务、管理以及结合三个关键词,供应链服务的利润就是围绕这三个关键词的组合而形成的,如图7-2所示。

(1) 服务。包括设计服务、执行服务、反馈服务,成为客户的服务专家,为客户提供定制后的服务解决方案。

(2) 管理。帮助生产企业管理其供应链上的采购、生产与分销,成为客户的管理专家,以更高的服务水平和更低的服务成本获得最佳的服务绩效。

(3) 结合。让物流与资金流、信息流、商流密切结合,达到增值,成为客户的设计专家,实现真正的"四流合一"。

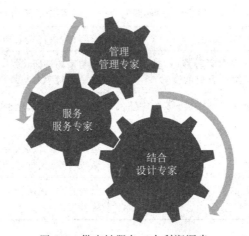

图 7-2 供应链服务三大利润源泉

案例 7-4

朗华集团的"供应链+"创新模式

朗华集团成立于2006年,注册资金1亿元,是一家率先与国际接轨的综合性供应链服务商,分深圳、香港、上海、北京四大区域进行管理运营,下辖12家分、子及控股公司,拥有1 000余名员工。集团着重扁平流通中间环节,立足"微笑曲线"左半边,服务实体经济与工业制造环节,对接战略新兴产业、未来产业以及产业升级战略,服务中国制造2025、工业4.0计划,为中国产品制造商提供电子元器件、供制造设备与装备、工业半成品、工业生产与流通

---

① 利丰研究中心,供应链管理:香港利丰集团的实践[M].北京:中国人民大学出版社,2009.

技术等综合供应链服务。十年来,朗华始终以70%的年增长率保持跨越式发展,一般贸易进出口业绩持续名列前茅,累计突破1 700亿元,并蝉联"中国进出口企业500强""中国民营企业500强"等荣誉排名。

朗华不断走在创新探索道路上,提前布局"供应链+"战略规划(见图7-3),推动全球化业务模式,率先打造"中国首家工业供应链",服务于中国供给侧改革战略。

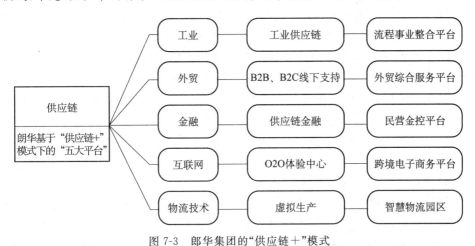

图7-3 郎华集团的"供应链+"模式

(案例来源:中国物流与采购联合会. 深圳市朗华供应链服务有限公司:朗华供应链管理模式创新[EB/OL]. (2016-11-09). http://www.chinawuliu.com.cn/xsyj/201611/09/316754.shtml.)

7.1.4 供应链服务的特征

1. 以商业平台形式集聚众多跨界的经营主体,为其提供一体化供应链协同服务

通过整合国内外的各种有效资源,利用现代化的物流信息化技术,为上游企业尤其是跨国企业提供包括国际/国内采购、国际货代、进出口代理、运输配送、供应商库存管理、分销执行、供应链金融、销售代理、售后服务、供应链解决方案、电子商务物流在内的多项服务,通过对信息流、商流、物流、资金流的反馈,将供应链上的供应商、物流商、制造商、分销商、零售商及终端客户等每一个环节形成一个战略联盟。根据企业能力的不同,有的企业提供的一体化供应链服务涉及供应链上下游管理中的大部分环节,而有的企业偏重于供应链上游或下游环节的服务。随着供应链服务企业的发展和市场竞争的加剧,一体化业务链条将不断延伸,业务内容将不断创新。

2. "四流合一"的供应链综合服务

融合信息流、商流、物流、资金流,越来越多的供应链服务企业建立起"四流合一"的供应链综合服务体系和网络,实现系统、数据、物联网的广泛整合,以信息化支撑制造服务化、服务电子化、商务平台化、物流网络化。供应链综合服务是建立在公司全球商流、物流网络及强大的信息系统下的各环节服务的组合,是除了针对企业核心业务(产品研发及市场营销)外的其余全部供应链服务。由客户订单需求开始,服务范围涵盖并贯穿从产品设计到原材料供应、生产、销售等整个生产经营活动,中间经过运输和仓储,把产品送到最终用户的整个流通过程,并通过对供应链各环节的商流、物流、信息流、资金流进行计划、协调、控制和优化,结合准时制运作管理,帮助企业专注于核心竞争力、削减管理及运作成本、增强服务能

力,提高客户满意度,最大限度地为客户创造价值。

3. 重视信息技术在供应链服务中的应用

以信息、人力、网络等作为供应链服务的"软要素",即主要通过对现代信息技术手段的运用、对本行业商业及人脉网络的整合、对相关信息资源的占有和梳理、对企业生产环节的管理优化等手段来提供服务。随着互联网技术的广泛应用与电子商务的迅速崛起,供应链服务商作为整个供应链体系的信息交换与处理中心,通过对信息的整合处理,形成原材料、产成品和市场的需求信息,并及时传递给供应商、物流服务商等。对电子数据交换、条码技术、射频技术、电子商务、全球卫星定位系统等关键技术的普及推广以及对云计算、大数据、物联网、移动互联网等新技术、新概念的积极运用,不断增强服务能力。

信息技术的应用可对供应链服务产生五个方面的影响:①通过精准库存控制及时了解消费者和市场的需求;②优化供应链伙伴关系,减少中间环节;③高效敏捷整合业务资源,达到优化匹配;④实现供应链上下游的及时决策,做到无盲点;⑤改变产品和服务的存在形式和流通方式。

4. 通过增值服务获得利润增值

在提供服务的过程中,高度集成与共享供应链环节信息,保障各环节在整体管理环境中协作经营和协调运作,在服务中注入解决方案设计,将平常业务"集成整合"后转化为知识含量极高的增值服务。企业在帮助客户有效整合优化现有供应链,加快供应链的运作速度和资金流转,降低供应链的交易成本的同时,获得服务佣金或者资源整合过程中带来的利润增值。

5. 强调"类金融"服务

供应链服务公司通过动产质押、订单融资、采购分销执行、退税融资、融资租赁、保理等方式,为供应链上下游企业提供类金融服务,其实质是银行通过供应链服务平台为上下游客户提供资金服务,实现贷款风险的控制。"类金融"服务已成为供应链服务公司获取更多业务订单、保持核心竞争优势、实现产融结合、为实体经济服务的重要方式。

6. 依托保税物流基地延伸服务

新型的保税物流体系是以保税港和保税物流园区为龙头,以保税区、保税物流中心和出口加工区为枢纽,以优化的保税仓库和出口监管仓库为网点的结构化保税物流运作体系。供应链管理服务企业以保税物流基地为依托,协助境外客户在保税区域内直接从事国际贸易,形成了整个供应链上的服务延伸,通过保税物流运作模式,可以帮助企业实现出口集货,并能提前办理退税手续;形成真正的境外交易或国际结算,免征增值税和消费税,方便企业开展多种形式的国际贸易业务;实现进出口集拼箱及国际中转业务,进一步降低企业国际运输成本。

7.2 供应链服务的五大经典模式

供应链服务的发展与制造业自动化、企业管理的信息化、企业经营管理理念及消费者需求的发展密不可分。目前供应链服务正朝着网络化和深度整合的方向发展。然而由于不同国家和地区的经济发展和特点不同,公司业务向供应链服务发展延伸的轨迹也不尽相同。根据发源的主体企业类型和发展轨迹可将供应链服务分为以下五种模式:欧美增值经销商型供应链服务模式、欧美第三方物流型供应链服务模式、日韩综合商社供应链服务模式、香港利丰供应链服务模式、深圳供应链服务模式。我国大陆地区80%以上的供应链服务企业聚集在深圳,其中怡亚通、年富、一达通等供应链企业是我国供应链企业发展的标杆企业,其独特的发展模式已成为我国供应链企业发展的代表。

7.2.1 欧美增值经销商型供应链服务模式

增值经销是电子及IT行业中一种常见的形式。增值经销商为所代理销售的产品附加某些性能或服务,随后将整合后的产品销售给终端用户或完成"交钥匙"方案。从一定程度上来讲,为产品附加服务的过程也就是对供应链资源进行整合的过程,因此,增值经销商业务的发展必然是向供应链服务进行延伸。下面以英迈国际为例介绍欧美增值经销商型供应链服务模式。

英迈国际是IT领域的国际分销巨头,在2016年全球500强企业中排名第218位,它不仅是全球最大的技术分销商,也是全球领先的技术销售、营销和物流公司,为全球范围内的IT行业提供综合服务,因此,英迈国际具有供应链服务公司的性质。通过为技术伙伴创造需求和开发市场,英迈国际对整个IT供应链起到重要作用。作为技术产品流通渠道的核心环节,英迈国际通过独创性的产品线整和分销、市场支持活动、外包储运服务、技术支持和资金周转服务等途径,为厂商和分销商创造商机和利润空间。

目前,英迈国际为客户和供应商提供了多种增值服务,其主要增值服务内容如表7-2所示。从英迈国际的增值服务内容中可以看出,其服务范围涵盖了从产品采购到终端销售整条IT供应链。英迈物流是英迈国际旗下主要的供应链服务承担者,其业务范围已从IT行业扩展到非IT行业。英迈物流通过降低成本、提高效率、改善执行对客户的供应链进行优化,尤其擅长多渠道的解决方案,其足迹也正向北美以外的市场拓展。

表7-2 英迈国际主要增值服务

服务类型	服务内容
供应链服务	产品采购、库存管理、订单管理及交付、反向物流、运输管理、配送、售后服务、贷款与应收账款管理等
技术支持	实时多厂商支持、技术专家、售前咨询支持等
培训服务	经销商及终端用户培训课程
财务信贷服务	经销商及终端用户信用额度的延伸、终端用户租赁计划等
营销服务	邮寄广告、媒体广告、电话营销、国内及区域内会展、网络营销等
商业智能服务	通过分析工具对数据库中中断用户记录进行分析,得出高度针对性的营销计划
电子商务服务	EDI、XML、互联网为基础的电子交易
经销商联合会服务	主持相关经销商联合会,为其提供业务联系和资源
云服务	信息协同、安全性解决方案、后台和系统恢复

在IT领域,以增值经销商角色发展起来的具有供应链服务企业特征的公司还有Tech Data、Arrow、Avnet等。除了在IT领域外,增值经销商供应链服务模式还常见于服装等行业。增值服务经销商供应链服务的重要特点就是掌握丰富的供应商和经销商资源,具有一

定的规模和整合能力。

7.2.2 欧美第三方物流型供应链服务模式

在本章第一节的理论部分介绍过,一般的供应链服务公司是由功能型物流服务提供商再转为综合型物流服务集成商,最后发展为供应链服务公司。第三方物流企业作为综合性物流服务集成商逐步将业务范围拓展到整个供应链上的资源整合中,其中北美的第三方物流市场起步早、发展相对成熟,下面以全球三大快递巨头之首 UPS(联合包裹)为例对第三方物流型供应链服务模式进行简单介绍。

UPS 于 1907 年作为一家信使公司成立于美国西雅图,2012 年 UPS 收购欧洲快递巨头 TNT 后,成为营业收入最高的全球第一大快递公司。经过多年的发展,UPS 的业务不局限于简单的包裹快递业务,目前其拥有三个业务部门:美国国内包裹业务、国际包裹业务、供应链及货运业务。表 7-3 简要概括了这三大业务部门的服务内容及发展趋势。

表 7-3 UPS 三大业务部门的服务内容及发展趋势

业务部门	发展趋势	基本服务	增值服务
美国国内包裹业务	比例逐步下降	国内限时包裹投递、特快加急、特速和快捷服务	网上发货、货款到收、超值保险、运输通知等
国际包裹业务	比例逐步上升	包裹在美国与境外之间及美国境外的全球特快加急、特速和快捷服务	国际货到付款、超值保险、国际货物直接运抵目的地国家或地区内的多个地址、全球集中清关、递送证明和通知服务等
供应链及货运业务	新业务不断扩展,其比例不断上扬	包括物流、货运、邮件和金融服务,物流与配给、运输、货运代理、清关代理等	服务零配件物流、技术维修和配置、供应链设计和计划、域或管理和经济零配件递送等

UPS 供应链解决方案公司是在 2002 年正式成立运作的,正式将 UPS 的业务从单一的包裹递送扩展到以物流、快递、金融、供应链咨询为核心的全方位"第四方物流"管理,即全程供应链服务。其倡导的"三流合一"即物流、信息流、资金流的统一已经成为供应链服务的最佳实践之一。随着国内市场的逐渐成熟,国内一些领先的第三方物流公司也积极地向供应链服务模式转变,如顺丰速递的供应链金融服务、日日顺物流的居家大件供应链解决方案服务以及圆通公司的圆通供应链海淘平台。不同于增值经销商型供应链服务模式,由第三方物流企业发展而来的供应链服务模式一般基于其强大的物流网络,以物流活动为中心,为客户提供便捷的金融衍生服务或信息服务等,其核心竞争力就是重资产投资的物流服务能力。

案例 7-5

顺丰的"物流+金融"模式

2010 年,"顺丰宝"的推出标志着顺丰开始布局金融;2011 年 12 月,顺丰宝获得为期五年的央行发布的第三方支付许可——支付业务许可证,该项支付业务隶属顺丰的领导人王卫有着 99% 绝对控股权的"泰海投资";2014 年,在原有的支付许可证书上顺丰又获得了变更内容的第三方支付牌照——银行卡收单牌照,当然企业还是隶属于"泰海投资";2015 年 2 月,顺丰新推出了"顺手赚"的互联网理财产品;2015年3月,顺丰新拓展了仓储融资服务业务;2015年4月底,顺丰与中信银行旗下的中信银行信用卡中心合作推出App应用——"中信顺手付",其意在支付业务。目前"中信顺手付"App已下架,相关业务整合至"顺丰金融"App中。2019年7月,顺丰推出"Rong-E链"供应链金融科技平台,不仅可提供市场上标准的线上化供应链金融产品,还可以提供基于复杂业务场景下的供应链金融综合解决方案,创新性地设计定制化产品。

顺丰金融分别向顺丰客户、顺丰合作商以及顺丰员工提供金融服务。顺丰金融的信贷产品,基于顺丰的物流、仓储、速运、冷运、商业、支付结算等多元业务场景,可实现物流、信息流、资金流"三流合一",建立产业链金融服务体系,提供"物流+金融"综合解决方案;顺丰金融的经营贷产品,是顺丰金融及其合作方,针对顺丰优质中小微企业客户推出的经营性贷款,帮助企业经营;顺丰金融员工贷产品,是针对顺丰员工推出的贷款产品,帮助内部员工解决中短期小额资金的消费或周转需求,形式则为基于移动互联网的小额信用贷款,暂未对外开放。

截至目前,顺丰的"物流+金融"模式已经形成了一个涵盖整个供应链系统,即从原材料到终端客户的完整体系。在生产端到品牌端,顺丰主要推出了订单融资、保理融资和仓储融资服务;在销售端和经销端,主要推出仓储融资和消费金融业务。

顺丰这种"物流+金融"模式是基于物流、信息流、资金流、商流"四流合一"的一套体系。值得一提的是,顺丰资金流信息的两个来源,一个是收货款时从客户手中回收的,一个就是顺丰推出的金融平台——顺丰金融。

(案例来源:顺恒融丰供应链科技有限公司官网,https://www.sf-financial.com/sfjrpc/#/,2022-01-19。)

7.2.3 日韩综合商社供应链服务模式

综合商社发源于日本,并在韩国得以成功复制。它是以贸易为主体,集贸易、金融、信息、综合组织与服务功能于一体的跨国公司组织形式。日本经济学家小岛清认为:综合商社是指在一定时间和场所中起中介作用的一类市场合作体系。其基本定位是提供交易服务,为出口商开发海外市场,为进口商提供最有效的商业动态、市场行情信息,监督贸易双方的商业信用,帮助筹集资金或安排交易,甚至提供全球范围内的运输服务。经过多年的发展,综合商社已经构筑起庞大的交易网络、信息网络和物流网络,它所提供的服务和功能也越来越全面,总体来说可归纳为以下五大功能,如表7-4所示。

表7-4 综合商社提供的服务功能

功能类型	服务内容
贸易功能	为合作伙伴提供广泛的贸易渠道,利用其市场推广力帮助匹配新市场的供需关系
金融功能	提供商社信用、直接融资投资和租赁等服务
产业功能	为贸易提供配套的仓储物流业、资源开发业、原材料加工业等产业支持
信息功能	收集、整理、分析加工信息,为合作伙伴提供行业信息、国际市场行情等情报
其他综合功能	包括物流、咨询、调研等其他服务

对于综合商社而言，其服务范围不是各领域的"客户"，而是与商社产业相关的"战略合作伙伴"或者综合商社所属财团的相关制造公司。他们一般通过入股的方式，与贸易伙伴保持长期稳定的交易关系，例如伊藤忠社于2012年入股美国Zeachem公司，借助伊藤忠社在东南亚的影响力，成功帮助美国Zeachem的第二代生物乙醇技术实现商业化生产并在东南亚全面推广。丰田汽车刚刚进入广州时，其物流网络、配送方案等服务就是由丰田财团下属的丰田通商这一综合商社完成的[①]。

综合商社的供应链服务能力主要来源于其对"商权"的渗透能力。当企业准备进行海外扩张时，综合商社先一步进入市场为制造业铺路。它们先通过低比例持股本地化产业，然后不断追加投资，稀释合作方股份，其目的最终是掌握当地企业的销售网络和资源，学习本地化经营的经验，为之后进入的企业提供一体化的供应链服务。

7.2.4　香港利丰供应链服务模式

香港利丰集团是现在冯氏集团的前身，1902年创立于广州，是最早从事中国产品出口贸易的纯华资公司之一。1937年公司迁至香港，并在香港正式注册成立，早期利丰集团的主要业务是传统的出口业务，在20世纪八九十年代开始拓展业务版图，最后于1989年确定集团的核心业务为出口采购及零售，其负责出口采购业务的利丰贸易子公司于1992年上市。随着全球化不断深入，利丰积极拓展其全球版图，先后收购英之杰采购服务、太古贸易和Colby Group Holdings等公司。2012年成立110周年之际，利丰将其旗下业务重新划分：商贸、物流、分销和零售，同年利丰集团更名为冯氏集团。目前，冯氏集团已成为香港首屈一指的商贸跨国集团，其从商贸企业到供应链服务企业的成果转型已经成为国际供应链服务行业内极具代表性的一种发展模式。其业务架构如图7-4所示[②]。

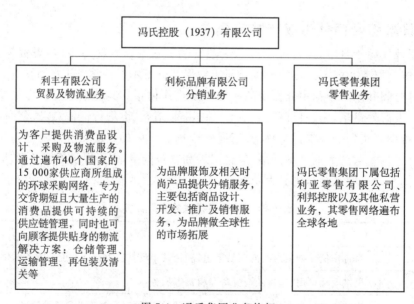

图7-4　冯氏集团业务构架

---

① 中金在线.金权中心，商权天下：日本综合商社的启示[EB/OL].(2012-8-20),http://news.cnfol.com.
② 冯氏集团网站，2016-11-23,http://www.funggroup.com.

冯氏集团从传统贸易商发展成为一家跨国的商贸集团，其成功不是基于发明了某项伟大的产品或软件，而是利用其积累深厚的商业关系、敏锐的市场触觉、创新的流程设计及对顾客和供应商之间关系的维护。冯氏集团的供应链服务涵盖了整个供应链的上、中、下游。其上游业务主要包括客户需求、产品研发、生产商和供应商选择、生产计划的制订、原材料采购等，中游业务主要有合约生产、物流、市场营销和销售渠道管理等，下游则包括零售商市场策划、消费者反馈等。冯氏集团的三个主要下属公司分别经营不同的业务，其提供的供应链服务也不尽相同，但是三个部门相辅相成，为客户提供全方位的供应链增值服务。

7.2.5 深圳供应链服务模式

深圳是我国大陆优秀物流与供应链企业的聚集地，目前集聚了全国80%以上的供应链企业。深圳供应链服务企业的发展得益于服务全球化以及非核心业务外包的趋势，珠三角密集的产业集群、活跃的对外贸易以及发达的现代物流业也加速了其发展的步伐。深圳供应链服务模式深受香港利丰供应链服务模式的影响，深圳大多数供应链企业是从贸易、物流或报关领域起步，进一步发展成为供应链服务公司。目前这些企业的经营规模、业务领域和业务模式各不相同，有的着眼于物流环节，有的重点放在融资服务，有的优势是品牌效应。目前深圳市知名的供应链服务企业情况如表7-5所示。

表7-5 深圳知名供应链服务企业情况

企业名称	服务特点	服务领域
怡亚通	一站式供应链管理服务模式	集中于IT行业，并向医疗器械、家电、化工、服装等领域扩张
年富	一体化财务供应链解决方案	IT行业
飞马国际	高端的"一体化"供应链服务	石油、电信、电子
越海	一体化供应链管理模式	IT行业
朗华	为加工型企业提供全方位服务	光电、通信

从运营模式上来看，深圳供应链服务企业具有以下共同特点：首先，企业的核心资产主要是信息、人力、网络等"软要素"，是典型的轻资产运作。其次，企业的核心竞争力体现在如何更有效地整合优化现有供应链。最后，它们的主要利润来源均是为企业提供增值服务所收取的佣金。

案例 7-6

深圳越海全球供应链有限公司

深圳越海全球供应链有限公司于2012年3月在前海注册成立，是前海管理局成立后首家入驻企业。越海是智慧型物流供应链协同企业。全球知名创投研究机构CBInsights及国家科技部火炬中心数据显示，越海是一家A轮融资就达到"独角兽"级别的物流供应链企业。

越海秉承"整合、协同、共享、创新"的发展理念，创新"一体化供应链"模式。2016年，越海创立"C2B+DIY流通制造"模式，以需求驱动供应链，以供应链协同制造，助力产业向工业4.0时代转型升级。越海通过创新的商业模式、遍布海内外的智慧仓网、先进的物流科技以及强大的综合整合能力，搭建了"社会共享的供应链"体系，助力众多知名企业应对持续变革的消费市场。越海致力于搭建国内外供应链网络，在国内，越海建立了覆盖全国的智慧仓网，运营仓库总数82个，总面积330多万平方米以上；在国外，越海在俄罗斯、菲律宾、马来西亚、印尼、印度、越南等"一带一路"沿线国家陆续开仓运营，逐步构建全球物流网络。2021年，越海创新应用的"B2B＋B2C＋运营执行"一体化供应链管理服务模式，从原材料采购执行、物流、VMI&JIT、进出口代理，协同供应链各环节，并积极开展消费市场物流供应链，被国家发改委评为物流业制造业深度融合创新发展典型案例。依托该解决方案，目前越海已与华为、三星、飞利浦、耐克、小米、阿里巴巴、京东、亚马逊等众多跨国企业建立了战略合作关系。

未来，越海将继续以创新为驱动力，打通供应链全流程创新链条，通过开展供应链创新与应用，布局全球供应链体系，创建智慧型"共享供应链"创新平台，实现资源高效整合、上下游有效协同；持续推进供应链模式创新，深耕"C2B＋DIY"平台模式，汇聚多品牌与电商平台，提高服务附加值；推进供应链技术创新与研发，推动供应链向智能化、数字化、自动化以及可视化方向发展，助推我国企业向全球价值链中高端跃升。

（案例来源：深圳越海全球供应链有限公司官网，http://www.yhglobal.com/，2022-01-19。）

7.2.6 五种经典模式的比较

以上是国内外五种典型的供应链服务企业运营模式，需要明确的一点是，不是说成立了供应链公司就能提供供应链服务，或者说没有成立供应链公司就不能提供供应链服务。从上面的介绍来看，只有怡亚通等深圳供应链服务模式是基于专门的供应链服务企业，其他的都是兼顾其他业务并努力向供应链服务方向发展的。它们的实质都是承接其他企业的非核心业务，并且具备很强的资源整合能力。但是在资产比重、服务领域、服务功能等方面都略有不同。表7-6从资产比重、服务领域、服务功能、跨国性以及利润来源五方面对这五种模式进行了比较。

表7-6 五种经典供应链服务模式比较

模式类型	资产比重	服务领域	服务功能	跨国性	利润来源
欧美增值经销商型	轻资产	IT、服装等领域	围绕产品增值链	高度跨国化经营	增值产品
欧美第三方物流型	重资产	市场领域广泛	物流供应链解决方案	高度跨国化经营	服务费
日韩综合商社型	重资产	商社所涉及的领域	贸易功能、金融功能、产业功能、信息功能等	强调本国内管控，同时跨国发展	投资回报
香港利丰	轻资产	市场领域广泛	围绕贸易价值链	高度跨国化经营	贸易差价
深圳供应链服务型	轻资产	市场领域广泛	从采购执行到分销执行的一系列非核心业务外包	本国内经营	服务费

7.3 供应链金融服务创新

供应链上除了占主导地位的核心企业外,还有许多的中小型企业。多数中小企业的内源性融资不足以支持其运营需要,而其外部融资面临着明显的融资约束(JOHN MATHIS F 和 CAVINATO J 等,2010[1];罗正英,2003[2])。对于中小企业外部融资难问题,一般认为其主要原因有三点。

首先,中小企业公司治理并不健全,使得企业信息具有人格化特征,企业家及管理层的经营能力难以评价,缺乏规范的财务报表和信息披露机制,使企业信息难以获取和评价,融资时存在严重的信息不对称问题。

其次,中小企业固定资产规模小,无形和流动资产比重大,缺乏足够的实物抵押品,难以符合严格的贷款担保及抵押要求,其道德风险和代理成本较高,进而增加了投资者的风险。

最后,中小企业的资金需求具有时间紧、频率高、数额小的特点,为了监督中小企业,金融机构需要付出较高的信息搜集成本和监督成本(张伟斌和刘可,2012)[3]。

总的来说,从银企关系上看,中小企业客观上需要信贷的资金支持,而商业银行又苦于中小企业的条件不足而拒贷,这就造成了银企间关系上的信用隔阂。为了突破这种隔阂,供应链金融服务创新成为最好的办法之一。

7.3.1 供应链金融和物流金融的定义及区别

供应链金融最早是在 20 世纪 80 年代提出来的,随着供应链研究的深入和技术的发展,信息流、物流和商流都得到了很大的提升。而全球性外包活动带来的中小企业融资难的问题迟迟未找到很好的解决办法。原来起辅助作用的资金流成为整个供应链发展的瓶颈,为了解决其所带来的"木桶效应",人们提出了供应链金融的概念。

国外一般称供应链金融为"Supply Chain Finance"或"Financial Supply Chain Management"。Stemmler L and Sesuring S 是最早使用"供应链金融"的作者之一,他们论及由物流产生的资金流的控制和优化,物流引发的财务过程包括:库存管理、处理物流引发的资金流,以及对物流即刻反应的支持过程(王婷睿,2014)[4]。最近的研究是 Cavenaghi E (2013),他认为供应链金融是支付的新前沿,这个创新概念背后的核心观点就是,使用实时的供应链数据来加快支付的速度并且帮助供应商更早地获得资金。在国外学者提出的供应链金融的定义中,最具代表性的就是 Hofman E 在 2005 年提出概念,他认为供应链金融可以理解为供应链中包括外部服务提供者在内的两个以上的组织,通过计划、执行和控制金融资源在组织间的流动,以共同创造价值的一种途径[5]。

国内对于供应链金融研究起步较晚,深度和广度也较为欠缺。一开始,国内的学者关注

---

① JOHN MATHIS F,CAVINATO J. Financing the global supply chain:Growing need for management action[J]. Thunderbird International Business Review,2010,52(6):467-474.
② 罗正英.信誉链假说:中小企业融资能力的放大[J].上海经济研究,2003(5):33-39.
③ 张伟斌,刘可.供应链金融发展能降低中小企业融资约束吗——基于中小上市公司的实证分析[J].经济科学,2012(3):108-118.
④ 王婷睿.农业供应链金融系统动力学仿真研究——以乳制品供应链为例[D].沈阳:沈阳农业大学,2014.
⑤ HOFMANN E. Supply chain finance:Some conceptual insights[J]. Logistics Management,2005:203-214.

的是供应链产生的背景、概念。胡跃飞(2009)提出的定义是"供应链金融就是银行根据特定产品供应链上的真实贸易背景和供应链主导企业的信用水平,以企业贸易行为所产生的确定未来现金流为直接还款来源,配合银行的短期金融产品和封闭贷款操作所进行的单笔或额度授信方式的融资业务"①。闫俊宏等(2007)结合深圳发展银行的供应链金融业务实践情况,对供应链金融进行了定义:"对一个产业供应链中的单个企业或上下游多个企业提供全面的金融服务,以促进供应链核心企业及上下游配套企业'产—供—销'链条的稳固和流转顺畅,并通过金融资本与实体经济协作,构筑银行、企业和商品供应链互利共存、持续发展、良性互动的产业生态。"②这种定义和观点被深圳发展银行(现平安银行)概括为"M+1+N"模式。从目前国内对于供应链金融的定义来看,他们主要是站在金融机构的角度上来理解供应链金融的,并且将供应链融资功能作为供应链金融的全部,并未考虑到期资本结构、成本结构和资金流转周期等问题,从广度和深度上都和国外的理论有一定差距。

最近另外一个比较热门的概念是物流金融。其定义是在面向物流营运过程中,通过应用和开发各种金融产品,有效地组织和调剂物流领域中货币资金的运动,从而促进物流业务的顺利开展,实现物流服务的高绩效。其具体模式在第5章中已经提到,主要包括存货质押监管模式、买方信贷模式和融通仓模式。在理论和实践过程中,物流金融通常被看作供应链金融的一部分或者是等同于供应链金融,实际上,两者是有较大区别的。从服务对象、担保及风险以及物流企业在其中发挥的作用可以看出两者的差异(张璟和朱金福,2009),如表7-7所示③。

表7-7 供应链金融和物流金融的区别

对比项目	供应链金融	物流金融
运作主体	金融机构、核心企业和上下游企业	物流企业、金融机构和贷款企业
服务对象	核心企业供应链中的上、下游企业	符合其准入条件的任何中小企业
担保者	核心企业为主	贷款企业自有资源
风险承担者	整条供应链	贷款企业
物流企业的作用	辅助部门	主要运作方
异地金融机构合作程度	异地的多个金融机构	一般是贷款企业所在地的金融机构

除了上述方面的区别,供应链金融和物流金融的区别还体现在供应链服务的三个维度上,如图7-5所示。

(1) 物流活动的层级,即物流梯度。物流服务已从传统的单一物流环节服务发展到整合物流服务,进而发展为一体化、一站式的物流服务。提供一体化物流服务的能力越强,则物流梯度越高。

(2) 商流梯度。如果金融活动伴随的仅是单一商品生产和交易的环节,则商流梯度较低。相反,若还包含诸如产品的柔性开发、采购供应的组织、全面质量管理等,商流梯度则较高。

---

① 胡跃飞,黄少卿.供应链金融:背景、创新与概念界定[J].金融研究,2009(8):194-206.
② 闫俊宏,许祥秦.基于供应链金融的中小企业融资模式分析[J].上海金融,2007(2):14-16.
③ 张璟,朱金福.物流金融与供应链金融的比较研究[J].金融理论与实践,2009(10):35-38.

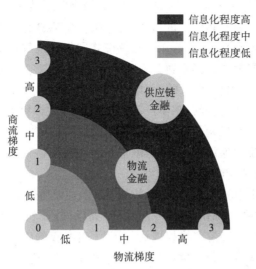

图 7-5 供应链金融和物流金融的区别

(3) 信息梯度。信息的梯度不仅体现在信息的多样化来源上,还包括信息的广度、长度和频率。信息的广度是指供应链上各类信息的整合程度,即能综合反映从订单接收、拣货、配送到客户数据更新等全面信息管理。信息的长度是指信息在供应链中的延伸度,即能否掌握、获取、整合上下游的信息。信息的频率代表了信息的流动性和持续性。

供应链金融无论是在商流梯度或是物流梯度还是信息流梯度上都比物流金融高,物流金融在资金流的产生和相应的风险都更多地凭借物流的整合来实现,而供应链金融是物流、商流和信息流的统一,其风险的控制既来源于对整个交易过程和价值增值过程的设计、运营和管理,又来源于物流方案的设计、流程的运营和操作。

7.3.2 四种供应链金融创新模式

现实中,供应链金融的参与主体主要包括金融机构、第三方物流企业、中小企业以及在供应链中占主导地位的核心企业。金融机构主要通过资金、银行信用及相关金融服务等进入供应链;中小企业在获得核心企业担保和反担保情况下,以第三方物流监管下的存货或自身的应收账款进行质押,解决融资信用不足问题,从而有效降低融资过程中存在的信息不对称。张伟斌和刘可(2012)研究指出,针对供应链金融的融资特点可将供应链融资分为三类:预付账款融资、动产质押融资(也称为融资)和应收账款融资[1]。随着供应链发展的不断深入,企业间开始建立长期的战略合作关系,以减少每次的交易成本。宋华(2015)在上述三种传统的模式上新增了一种模式:战略关系融资[2]。下面将详细介绍这四种供应链金融模式的业务流程。

1. 应收账款融资

根据国际信用保险及信用管理服务机构科法斯集团发布的《2015 中国企业信用风险报

---

[1] 张伟斌,刘可. 供应链金融发展能降低中小企业融资约束吗——基于中小上市公司的实证分析[J]. 经济科学, 2012(3):108-118.

[2] 宋华. 供应链金融[M]. 北京:中国人民大学出版社,2015.

告》,有 89.6% 的企业在业务中采取了赊销模式,赊销已经成为最主要的销售方式,供应链上游企业普遍承受着现金流紧张带来的压力,为了确保供应链运营的持续性,供应链上游企业需要找到较为便捷的资金来源,应收账款融资模式则很好地解决了这个问题。

供应链应收账款融资模式是指企业为取得运营资金,以卖方与买方签订真实贸易合同产生的应收账款为基础,为卖方提供的,并以合同项下的应收账款作为还款来源的融资业务。供应商先与下游企业达成交易,下游厂商发出应收账款单据。供应商将应收账款单据转让给金融机构来获得金融机构的信用贷款,缓解供应商的资金流压力。在此过程中,下游企业作为核心企业起着反担保的作用,一旦融资企业无法偿付贷款利息,银行有权向核心企业索要贷款损失(鲁其辉等,2012)①。

应收账款融资的一般业务流程是:金融机构首先与上游企业,即商品销售行为中的卖方签订协议,一般卖方需将通过赊销(期限一般在 90 天以内,最长可达 180 天)而产生的合格的应收账款出售给金融机构。签订协议以后,对于无追索权的应收账款,金融机构首先需要对与卖方有交易往来的卖方进行资信评估,并给每个卖方核定一个信用额度。对这部分应收账款,在买方无能力付款时,金融机构对卖方没有追索权,而对于有追索权的应收账款,当买方无能力付款时,金融机构将向卖方追索,收回向其提供的融资,其流程图如图 7-6 所示。

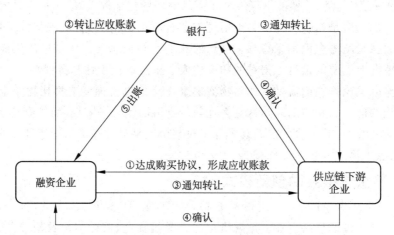

图 7-6　应收账款融资一般业务流程

应收账款融资具体的方法还可分为保理、保理池融资、反向保理、票据池授信、出口企业的特殊融资方式等,这几种方法在细节操作上有些许不同,但是其本质都是相同的,建议学有余力者阅读相关参考资料。

案例 7-7

平行进口车的贸易融资

平行进口汽车是指未经汽车品牌厂商授权,车商从海外市场购买并引入中国市场进行销售的汽车。平行进口车一般比汽车厂商官方渠道 4S 店售价略低,主要品牌包括丰田、路虎、奔驰、宝马等。

---

① 鲁其辉,曾利飞,周伟华. 供应链应收账款融资的决策分析与价值研究[J]. 管理科学学报,2012(5):10-18.

由于平行进口车进口流程较长,车辆价格易受到市场供需或汇率等影响而有所波动,因此进口车商需承担一定风险,部分车商为规避风险,放弃自主进口,转而承接上游车商已到港的车辆,接手车辆后转卖给客户。由于单车车值较高,车商在购进车辆时有资金需求,针对此资金需求,部分金融公司及贸易公司推出针对下游车商的贸易融资服务。

在贸易融资流程中,下游车商仅需20%的资金便可购进车辆,并根据预计的销售进度确定80%尾款的支付时间,在出售车辆取得回款后支付尾款及相关费用,因此资金使用效率大幅提高。同时,贸易公司可委托物流公司将车辆运送至车辆销售地的监管仓库,打破了普通固定仓库监管的地域限制,方便了下游车商后续的车辆销售。下游车商仅需专注于联系货源及车辆销售,企业运营效率也大幅提高。

贸易公司以贸易的形式为下游车商提供融资服务,担保方式为下游车商拟购进的车辆。如车商不能如期还款,贸易公司可自行处置车辆,下游车商已支付的20%款项不予退还,风险基本可控。贸易形式的融资服务同时可使贸易公司较快地提升营业收入,做大业务流水,有利于贸易公司向政府部门申请政策支持或向银行等金融机构申请融资服务。由于贸易公司介入的融资方式亦为上游车商拓展业务提供了便利,因此部分上游公司为发展业务,与贸易公司签订合作协议,对于下游车商违约不能支付尾款的情况,上游车商承诺回购相应车辆,为贸易公司处置车辆提供了便利,同时有利于上游车商拓展自身业务。

2. 库存融资

库存成本是供应链成本的重要组成部分,而库存成本中最为关键的就是库存商品的占用资金及使用成本。以往的供应链研究都是从加强供应链上下游之间的信息沟通出发,试图通过降低供应链的牛鞭效应减少供应链企业的库存,从而减少库存商品占用资金。而库存融资能帮助加快库存中占用资金的周转速度,降低库存资金的占用成本。

库存融资又称为存货融资。库存融资与应收账款融资在西方统称为ARIF,是以资产控制为基础的商业贷款的基础。库存融资是最早兴起的一种供应链融资方式,它最早可追溯到公元前2400年美索不达米亚地区出现的谷物仓单(陈祥锋和朱道立,2005)①。随着仓储技术的发展,物流企业逐渐参与到库存融资的过程中来,逐渐形成了物流金融的雏形。目前我国库存融资的主要模式有:静态抵质押授信、动态抵质押授信和仓单质押授信。

其中静态质押授信与物流金融的存货质押模式类似,同样也是库存质押模式的基本模式,是指客户以自有或第三人合法拥有的动产为抵质押的授信业务。银行委托第三方物流公司对客户提供的抵质押的商品实行监管,抵质押物不允许以货易货,客户必须打款赎货。静态抵质押适用于除了存货以外没有其他合适的抵质押物的客户,而且客户的购销模式为批量进货、分次销售(朱晓伟,2010)②。其业务流程如图7-7所示。

动态质押授信模式是静态质押授信模式的延伸。它的业务流程与静态质押基本相似,不同的地方在于:银行为客户抵质押的商品价值设定了最低限额,允许在限额以上的商品出库,并且客户可以以货易货。动态质押授信模式适用于库存稳定、货物品类较为一致、抵质押物的价值核定较为容易的客户,并且以货易货的模式对于生产经营活动的影响相对较小,

---

① 陈祥锋,朱道立.现代物流金融服务创新——金融物流[J].物流技术,2005(3):4-6,15.
② 朱晓伟.供应链金融下的存货融资模式[J].陕西农业科学,2010(2):155-158.

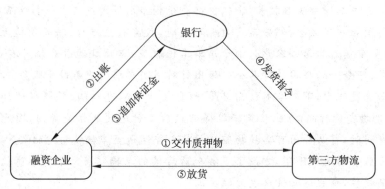

图 7-7 库存融资一般业务流程

特别对于库存稳定的客户而言,在合理设定抵质押价值底线的前提下,授信期间几乎无须启动追加保证金赎货的流程,因此对盘活库存的作用非常明显。

另一种模式是仓单质押模式,平安银行将仓单质押分为标准仓单质押授信和普通仓单质押授信,两者的区别就在于质押货物是否为期货交割仓单。而仓单质押与静态质押授信的区别在于仓单具有有价证券性质,出具仓单的仓库或第三方物流公司需要具备很高的资质,同时银行也应该建立区别于动产质押的仓单质押操作流程和风险管理体系。

3. 预付款融资

预付款融资模式是指在上游企业承诺回购的前提下,由第三方物流企业提供信用担保,中小企业以金融机构指定仓库的既定仓单向银行等金融机构申请质押贷款来缓解预付货款压力,同时由金融机构控制其提货权的融资业务。在此过程中,中小企业、焦点企业、物流企业及银行共同签署应付账款融资业务合作协议书,银行为融资企业开出银行承兑汇票为其融资,作为银行还款来源的保障,最后购方直接将货款支付给银行。这种融资多用于企业的采购阶段,预付款融资可理解为"未来的存货融资",预付款融资的担保基础是预付款项下客户对供应商的提货权,或提货权实现后通过发货、运输等环节形成的在途存货和库存存货。当货物到达后,融资企业可以向银行申请将到达的货物进一步转化为存货融资,从而实现融资的"无缝连接"。预付款融资的基本业务流程如图7-8所示。

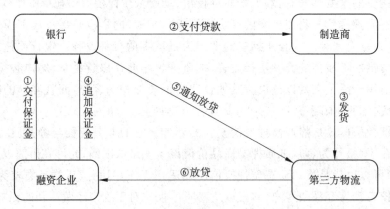

图 7-8 预付款融资一般业务流程

预付款融资又可细分为先票后货、保税仓授信、国内/国际信用证,它们都是在预付款融资基本业务流程下加入了特定情境所需要的业务特点,来保证融资方式的灵活性,但本质都是一致的。

4. 战略关系融资

随着企业之间的合作不断深入,一种新型的融资方式逐渐出现。它是基于供应链中存在着基于相互之间的战略伙伴关系、基于长期合作产生的信任而进行的融资,即战略关系融资。上文介绍的三种融资方式都属于有抵押物的前提下进行的融资行为,而战略融资是不需要抵押物的。战略融资条件下资金的供给与需求方有着非常强大的相互信任的基础,从融资治理方式上来看,战略融资不只依靠简单的契约治理,更多的是供需双方的关系治理。其业务流程如图 7-9 所示。

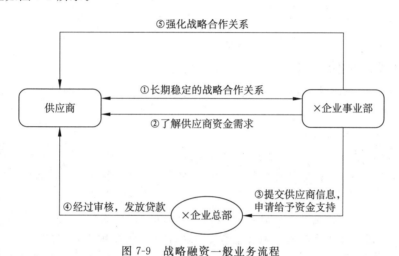

图 7-9　战略融资一般业务流程

这种融资方式的主要目的是通过引入融资加深彼此之间的战略合作关系,为未来创造价值打下基础。特别是在渠道竞争尤其激烈的当下,战略融资行为可以让企业牢牢地把握住优秀供应商,从而提升自身的服务质量,改善供应链整体生态,从根本上塑造供应链竞争优势。

案例 7-8

京东金融云

京东金融是京东数字科技集团旗下专注于金融科技服务的重要业务板块。它诞生于京东集团内部,2013 年 10 月独立运营。京东金融始终基于强大的数字科技能力,致力于让消费者享受专业、安全的数字金融服务,旗下包含个人和企业两大服务体系。在个人金融领域,以"京东金融"App 为载体,通过独有的大数据技术及人工智能风控能力,截至 2020 年 3 月,京东金融携手 400 多家银行、120 余家保险公司、110 余家基金公司,已为过亿的消费者精准匹配了理财产品和信贷服务;在企业金融领域,京东金融相继帮助 800 万家线上、线下小微企业获得安全、触手可及、绿色可持续的普惠金融服务,还为 700 多家各类金融机构提供了数字化解决方案,提升服务实体经济效能。2021 年度的 IDC 报告显示,金融云市场中京东云的增速超过 80%,位列金融云服务市场的第一位。

京东金融云是基于京东金融独特的企业服务理念,采用领先的大数据、云计算和人工智能等技术,并且利用对场景、产品和客户的深厚理解,所推出的企业服务云平台。京东金融云为用户提供了风险控制、反欺诈以及金融账户连接的重要功能。当下,上"云"是全社会数字化转型的大趋势。京东科技展示了"联结产业供应链的数智化金融云"。京东金融云可助力金融机构在数字化转型中建立起符合自身特色和未来需求的云原生底层能力、数据智能能力、产融结合能力、智能风控能力以及全场景营销与运营能力。

京东金融云依托自身电商平台优势,与合作企业之间构建资金内循环,帮助合作企业实现较好的发展,提升了用户黏性并推动了双方伙伴关系的发展,为之后的供应商渠道奠定良好基础。

(案例来源:凤凰网财经.京东数科:硬核数字科技助力产业数字化[EB/OL].(2020-03-04). https://finance.ifeng.com/c/7uZIHfseSYK.)

7.3.3 供应链金融的主要风险

虽然发展供应链金融业务能够带来"共赢"的效果,但同样在发展过程中存在着各种各样的风险,有效分析这些风险来源并加以控制是供应链金融业务创新的关键。

1. 供应链金融的风险构成

供应链金融风险产生的因素包括人为因素、流程因素以及外部事件因素三个方面(许玮玮和谢墩游,2010)[①],其中人为因素多是指物流仓储公司现场管理人员玩忽职守或是与借款人联合进行欺诈等原因造成的操作风险,以及银行在监管过程中由于责任人员对仓储机构准入条件审查不严格、巡核库工作流于形式等导致的风险;流程因素是指在供应链物流金融业务过程中,银行如果无法有效杜绝合同、协议以及操作流程设计中的漏洞与缺陷,不能严格按照规定流程办理业务,会导致内外部欺诈事件的发生;外部事件因素是指偶发的风险有可能引起供应链金融业务的损失,如火灾、盗抢等外部事件造成质押物的损失,以及安全监管设施故障等引起的损失。

2. 物流供应链金融风险的产生来源

作为一种金融业务模式的创新,金融风险主要有以下几方面的来源。

(1) 源自核心企业的信用风险。供应链融资的基础是信用基础,信用基础也是供应链整体管理程度乃至核心企业管理的管理与信用实力,伴随着融资工具在供应链上、下游的延伸,风险会随着供应链进行相应的扩散(Gelos R G 等,2012)[②]。此时,最大的金融利益会主要集中于核心企业,这也就意味着风险会相对向核心企业处集中。一旦整条供应链中的某一个成员或某一个环节在融资方面出现了问题,其影响必将沿着供应链迅速蔓延,供应链上的每个成员都将受到影响,稍有不慎将导致供应链的断裂,进而引发大的金融灾难(王波,2011)[③]。此外,由于国内银行在实际操作的过程中,为了给供应链上的企业提供更大的支持,他们通常会将核心企业的信用进行10%~20%的放大,来帮助企业不断开发业务、扩大规模。现实问题是,一旦这家核心企业在10家银行办理供应链融资业务,并且每家银行都

[①] 许玮玮,谢墩游. 供应链金融的风险研究[J]. 经济研究导刊,2010(16):88-89.
[②] GELOS R G, WERNER A M. Werner. Financial Liberalization, Credit Constraints, and Collateral: Investment in the Mexican Manufacturing Sector [J]. Journal of Development Economics,2002,67(1):1-27.
[③] 王波. 论供应链金融下应收账款融资模式风险及其防范[J]. 江苏经贸职业技术学院学报,2011(1):10-13.

按照既往工作模式来对核心企业授信支持的话,这个核心企业的信用在无形之间就被扩大了100%~200%,这将对企业承担如此巨大的信用增长提出巨大挑战,同时对于银行来说,这对其监管能力也是巨大的考验。

(2) 源自供应链上中小企业的财务风险。中小企业进入产业时间相比大企业要晚,由于缺乏管理经验、财务制度尚不健全、企业信息透明程度不高等,其资信程度不高。许多国内中小企业都存在缺少良好连续经营记录或难以获得财务审计部门足够承认的现象,这对中小企业的有效融资带来了困难。

(3) 来自银行内部的操作风险。将仓单乃至物流过程作为质押对象是供应链金融的创新之处,同时这也将牵涉到如何对仓单和物流过程进行定价评估的问题。因为价格的变动与调整,质押对象同样会面临价值的升值或是贬值,一定程度上可能引起抵押风险(Francis R,2008)[1]。此外,银行内部同样要防止内部人员的操作失误或者内外勾结的欺诈与作弊。对于抵押品的评价与估值,应该以科学的方法,严格的操作制度,本着客观公正的宗旨保证评价与估值的准确,以避免银行利益的受损。

(4) 源自物流企业服务运作模式的风险。物流企业在供应链金融中承担了仓单质押、代客结算、信用担保等工作,这些工作在服务过程中,如果操作不恰当或失误会导致物流企业丢失担保资格,甚至会影响到自身及其他方面的业务。此外,物流企业在代客结算服务模式中往往承担了更大的信用风险,一旦物流企业财务资金运转出现问题,都会随着供应链蔓延给其他企业造成风险(何志慧,2011)[2]。

(5) 源自供应链上各企业信息传递方面的风险。对于企业而言,每家都是独立经营和管理的经济实体,供应链在一定意义上成为未签订协议的、松散的企业间联盟,随着供应链规模的不断扩大与结构的日益复杂,供应链上错误信息的出现势必随之增多(张华等,2007)[3]。由于上下游企业间沟通不充分将导致信息传递延误,也将对客户需求以及产品生产中的某些意见产生影响,难以满足市场的需要(张琳,2011)[4]。上述情况将导致不正确或有偏差的信息传递给商业银行,进而影响商业银行的判断,成为供应链金融中的风险。

进一步的,我们将供应链金融进行归类,得到详细分类表格,如表7-8所示。

表7-8 供应链金融业务风险分类

风险内容	一级分类	二级分类
供应链金融业务风险	企业风险	核心企业信用风险
		核心企业道德风险
		中小企业管理风险
	质押物风险	客户资信风险
		仓单风险
		质押商品选择风险

---

[1] FRANCIS R. Market valuation of accrual components[J]. Review of Accounting and Finance,2008,7(2):150-166.
[2] 何志慧.供应链金融及其风险管理[D].上海:华东师范大学,2011.
[3] 张华,俞梦曦,陈丹.面向金融供应链的风险防范机制构建[J].中国市场,2007(41):104-105.
[4] 张琳.物流服务供应链道德风险防范研究[D].哈尔滨:哈尔滨商业大学,2011.

续表

风险内容	一级分类	二级分类
供应链金融业务风险	操作风险	管理制度风险
		人员素质风险
		安全监管风险
		信息传递风险
	环境风险	市场风险
		政策风险
		法律风险

3. 物流供应链金融风险的管控方法

供应链风险管控的实践过程中,可以采取一系列手段,控制供应链风险。

(1) 预防风险。通过建立和完善合理的规章制度,积极改进业务流程,完善供应链管理信息系统与数据管理,加强与供应商、客户的上下游战略伙伴关系,优化供应链的成员结构,提高人员的整体素质等措施可以有效地预防风险。例如,厦门象屿股份公司在开展供应链金融服务前针对合作方风险、价格风险、价值风险都建立了严格的风险预防机制,如图7-10所示。

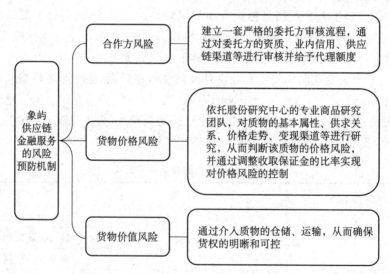

图 7-10 象屿供应链金融风险预防机制

(2) 减轻风险。要针对已知的和可预测的风险,采取相关措施降低风险发生的可能性,减轻后果的严重性。例如,厦门象屿股份公司针对产品采购中的预付款风险,利用资信评估、总额控制、合作跟进等手段减轻风险发生的概率,如图7-11所示。

(3) 转移风险。根据合同法律,将损失的一部分向供应链合作伙伴或者其他单位或个人转移。物流企业可以采取业务外包、购买保险、与担保方合作等方式转移风险。图7-12给出了象屿的转移风险机制。

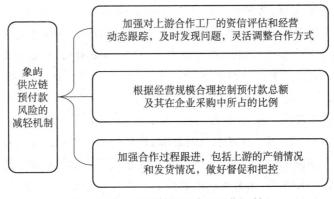

图 7-11　象屿预付款风险的弱化机制

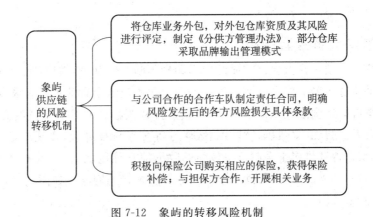

图 7-12　象屿的转移风险机制

（4）回避风险。当某些业务做法风险比较大，又缺乏切实有效的手段加以控制的时候，可以采取变更行动方案以回避风险，甚至放弃一些业务，这都是风险控制的重要手段。

案例 7-9

供应链金融风险实例

A 公司是一家从事饲料加工的农产品企业，出于生产经营的需要，需要较多的玉米原料库存。由于玉米收储占用较多资金，同时 A 公司处于扩张阶段，有较多的资金需求，于是向 B 银行提出融资申请。B 银行对 A 公司进行了实地考察，得知厂房、生产设备等均已抵押。为拓展业务，针对 A 公司长期拥有大量的玉米库存，B 银行提出创新担保方式，以仓储玉米为担保物，以动产抵押的方式发放贷款。B 银行向 A 公司发放贷款 500 万元，抵押物为 5 000 吨仓储玉米，并在工商管理部门进行了动产抵押登记。为保证抵押物的有效监管，B 银行委托 C 物流公司对仓储玉米进行监管，C 物流公司派驻人员每日对仓储玉米进行巡视，填写监管日志并拍摄照片，通过电子邮件向 B 公司每日发送。

B 银行认为抵押物足值，风控措施到位，是一笔较好的金融创新业务，然而 B 银行最终未取得预期收益，发生了风险事件。

由于 A 公司急于扩大规模，盲目扩张，导致资金链断裂，向法院申请破产。B 银行在得知情况后，也向法院提起诉讼，主张债权及玉米的抵押权。B 银行认为事实较为清晰，证据充分,诉请应得到法院支持,最终结果却事与愿违。

原来A公司在将仓储玉米抵押给B银行后,为继续获取资金,先是将同一批玉米质押给D金融公司,双方签订了借款合同及质押合同,D金融公司向A公司发放了400万元贷款。后A公司又将该批玉米出售给E粮油公司,双方签订买卖合同,E粮油公司向A公司支付了1 000万元货款,E粮油公司在支付付货款后并未将玉米提走,而是暂存在A公司。

在得知A公司申请破产后,B银行、D金融公司及E粮油公司均就该批仓储玉米向法院申请提起诉讼,D金融公司主张债权及质押权,E粮油公司主张玉米物权。在庭审环节,B银行、D金融公司与E粮油公司分别提供了相应的合同等证据,A公司提出该批玉米产权属于与A公司关联的E公司,玉米购销均通过F公司进行,相关库存亦计入E公司账务,因此B银行等的抵押合同无效。由于各方提供的证据相互矛盾,法院最终驳回了B银行关于抵押权的诉讼申请。

7.3.4 智慧供应链金融服务

当前,随着智能技术在供应链方面的应用场景不断开发升级,供应链金融也加快迈向智慧阶段,智慧供应链金融的概念应运而生。关于智慧供应链金融的定义有很多,根据相关学者的观点,智慧供应链金融可以概括为:以商业银行和核心企业等资金供给方为主体,依托智慧型平台,由人工智能、大数据、物联网、区块链等金融科技赋能,实现产融生态一体化的供应链金融体系。智慧供应链金融具备较强的数据信息控制能力,能够有效规避传统供应链金融信息不对称带来的风险,帮助中小型企业解决融资难问题。如图7-13所示为智慧供应链金融的内涵示意图。

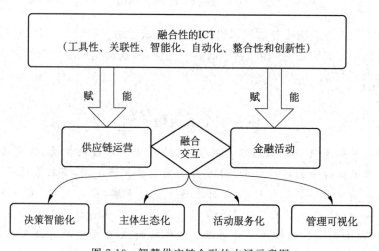

图7-13 智慧供应链金融的内涵示意图

案例7-10

雪松集团的智慧供应链平台创新

雪松大宗商品供应链集团(以下简称"雪松集团")在大宗商品领域深耕多年,从交易服务、价格管理、物流服务、质量控制、资金融通等多个方面推进业务品种的多元化、业务模式的多样化,努力打造智能供应链。雪松集团针对中小微企业的融资难、融资贵问题,用专业实力构建雪松"区块链＋大宗商品供应链金融平台",服务中小微企业,服务雪松大宗产业链上下游客户。通过搭建"区块链＋大宗商品供应链金融"平台,充分利用区块链技术特性,针对性地解决传统业务痛点并优化现有业务流程,实现全业务流程及周边供应链金融、物流、仓储的线上化支持。主要包含商品的生产出厂、货物在途运输、货物存放入库、货物贸易关系创建、货物提取出库、第三方机构监管、融资申请等相关核心环节的业务数据将随业务扩展逐步实现全量上链,在实现业务全方位支持的基础上,逐步实现与外部合作方、监管方、服务方业务系统的跨区域、跨机构、跨系统的高效便捷对接。

(案例来源:中国物流与采购网.雪松"区块链＋大宗商品供应链金融平台"项目[EB/OL].(2021-05-20). http://www.chinawuliu.com.cn/xsyj/202105/20/549393.shtml.)

1. 智慧供应链金融服务特征

智慧供应链金融作为智慧供应链阶段新兴技术的应用场景之一,无论在管理还是运作层面都开展了模式创新。物联网、人工智能、大数据等技术正重塑着供应链金融体系,并带来新背景下的金融服务革新。因此,智慧供应链金融服务与传统供应链金融服务具有明显区别的特征,具体包括技术渗透性高、数据驱动性强及面向供应链运作的全过程三个方面。

(1) 技术渗透性高。智慧供应链阶段,供应链金融服务体现出技术渗透性高的特征。①依托互联网及平台技术,供应链金融相关业务实现平台化,有效提升了运作效率。②大数据技术(包括大数据收集与存储、大数据预处理、大数据清洗、大数据挖掘等)帮助收集和处理供应链金融相关数据信息,提高了更广范围资源的整合度。③随着业务操作线上化,传统纸质票据被电子汇票、电子单证等电子票据替代,数据信息更加透明。④人工智能等智能决策技术辅助金融机构和核心企业等资金供给方开展信用评价工作,更加科学精准地评估中小企业信用水平,在有效控制放贷风险的同时开发更多优质客户。⑤依托物联网技术和无线通信技术建立智能终端网络,提升数据采集和提供服务的空间维度,有效提高客户满意度。

(2) 数据驱动性强。智慧供应链阶段,供应链金融涉及的数据范围更广、更深,数据信息成为服务的核心驱动要素。①数据收集技术得到有效发展,智慧供应链系统采集的数据信息来源更加广泛。利用互联网平台、物联网和无线通信等技术组成的数据收集节点网络,传统模式下难以利用的交易记录、货品位置、财务信息、电子单证等业务数据、资产数据和行为数据将能够发挥作用。②交易介质的电子化和业务操作的线上化,使智慧供应链金融系统底层数据库中充斥着大量结构化与非结构化数据,在大数据和人工智能等技术的辅助下,蕴藏在海量数据深层的价值被挖掘,帮助发现顾客潜在需求,开发金融服务新产品。

(3) 面向供应链运作的全过程。智慧供应链阶段,供应链金融的管理和业务范围将面向供应链运作的全过程。①在金融科技的赋能下,智慧供应链金融平台具备大范围、全环节的管理控制能力。考虑到供应链网络参与主体多且关系复杂,任何环节的管理出现纰漏,都会使供应链金融活动蒙受巨大风险,因此智慧供应链金融将全面管理上下游关系、供需关系、交易关系等供应链全流程。②智慧供应链阶段信息可视化程度高,同时智慧供应链平台、企业内部系统以及银行系统正加速融合,平台间金融数据实现更高水平的开放和共享,智慧供应链金融将灵活归集并使用供应链运作全过程的数据信息。③随着供应链业务的不断扩展,供应链运作过程中的交易关系和种类不断增加,这也催生了更多的金融类需求。在需求的驱动下,智慧供应链金融服务产品更加丰富,并覆盖到更多的环节,因此智慧供应链金融将为供应链运行提供全流程的金融服务。

2.智慧供应链金融服务模式

快速发展和不断投入应用的智能技术加速改变传统供应链金融体系,商业银行和核心企业利用自身资源优势,积极开发"网络化、智能化、数字化"的智慧供应链金融平台,这也带来供应链金融服务模式的创新。根据目前智慧供应链的发展情况,供应链金融服务的创新模式主要归结为以下三种。

(1)物流服务型。物流服务型智慧供应链金融是指借助物流企业对供应链中货物的控制能力或自身信用的传递进行融资,其又可细分为存货质押与仓单质押,其中智慧供应链金融平台作为资金提供方,进行主要的数据收集、风险控制、信用评价、放款决策等相关功能,典型模式如图7-14所示。

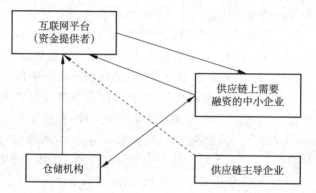

图7-14 物流服务型智慧供应链金融模式图

(2)应收型。应收型智慧供应链金融是客户以买方商业信用为担保或信用增级,从而获得融资的方式。根据互联网平台角色的不同,其又可细分为平台成为供应链的一部分和平台不直接参与供应链,只起到数据中心的作用的两种情况,典型模式如图7-15所示。

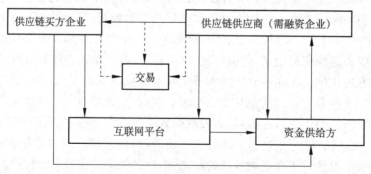

图7-15 应收型智慧供应链金融模式图

(3)预付型。预付型智慧供应链金融是下游企业以预付账款下的在途和库存的货物提供质押担保,并作为还款来源,从而获得融资的方式。当供应链卖方企业有符合平台标准的"卖家已发货"订单,就可以凭此提出融资申请,典型模式如图7-16所示。

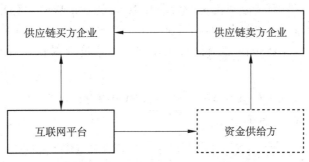

图 7-16 预付型智慧供应链金融模式图

案例 7-11

旺链科技供应链金融解决方案

旺链科技是高速成长的国家高新技术企业,总部位于上海,在宁波、合肥、长沙、西安、雅加达、新加坡设有分公司。2020 年,旺链科技荣膺"亚洲创新企业 Top 10"。旺链科技以数据中心运营、云计算为依托,自研云管平台和云操作系统,为全球客户提供前沿的高新技术解决方案,包括智慧农业、区块链溯源、工业互联网、边缘计算、元宇宙模型渲染、高速分布式存储、自治组织管理等多个应用场景,已成功服务包含航空、政府、金融、能源、农业、医疗、教育、房地产和快消等在内的十几个行业数百家客户。智慧供应链金融是旺链科技的核心业务之一,从具体服务产品来说,旺链科技的主要产品及优势如下。

（1）供应链融资服务平台。产品优势：①多核心企业资源共享,实现产业协同；②核心企业信用基于真实贸易背景融资向底层传导,提高授信使用率和资金周转率；③所有贸易数据基于区块链进行存证,具有可溯源、共识和不可篡改的特性,保证信息的完整与可信,解决交易过程中的信任和安全问题；④大数据风控实时监测预警企业信用变化、供应链异动,实现前瞻性的风险管控。

（2）云保理融资服务平台。产品优势：①支持正反保理；②支持明暗保理；③线上确权融资高效；④全自动清分,可靠安全。

（3）票据融资平台。产品优势：①企业可以通过核心企业开立的商票或者银票完成在线融资；②平台智能撮合摘牌机构,融资方择优获取报价完成融资；③线上支付,线上"背书"省时、省力；④自动校验票据,杜绝假票。

旺链科技融合区块链的数字供应链金融平台,搭建金融机构、产业链核心企业、链属企业、供应商等多方联盟信任体系和价值网络,释放传递核心企业信用,降低产业链资金结算成本、融资成本,增强资金和资产流动性,促进整个供应链金融生态良性发展。

（案例来源：旺链科技官网,https://www.vonechain.com/web/solution/info3,2022-01-19。）

3．智慧供应链金融信用评价[①]

信用评价作为供应链金融有效规避风险的重要手段,得到参与主体的广泛重视。智慧供应链金融信用评价体系中应用了大量的金融科技,数据容纳能力、数据计算能力、信息分

---

① 刘伟华,高永正．智慧供应链视角下供应链金融信用评价机制研究[J]．供应链管理,2021,2(9):26-42．

析能力显著提升,为更好对金融风险进行管理和控制,智慧供应链金融形成具有数字化、网络化、智慧化特征的信用评价机制,对融资企业的信用水平的评估更加全面、系统、科学和准确。具体来说,智慧供应链金融信用评价相比传统供应链金融信用评价的区别和优势如表 7-9 所示。

表 7-9 传统供应链与智慧供应链信用评价特征比较

项目	传统供应链	智慧供应链	后者优势
评价方式	人工操作为主	信息技术支持	通过后台信息技术做智能分析和决策,减少传统人工评价在道德和操作层面存在的风险,技术渗透性更强
数据信息介质	纸质介质	电子介质	信用信息透明可视,信息不对称风险有效减少,信用信息归集和使用的灵活性大大提高。这是智慧信用评价建立的基础,也是同传统信用评价区别的根本特征
评价依据	专家意见+指标计算结果	对海量实时数据的分析结果	数据获取更加容易,信用评价的数据驱动性更强,不仅有利于提高信用评价的准确性,还能够发挥数据的潜在价值
评价功能	授信评估	全方位、全过程	由传统的放贷前授信机制转变为事前规避风险、事中控制风险、事后监控风险的全方位、全过程的风险控制机制

(1) 智慧供应链金融信用评价指标

在智慧供应链阶段,随着信用评价功能和范围的扩展,供应链金融信用评价指标从设计上反映出综合性、动态性、实时性的特点。结合智慧供应链金融信用评价具备全方位、全过程的特质,其信用评价指标体系包括事前、事中、事后三个方面,并且能够分别应用于事前准入、事中控制和事后监管三个阶段,以满足智慧供应链视角下供应链金融信用评价机制的需要。

以商业银行为主导的智慧供应链金融信用评价为例,事前准入主要是用于放款决策,是对申请人及其所在供应链的首次信用评价,相应的评价指标与传统的评价指标相似,但指标维度更多、范围更加全面。事中控制是用于放款后进行动态跟踪,是对申请人及其所在供应链的实时风险识别,具体的特点是注重易于变化波动的指标。事后监管是从较长一段时期来看,对申请人及其所在供应链的信用评价连续的循环过程,时间的跨度将从首次接触到申请人开始,不局限于单次金融业务,因此指标会兼具全面性和动态性,同时还会着重宏观指标,帮助银行持续动态地更新申请人及其所在供应链的信用状况。智慧供应视角下供应链金融信用评价指标体系的组成项目、特点及优势如表 7-10 所示。

表 7-10 智慧供应链视角下供应链金融信用评价指标体系的构成及特点

指标体系项目	特点及优势	举例
事前准入	多维度、范围广	领导素质、员工素质、质押物易损程度、贷款履约情况、交易履约情况、销售净利率、企业规模等
事中控制	集中于易变化,且潜在风险大的指标	对外担保情况、速动比率、法律纠纷、质押物市场价格、应收账款账期等
事后监管	综合性强、全方位,且注重反映未来趋势的指标	营业利润增长率、企业信用等级、行业前景预测、宏观经济状况等

基于以上描述,智慧供应链金融信用评价指标体系的基本构成如图 7-17 所示。

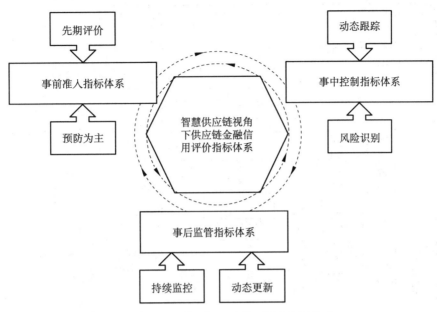

图 7-17 智慧供应链金融信用评价指标体系

(2) 智慧供应链金融信用评价系统

在智慧供应链阶段,传统的信用评价流程将发生巨大变革。根据智慧供应链金融的发展趋势,大部分的评价活动将由智慧化的信用评价系统来执行。信用评价系统将集成数据收集、数据处理、智能评分、动态监管、风险预警以及报告出示在内的所有业务操作,通过计算机辅助技术完成整个流程的自动化运转以及自我修正工作,且具有实时性、动态性。整个系统与其所处环境按照功能和空间的不同分为五个层次,分别是外部系统层、数据获取层、数据处理层、动态监管层以及信息交付层。根据相关领域发展现状以及未来趋势,智慧供应链金融信用评价系统总体运行机制如图 7-18 所示。

具体来说,数据获取层主要指的是实现信用数据识别与归集功能的层级,是智慧供应链信用评价系统利用物联网和无线通信等技术形成自动化、实时性的数据采集链,通过构建"无处不在,物尽其用"的终端网络,辅助完成相关数据信息的采集工作。例如,通过 RFID 技术的应用实时监控信用主体所质押货品的出入库和流通信息,当质押物发生空间上状态的改变时,能够及时地发现风险并进行干预,有效地实现对质押物的控制。通过这些技术的应用,让传统模式下难以采集和规整的零散信息发挥作用,提高参考信息的数量和种类,帮助实现有效的信用监管和评估,提高信用评价结果的真实性和实时性。

数据处理层主要是指实现数据信息的统计和分析功能的层级,是信用评价系统利用信用数据得出信用评价结果的过程。在这个层面,面对数据库中所存储的结构化和非结构化数据,可以依靠大数据、人工智能等先进技术实现统计分析、数据挖掘等工作。首先,在数据结构方面,可利用数据的范畴、维度、历史周期扩大,收集到的信用信息、行为记录等能够尽可能地被综合利用。在数据处理方面,采用高效的算法模型,使用大数据分析、神经网络、机器学习等技术工具,提高数据统计分析的效率,实现自动化智能评分。其次,对后台信用数据进行充分的挖掘和学习,从信用信息数据中发现企业的潜在需求,提高信用评价业务的附加价值。最后,在信用评价标准方面,优化评价指标体系,提高信用评价的可靠性和综合性。

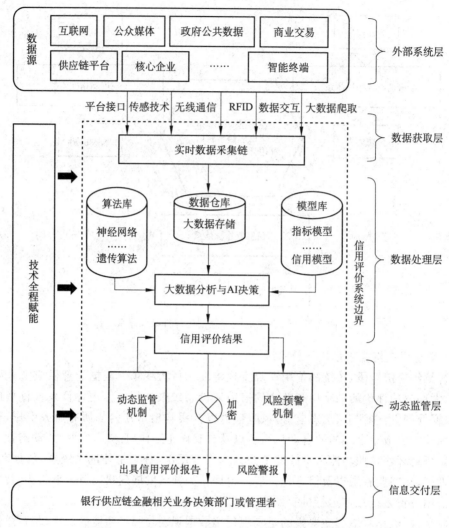

图 7-18 智慧供应链金融信用评价系统运作示意图

动态监管层主要是实现在放款后对融资企业及其供应链进行实时的监控并动态地更新信用评价结果的功能层级。因此,信用评价不再是静态工作,而是具备连续性和动态性。具体来说,信用评价系统通过数据采集节点不断地获取最新的信用数据,在后台完成数据的分析和处理工作,从这些数据中及时发现异常情况,并分析波动产生的原因,如果发生异常情况的原因会对企业履约能力带来明显的负面影响,则及时更新相应融资企业的信用评价结果,并启动风险预警机制,提醒管理者及时核实情况,采取相应的措施控制坏账的发生。通过智能监管及动态评价,将能够有效地解决小微企业信息零散、状态多变的问题,并减少信息不对称带来的影响。

7.4 供应链平台服务创新

在数字经济时代,传统以企业为中心的线性供应链模式已经无法满足客户场景化的需求。随着物联网、移动互联网、大数据、云计算、人工智能等颠覆性技术的广泛应用,资源共享型的供应链平台应运而生,通过多边企业合作和资源灵活组合来为供应链创造价值。资源共享型的供应链平台将物流、资金流、信息流以及服务整合于一体,打通了企业间的信息壁垒,通过交互协同机制不断激发网络效应,发挥规模优势,从而以更低的成本提供更具创新性的供应链服务(Chen,Y.J.等,2020)[①]。例如,海尔通过工业互联网平台COSMO Plat提供基础设施并吸引多边资源参与,在供应端实现制造全链路平台化转型(高举红等,2021)[②]。COSMO Plat平台整合供应链上的研发、生产、物流、销售等各环节,在最终消费者场景体验和参与供应链全链路决策的需求下,使供应链的网络效应不断迭代升级,最终实现价值共创。

与传统的供应链服务创新相比,供应链平台的服务创新有较大区别,主要体现在对供应链平台的高度依赖性。一方面,供应链平台的大数据抓取和分析能力可以对平台上的多方参与者进行画像分析。基于多种数字技术的广泛应用,供应链平台对客户需求进行深度挖掘,进而赋能平台企业。另一方面,供应链平台的资源整合能力将供应链上下游企业资源进行高度整合集成,促进多主体合作,提高供应链全链条的运作效率,进行有效的供应链服务创新。在此背景下,当前供应链平台服务的创新内容主要体现在面向个性化商品快速流通的服务创新、面向智慧供应链金融的服务创新以及基于平台的综合供应链服务创新三个方面。

7.4.1 面向个性化商品快速流通的服务创新[③,④]

供应链的基础是商品的流通周转,只有具备个性化定制商品快速流通周转能力的供应链平台,才有机会通过互联网的技术手段为客户提供更多价值的赋能和服务。最初,供应链平台将周转服务与商品流相叠加,带来大量的资金流,进而通过流量和信用积累引入资本助力。供应链平台的商品流通周转服务的最大特性是通过支付和结算介入了商品流,进而更加方便地驱动物流和资金流。然而,随着市场环境的快速变化,消费者对商品品质和个性化设计的需求逐渐扩大,实施精准营销的商品已经逐渐成为消费主流。供应链服务平台会通过对B端和C端的大数据分析,反向定制个性化商品,嫁接给平台客户,帮助他们做出增量业务,进行平台赋能升级。

供应链平台能够通过对商品状态与流通运行过程的实时监控,深入挖掘消费者的衍生需求,并据此提供定制化服务,实现定制商品与流通服务的创新性结合,改善消费者的购物体验,提高其持续消费意愿。与此同时,供应链平台基于对消费者购物体验的重视,可将顾客的个性化创意适时融入产品设计与流通过程,这种逆向化服务性生产既能通过差异化定制服务满足当前顾客的消费意愿,又能通过网络口碑效应吸引更多消费群体,激发潜在市场需求,还能为厂商提供产品与配套服务创新的思路,不仅获得商品市场的价值溢价,推动流通主体持续盈利,而且能将消费者即兴消费转换为具有情感依赖属性的持续消费,实现对市

---

① CHEN Y J,DAI T,KORPEOGLU C G,et al. OM forum—innovative online platforms:Research opportunities [J]. Manufacturing & Service Operations Management,2020,22(3):430-445.
② 高举红,武凯,王璐.平台供应链生态系统形成动因及价值共创影响因素分析[J].供应链管理,2021(6):20-30.
③ 黄建.基于互联网的产业数字化供应链服务平台发展趋势分析和模式创新[J].市场周刊,2019(6):1-2.
④ 俞彤晖,陈斐.数字经济时代的流通智慧化转型:特征、动力与实现路径[J].中国流通经济,2020(11):33-43.

场潜力的深度挖掘。

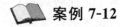

案例 7-12

苏宁的 C2M 模式战略布局

C2M 是英文 Customer-to-Manufacturer（用户直连制造）的缩写，是指用户直连制造商，即消费者直达工厂，强调的是用户为中心，制造业与消费者直接衔接，并去除所有中间流通加价环节，连接设计师、制造商，为用户提供"大牌品质，工厂成本价"的高性价比商品。仔细分析而言，C2M 模式是基于互联网、大数据、人工智能和通过生产线的自动化、定制化、节能化、柔性化之下的工业互联网，运用庞大的计算机系统随时进行数据交换、摸底调查，了解用户现时真实需要，然后根据用户的个性化需求组织生产，设定生产工序，最终生产出个性化高竞争力产品的工业化、智能化定制模式。

2019 年初，苏宁在农副产品领域打造扶持"拼购村"之后又开始大打拼购，推出"拼品牌"计划，意在寻找生产质量过硬的中小企业，助力中小企业拥抱互联网，打造自有品牌。在2019 年的世界智能智造大会上，苏宁发布了 C2M 生态，推出"全渠道、全场景、全品类的平台化运营＋供应链与数据赋能"的 C2M 生态公式，并宣布成立 C2M 平台总部。同年 5 月，"拼品牌"升级为"拼拼工厂"，更重视用大数据指导企业工厂进行反向定制，助力工业品下行。在"拼拼工厂"的推动下，2019 年上半年，苏宁定制化产品销售额已超 20 亿元，其中小家电品牌贝贝康和康亿日销超 3 万单、快消品牌克莱康日销超 1 万单、沐沐熊抽纸日销超25 万包，并一举盘活了企业。"苏宁小 biu"系列产品 2019 年也交出了漂亮的成绩单：不仅完成了 45 个 SKU、20 大品类的全屋智能产品布局，核心用户更是达到 300 万人。苏宁联手美的打造的 C2M 新品首发上市，拉开了苏宁易购"冰箱洗衣机 C2M 反向定制"20 年计划的重要开局。

（案例来源：吴勇毅. 家电 C2M 赛道竞争白热化群雄逐鹿 C2M[J]. 现代家电，2020(3)：48-50.）

7.4.2 面向智慧供应链金融的服务创新①

在供应链服务的基础上叠加供应链金融，是供应链平台服务创新的重要模式。随着供应链金融的叠加，平台和企业服务范围增大，利润来源逐步多元化。在传统的商业模式中，供应链服务公司作为中间商，通过贸易融资的方式自营金融。而将供应链金融服务平台化是发展的新趋势，供应链服务平台上的企业方与银行等资本方可以基于平台的交易信息以及平台提供的供应链服务数据、交易结构、风控技术等实现产业和金融一体化的全面对接。

一般来说，供应链服务的演进过程是从最基础的物流服务出发，进而到供应链服务，再延伸到供应链金融，最后发展成为供应链平台模式。供应链金融的载体是供应链，本质是金融，两者之间相互依存、相互促进。供应链平台在整个交易过程中扮演第三方的角色，负责整合整条供应链。但是，如果供应链平台通过主动负债模式运作供应链金融，则会产生非常大的风险。因此，供应链平台更加看重把服务做重、把资产做轻、把连接做广、把数据做大，重服务、轻资产、广连接、大数据的模式才是相对健康的商业模式。

---

① 黄建. 基于互联网的产业数字化供应链服务平台发展趋势分析和模式创新[J]. 市场周刊，2019(6)：1-2.

从运作模式来看,供应链平台将供应链金融服务嵌入供应链服务中,对平台客户进行分类分级,通过引入金融机构,为平台客户提供金融服务。通过平台交易数据,帮助金融机构进行风险控制。供应链平台作为服务提供方,收取服务费,也是平台多盈利点的设计。这种模式既解决了平台客户的融资需求,也降低了平台自身的经营风险。供应链平台以服务为根本,保持中立性,通过深度服务嵌入供应链的各个环节,进而基于大数据形成数据链、供应链金融数据链、支付数据链、商流数据链和物流数据链等。

案例 7-13

信联科技的"车支付"平台供应链金融

信联科技成立于 2019 年 7 月 31 日,是从山东高速信联支付有限公司中分立的一家混合所有制企业,承接并延续了后者的供应链金融业务。依托母公司山东高速集团的高速公路场景和自身牌照优势,信联科技在数字化转型过程中逐渐积累车辆及通行数据资源,搭建起基于"车支付"平台的供应链金融业务模式,是交通物流行业互联网供应链金融服务的头部企业和典型代表。

借助"车支付"平台,信联科技构建起包括融资租赁、保险业务、ETC 金融、加油金融、运费金融在内的货车全生命周期融资服务体系。该体系包括三个部分:一是依托公路货运,尤其是高速路网场景下的产业链条;二是融资服务体系;三是底层的资金、技术及风险支持体系。主要包括以下环节。

(1)通过车辆通信记录和 ETC 支付数据进行大数据分析。良好的通行情况表明车主具有稳定的货源和运费收入,因此筛选既往通行频率高、通行情况稳定的车主作为客户。

(2)根据客户既往通行状况和行业经验建立客户信用评分模型,为其确定授信额度,车主可以循环使用透支额度。

(3)客户在授信额度范围内,使用 ETC 车辆终端或 ETC 卡支付通行费、燃油费等经营费用,但无法取现。

(4)车主获得运费收入后,在约定还款期(1~90 天)内偿还 ETC 透支款项并支付服务费(利息)。

(5)授信后通过车辆通行情况监测车主经营状况。如果车主拖欠透支款项,需要支付更高的服务费和罚息;如果车主恶意拖欠透支款项,会被列入黑名单,进而影响其名下车辆在高速路网中的通行效率。

上述业务模式的底层支撑体系包括:①资金端,以信联科技的自有资金为主;②技术服务合作方,主要提供客户信用评估等风控服务;③风险分担主体,即提供风控服务的合作方发挥风险兜底作用。

上述业务过程全部在线完成,具有批量化、自动化和智能化的特点。第一,业务系统能够根据既往交易记录和客户画像精准推送服务信息;第二,客户可以通过手机客户端提交融资服务申请;第三,后台自动调取客户个人及车辆信息,并匹配既往交易记录和外部信息渠道的信用信息;第四,系统借助客户评分模型自动完成审批过程并做出放贷决策;第五,业务系统自动记录客户用信及还款等后续交易行为,监测客户异常交易行为。

(案例来源:景峻,冯林,宋晓丽.基于产业生态平台的供应链金融模式研究:理论分析与案例实证[J].金融发展研究,2021(2):80-87.)

7.4.3 基于平台的综合供应链服务创新[①]

随着市场竞争的加剧,企业所需的基于供应链的服务内容逐步多样化,迫切需要平台引入商务、政务、信息服务等不同类型的服务主体,由此平台中的服务主体日渐多样,逐渐由提供简单供应链服务的平台过渡为提供综合供应链服务的生态平台。供应链生态平台服务创新主要体现在以物流为导向的综合服务创新、以物流与金融融合为导向的综合服务创新以及以增值为导向的综合服务创新三个方面。

1. 以物流为导向的综合服务创新

单一物流服务导向的供应链服务平台本质上是一个基于供应链协作的物流平台,其以物流服务为主线,贯穿整条供应链或供应链网络。单一物流服务导向的供应链平台集聚的企业以物流服务企业及相关物流需求企业为主,平台可提供的服务主要为物流服务,在此基础上辅以信息服务及相关商务服务等。以物流为导向的综合服务供应链平台结构如图 7-19 所示。由于物流企业贯穿供应链上下游,且与供应链相关节点企业交往密切,因此,以物流企业为主导构建这类供应链生态平台具有天然的优势。

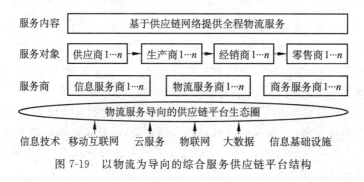

图 7-19 以物流为导向的综合服务供应链平台结构

案例 7-14

菜鸟网络物流生态平台

2013 年菜鸟网络在深圳成立,由阿里巴巴集团、银泰集团联合复星集团、富春控股、"三通一达"等共同组建。菜鸟网络是阿里在电商平台生态中建立的物流平台生态系统,菜鸟网络的生态系统包含全国范围的智能仓配网络、跨境智能物流平台、国内快递以及最后一百米的菜鸟驿站等。

随着消费者需求更加多样化、个性化和精确化,单一服务提供方已无法满足综合性服务需求,需要具备互补优势能力的合作伙伴创造更多机会填补消费者需求空缺。菜鸟网络除了整合仓储、配送、最后一公里等各环节资源,识别并有效利用不同合作伙伴的独特能力,为消费者提供整体物流解决方案外,也在尽量根据合作伙伴自身的优势与能力来协调互补。菜鸟网络选择与德邦合作,正是看中了德邦不同于通达系快递企业的大件快递运营能力和大件送货上楼的服务,满足了最终消费者在大件物流这一细分领域的需求。"三通一达"、百

---

① 张建军,赵启兰. 基于"互联网+"的供应链平台生态圈商业模式创新[J]. 中国流通经济,2018(6):37-44.

世与菜鸟网络等共同投资菜鸟驿站,菜鸟网络与圆通等快递企业加盟速易递,都体现了生态系统成员对长尾端需求的重视,解决最后一百米难题,因为这是与消费者距离最近、接触最频繁、最能影响服务满意度的部分。菜鸟网络在传统管理的基础上,更多使用数字技术发挥管理效用,使平台、商家、消费者、快递企业的交互效率越来越高,降低合作过程中的管理成本,同时降低了人力成本、固定投资成本等,最终使服务效率与水平明显提升。为了能给消费者带来更高层次的定制化服务,除了建立合作中的标准和规范,菜鸟网络更多的是运用数字技术激励快递企业进步。菜鸟网络与圆通等快递企业共同建设并使用机器人等自动化、无人化、智能化设备,使菜鸟网络和快递企业的价值创造能力得到提升。菜鸟网络平台生态的独特性在于轻资产运营的它能够调动各方资源与运力,利用数字技术预测与调配整条物流链路,这是最终价值所依赖的也是难以被其他替代的部分。菜鸟平台也在不断寻求将这种贡献货币化的方式,使自身及伙伴获取利润与价值。而在价值获取过程中,也注重平衡信息共享程度,菜鸟网络平台与快递企业一方面传输日常数据等信息,另一方面对重要数据与信息进行加密;一方面共享信息,另一方面保护内部运作的专有性与不透明性,保持自身竞争力,确保所创造的价值能充分实现。

(案例来源:刘宗沅,骆温平,张梦莹,潘巧虹.电商物流平台生态合作价值创造路径与实现框架——以菜鸟网络为例[J].管理案例研究与评论,2021(14):79-90.)

2. 以物流与金融融合为导向的综合服务创新

以物流与金融融合为导向的综合服务创新是在单一物流服务导向的供应链平台的基础上,整合金融服务产品和资源,逐步拓展物流金融和供应链金融服务,完善平台生态圈服务内容,形成一个集采购、物流、销售、融资、信息等服务于一体的物流与金融融合服务导向的供应链生态平台,实现与原材料供应商、生产商、经销商、零售商、物流服务商、金融服务商以及终端客户的高效协同。这种创新一般是立足在供应链核心企业,为上下游相关企业提供融资、租赁、咨询、保险等一站式的专业供应链金融整合服务,提升平台的整体竞争力,实现多方共赢。在此平台生态圈里,供应商和生产商可实现应收账款融资、仓单质押融资、订单融资等多种融资服务,同时又可借助供应链平台实现产品直供终端,增强整个供应链渠道的控制力;物流服务商可基于专业化分工协作的要求,对相关物流服务资源、服务网络等进行整合优化和配置,提高物流服务效率,实现规模经济效益;平台中的金融服务商可立足供应链运营实际,为相关企业提供物流金融和供应链金融解决方案,同时把控金融风险,促进整个供应链平台生态圈的平稳健康发展。以物流与金融融合为导向的综合服务供应链生态平台结构如图 7-20 所示。

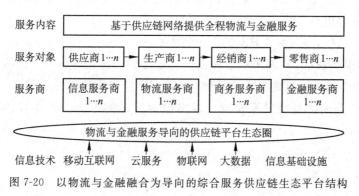

图 7-20　以物流与金融融合为导向的综合服务供应链生态平台结构

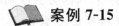

淘鑫农业物流金融生态平台

以"服务网商,造福百姓和创造美好生活"为愿景的淘鑫农产品电子商务有限公司以助力农产品上行为首要任务,而农产品上行仅依靠互联网平台是远远不够的,还要解决产品的"适销对路"问题。因此要对政策、市场、生产及流通等环节和要素进行整合,形成了以农产品标准化、平台集聚、电商培训、体验式购物为主的核心功能模块,链接农产品生产者、平台运营商、加盟商及消费者等主体的核心圈层。农业物流金融生态圈的次核圈层由物流企业组成,为农业发展提供农产品及其相关物资的运输、存储、加工及物流信息处理等服务。基于互联网技术的农产品电商业务使资金流及信息流高效传递,物流成为链接消费者与生产者的纽带和桥梁,因此但凡涉及电子商务几乎都与物流密不可分。虽然构建自营物流更加有利于内部协作,但考虑到自营物流前期投入成本巨大及企业专注核心业务的选择,因此与专业的第三方物流合作是一个不错的选择。然而第三方物流企业为多家企业服务,如何让3PL的物流服务与企业运营高效衔接是淘鑫必须解决的问题。目前为了与3PL维持战略伙伴关系,淘鑫与3PL展开了一些业务往来,如物流人才培训。在新兴技术快速发展的背景下,产业或组织的界限趋于模糊,产业竞争不再局限于个体间的竞争,而转化为产业集群间的竞合。如其他产业生态圈一样,淘鑫主导的农业物流生态圈外部也是由其他产业组织集聚而成的关系网络,为农业生态圈的运行提供各种资源及服务。淘鑫主导的农业物流金融生态圈还提供互联网技术资源及支持的网络技术公司;提供金融服务的商业银行或金融机构;提供企业咨询服务的机构,如艾瑞咨询、生意参谋等;提供网络销售资源的平台,如淘宝、京东、一号店等。

(案例来源:舒辉,胡毅.农业物流生态圈协同发展机制及路径——基于江西淘鑫的单案例分析[J].南开管理评论,2021(4):16-28.)

3.以增值为导向的综合服务创新

以增值为导向的综合服务创新是以客户需求为导向,通过资源整合、信息共享、模式创新为客户提供物超所值的全程供应链服务,将信息服务、金融服务、商务服务、政务服务等增值服务贯穿整条供应链,通过整合采购、营销、物流、渠道、金融、商务、政务等系列资源,为平台中的合作伙伴提供全程供应链服务,助力平台合作伙伴提高供应链管理效益,最终实现整个供应链生态平台生态圈的共赢发展。

在该服务创新中,增值服务导向的供应链生态平台是一个高效协同、环环相扣、溢价增值、良性互动的生态系统,可为平台中的相关企业提供一体化的综合物流服务和优质的客户体验,帮助平台合作伙伴重塑企业品牌,凸显平台合作伙伴的核心竞争优势,更有利于实现整个平台生态圈的良性健康发展。以增值为导向的综合服务供应链生态平台结构如图7-21所示。

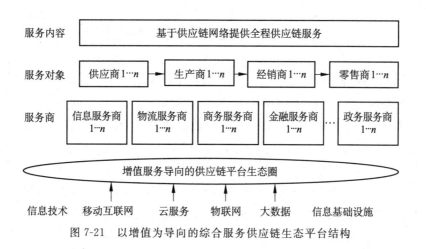

图 7-21 以增值为导向的综合服务供应链生态平台结构

案例 7-16

日日顺场景物流生态平台

日日顺物流最早从家电配送开始,时至今日已经全方面切入健身、出行、居家服务等场景,并在以打造用户极致体验为目的的新赛道上不断求变、聚能、增值。相比产品本身,如今的消费者更喜欢产品所处的场景,以及场景中自己浸润的情感。与此同时,用户需求也更加碎片化、个性化,不能再被视为一个个孤立的信息片断,也无法被一个个产品去满足、定义,用户期待一个全场景的解决方案。场景带来新体验、新洞察,也给商业带来新模式、新风口。对此,日日顺物流凭借敏锐的洞察力以及对场景体验的深刻理解,提出了全新的物流概念——场景物流,即以物流为桥梁构建用户、产品与场景的全新交互体验。

区别于传统物流,日日顺物流提出的场景物流呈现出交互性、迭代性、开放性、定制化、场景化、生态化六大基本特征,不仅以平台连接用户、工厂,驱动需求信息、技术、产品等资源要素在生态方间动态流动、自动合理配置,更为重要的是在实现场景生态的同时,也引领了场景物流数字化的转型,围绕用户场景需求改变原有的生产、消费和管理模式,达到全流程体验升级、全生态创新增值的效果。正如用户购买跑步机、动感单车等产品,目的是强身健体,因此日日顺物流一方面围绕跑步机、按摩椅等产品,为品牌商提供降本增效的供应链解决方案;另一方面围绕着用户需求,提供定制化的健康解决方案。在这一框架下,日日顺物流联合生态方提供全场景、全流程的个性化定制方案,其中包括健身器材、减脂饮食、运动方案等。

在日日顺物流打造的场景物流生态平台中,各方围绕用户需求不断迭代体验,并获得增值分享,实现了用户、生态方、日日顺物流三方的正向价值循环。对资源方来讲,不是博弈关系,而是共同进化,共享增值。对用户而言,体验的不是送产品,而是定制场景方案,送装不是结束,而是服务的开始,消费者也不是顾客,而是终身用户。

(案例来源:庞彪.日日顺:以场景物流引领数字化转型[J].中国物流与采购,2021(9):18-19.)

7.5 供应链服务发展趋势

7.5.1 制造业向供应链服务转型发展趋势明显

目前我国经济进入转型发展的新阶段,经济结构优化,尤其是加快第三产业的发展已经成为我国经济发展的重要战略。据国家统计局数据,2013—2016 年我国第三产业增加值增速分别为 8.3%、7.8%、8.3% 和 7.8%,远远高于第二、三产业,2016 年我国第三产业已占 GDP 的 51.6%,支撑着国民经济的半壁江山。相反,近年来我国制造业形势一直低迷,增速不断下滑,"三去一降一补"等措施让众多制造企业面临倒闭风险。制造业和服务业的两幅截然不同的光景不断刺激着制造业供应链服务化进程,加速从原来单纯强调生产和制造转向以制造和服务高度融合的供应链运行(丁俊发,2014)[①]。上海爱姆意公司的业务近年来开始从机电产品制造商转向为广大装备制造企业、工业品经销商和用户提供供应链服务,成为传统的生产资料贸易向现代化服务业转型的典型案例。随着政策导向、市场需求和产业环境的改变,制造业逐步向供应链服务深度融合已经成为必然趋势。

7.5.2 "共荣共生"的生态圈模式将是供应链服务企业的发展之道

"整合"是供应链服务企业的核心能力,作为功能型服务企业,供应链企业要通过整合自身人、财、物等资源为客户创造更大的价值。供应链服务企业就像一个平台,为客户提供所需资源,而目前,供应链服务已开始由平台模式转为生态圈模式。供应链平台生态圈是以生态为基础的新型商业模式,具有长远的战略价值。平台企业是价值的整合者,是多边群体的连接者,更是生态圈的主导者,其终极目标,在于打造出拥有成长活力和赢利潜能的生态圈。而供应链上各环节企业与机构要加入平台生态圈来实现未来的发展,在生态圈中的企业相互依存、相互促进,只有让客户有利可图,供应链企业才能得到长远的发展。目前来看,怡亚通已经开始推动"3+5 生态战略",旨在构建能力互补的价值网络,实现全链条上关键的优势资源协同发展。

7.5.3 供应链金融服务将成为供应链服务发展重点方向

因受制于资产规模、管理规范等因素,融资问题向来是制约中小企业发展的主要因素,同时也成为整个供应链发展的薄弱环节。在国内"去产能"和金融脱媒的大背景下,供应链金融发展空间巨大。2016 年 2 月财务部颁布《关于金融支持工业稳增长调结构增效益的若干意见》,力推供应链金融、应收账款融资的发展。在国家政策和市场需求的引导下,银行、电商平台、物流企业纷纷向供应链金融发力,截至 2014 年上半年,阿里小微信贷已累计放贷超过 2 000 亿元,而京东的京保贝也已向几百家供应商提供融资服务。供应链金融的发展为供应链服务的"四流合一"提供了有力的资金服务,保证整个供应链运行的持续性和稳定性。随着物流、信息流、商流的不断完善,供应链金融将成为下一个供应链服务企业的必争之地。

---

① 丁俊发.中国供应链管理发展蓝皮书[M].北京:中国财富出版社,2014:98.

7.6 智慧供应链服务创新

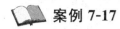

中捷通信通过打造智慧供应链平台强化运营管控能力

中捷通信有限公司（以下简称"中捷通信"）是中国通信服务股份公司的供应链服务专业公司，公司承接了广东省电信器材公司的优质资产和优良业务，是立足于信息通信业、面向现代大工业的商贸—物流—技术—贸易—拍卖综合供应链服务企业。中国电信广东分公司与中捷通信于2009年达成战略合作，由中捷通信全面承接其供应链服务管理工作，服务对象覆盖广东电信省本部、各地市分公司、直属中心等分支机构、专业公司。为实现更高效的供应链运营，中国电信广东分公司与中捷通信合作协同，利用大数据技术，共同研发智慧供应链运营平台，将目前相对孤立的数据有机联系起来。通过系统间的对接打通与数据整合，形成大数据仓库，利用设计模型算法对数据进行整理、分析、挖掘，提供业务全程跟踪以及物资全生命周期的信息展示，并提供精准、快捷、多维度的数据分析结果和智能预警，引导用户准确评估业务现状，提前采用合理的管控措施，大大降低中国电信广东分公司集约化供应链运营的风险，实现供应链智慧化运营。

从具体措施来看，2019年中国电信广东分公司与中捷通信一方面加大了信息化投入的力度，应用条码、电子标签、GPS/GIS等技术实现物流运营的智能化，在全省仓库实行储位条码化管理，并结合手持终端绑定物资储位信息，为后期实时监控各仓库物资的库存结构、账龄分析、库存周转率统计等智能化库存管控打下数据基础；另一方面建设供应链智慧运营平台，从各个业务系统抽取数据，清洗并汇聚到平台，实现多系统数据集成，为实施大数据技术，借助分析与预测功能为业务决策提供有效支撑。平台融合了移动端、PC端、大屏端功能，可满足不同业务部门对数据运营平台的应用需求，实现有效管理、高效协作。

（案例来源：中国物流与采购网．中捷通信：基于数据运营的智慧供应链平台[EB/OL]．(2021-08-26)．http://www.chinawuliu.com.cn/xsyj/202108/26/557973.shtml．）

7.6.1 智慧供应链创新的定义

人工智能、5G、大数据、物联网等技术快速发展，为供应链智慧化转型提供了良好的技术基础，供应链运作中的智慧应用场景不断拓宽。当前，伴随智慧型需求加大升级以及企业的积极创新实践，全球供应链正加速迈向智慧供应链阶段。

智慧供应链是以物流互联网和物流大数据为依托，以增强客户价值为导向，通过协同共享、创新模式和人工智能先进技术，实现产品设计、采购、生产、销售、服务等全过程高效协同的组织形态，其"智慧"的特征突出表现在基于现代智能技术和供应链技术的应用，供应链全程运作实现可视化、可感知和可调节等功能(刘伟华等，2020)①。

---

① 刘伟华，邓明朗，梁艳杰，等.智慧供应链创新的路径设计研究[J].供应链管理，2020,1(1):46-57.

智慧供应链创新是对智慧供应链业务运行开展的针对性创新活动,旨在创新发展供应链新理念、新技术、新模式,高效整合各类资源和要素,提升产业集成和协同水平,实现智慧供应链高效运行的目标。

7.6.2 智慧供应链创新的主要特征

智慧供应链阶段,技术的渗透带来了供应链模式、运营效率等方面的改变,与传统供应链创新相比,智慧供应链创新具有时代赋予的独特性,具体来说,智慧供应链创新的主要特征表现在以下几个方面。

1. 以平台为创新主战场

智慧供应链所整合的资源大部分以平台为载体,同时智慧供应链的业务也依靠平台展开,因此智慧供应链创新的主要特点之一是利用平台进行高效快捷的创新。以海外清关代理为例,阿里巴巴旗下的一达通外贸综合服务平台为中小型跨境电商提供了更周到全面的一体化清关服务,基于特色服务的创新更具有广泛的价值。因此,以包容、开放、智慧的理念推动供应链创新,将获得更大的发展空间与市场机遇。

2. 重视客户个性化需求

传统供应链以推式生产为主,在市场反馈上具有难以避免的滞后性。而智慧供应链注重体现以顾客为中心的理念,在"供应商—顾客"的链条上以拉式生产的方式实现信息流的互动。具体来说,消费者在购买产品或服务前提出需求,消费后可再次提出反馈建议,从而更好地构建个性化的产品与服务,满足目标人群的潜在需求,结合对未来市场趋势的预测,提高可持续发展的可能性(李金玲和李光洙,2017)[①]。同时,智慧供应链拥有海量的用户数据,通过大数据分析能够有效把握用户偏好,充分挖掘客户需求,有效提高客户满意度。

3. 面对繁杂冗余的数据冲击

在大数据时代,繁杂冗余的数据不断产生冲击,供应链上时刻都在产生繁杂、冗余的数据,为了企业管理者更好地制定决策,从大数据群中高效地提取有效信息,再将之进行分析处理是智慧供应链创新的首要任务。供应链环节的时效分析、服务质量分析、各个流向的环境政策分析等,都依托于大数据。进一步来说,云计算与人工智能依托于大数据,又孕育了新的机遇与空间,为智慧供应链创新添砖加瓦。

4. 快速响应和弹性运作

随着智能技术的普及、产品生命周期的缩短以及供应链网络复杂程度的提升,市场竞争愈发激烈,经营过程中的不确定性因素增多。因此智慧供应链创新将重视提升供应链的快速响应能力和弹性运作水平,向着更快速、更高效、更安全的趋势发展。一是通过建立面向客户的供应链快速运营模式,规划供应链合作伙伴关系,优化供应链结构,整合资源配置,构建快速响应的计划模式并积极应用智能技术,提升供应链的快速响应能力,实现合理规划,提升效率。二是智慧供应链通过建立模型和大数据计算来保持适当的冗余、进行产品设计和供应链流程的优化、在关键工序瓶颈点预设弹性机制、建立全纵深多层次的风险防御机构等方面来使供应链可以长期保持良好健康的运行状态(金瑞等,2021)[②]。

[①] 李金玲,李光洙.物联网背景下智慧供应链的发展与创新研究[J].新商务周刊,2017(13):187.
[②] 金瑞,朱玉梅,刘伟华.面向全场景的智慧供应链综合体系架构研究[J].物流研究,2021(1):31-40.

5. 多主体协同化创新

在智慧供应链视角下,核心企业基于企业发展战略,将供应链上的各个信息孤岛连接在一起,实现了企业间从产品开端的设计、采购、生产,一直到末端销售、服务等全过程的高效协同,从而最大化整个供应链盈余。合作伙伴联盟的形成使单个企业之间的商务往来变成有组织的系统之间的合作,从而进一步放大行业间信息共享和资源共享的程度,实现向现代化、智能化、高效化的供应链转变。

7.6.3 智慧供应链创新的三大路径

智慧供应链创新与传统供应链相比具有技术渗透性更强、可视化移动化特征更明显、协同水平更高、平台功能更强大的特点。从智慧供应链的创新路径来看,结合智慧供应链的特殊性,并根据企业智慧供应链创新突破口的不同,智慧供应链创新路径可分为智慧供应链技术创新、商业模式创新和制度创新三大路径。

1. 智慧供应链技术创新

供应链技术创新是智慧供应链创新路径的首要选择,它为商业模式创新、制度创新以及其他类型创新的发展奠定了基础。随着科学技术的不断发展,丰富的供应链技术投入到企业生产、仓储、运输等各个环节,极大地提升了企业效率。例如,利用区块链技术打造物流信息平台,去中心化且解决溯源问题(李旭东等,2020)[①];利用物联网标识技术打造智慧型供应链管理系统,满足产业链协同需求(楼高翔,2009)[②];利用大数据分析法,把繁杂的数据转换为商业智能,为消费者提供更优质的产品与服务(周才云,2019)[③]。为满足企业对构建智慧型供应链的需求,需要企业根据其资产结构、所在供应链的特点以及其对技术创新需求的平衡点,选择不同的技术创新研发战略,例如合作研发、独立研发以及综合研发。

(1) 合作研发路径。伴随着经济全球化趋势的加快和市场化竞争愈加激烈,单一企业的有限资源已无法满足当下技术创新的高水准要求,开展协同化的供应链技术创新已然是供应链企业的当务之急(楼高翔,2009)[④]。供应链核心企业与上下游成员之间达成协议,通过合作研发,实现产品监控、风险管控、日常运营等诸多方面所需技术的创新构想。供应链成员利用各自丰富的研究背景进行商业数据分析,提出指向性的供应链技术需求,与企业共同找寻改进优化的方案,合作研发相应的技术,成功地将技术供应者、技术创新者、技术使用者连接起来,达成合作研发的目的,其研发路径如图7-22所示。

(2) 独立研发路径。在当代技术外包研发不断增长的趋势下,一些依赖科学知识含量的技术密集型供应链企业却走上了另一条路,即技术的独立研发,紧跟科技发展潮流,纷纷建立起属于自己的大数据云平台,使各个环节不同部门的工作人员能够高效地进行数据信息的交互。技术独立研发路径通过企业内部的便捷沟通,可以带来更加高效的创新价值。前端销售团队负责洞察市场需求,交给产品团队设计符合市场需求的新产品并提出新产品需求;技术团队在整合现有技术的条件下开发新技术,实现

---

① 李旭东,王耀球,王芳.区块链技术在跨境物流领域的应用模式与实施路径研究[J].当代经济管理,2020,42(7):32-39.
② 楼高翔.供应链技术创新协同研究[D].上海:上海交通大学,2009.
③ 周才云.大数据分析法打造智慧供应链[J].中国自动识别技术,2019(2):56-58.
④ 楼高翔.供应链技术创新协同研究[D].上海:上海交通大学,2009.

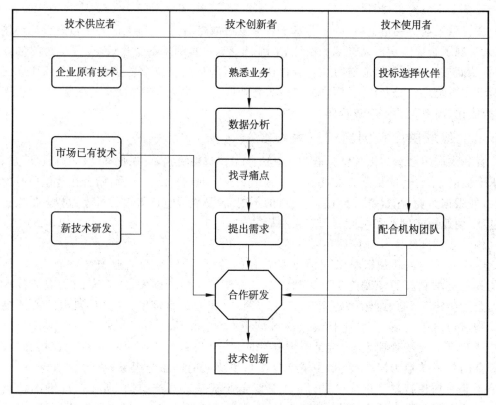

图 7-22　技术合作研发路径

新产品诞生的目标,并进一步挖掘新技术的潜力;营运团队负责将新产品落地实施,并把异常与成果告知客服团队,从而再反馈给前端销售团队。综上所述,技术独立研发路径如图 7-23 所示。

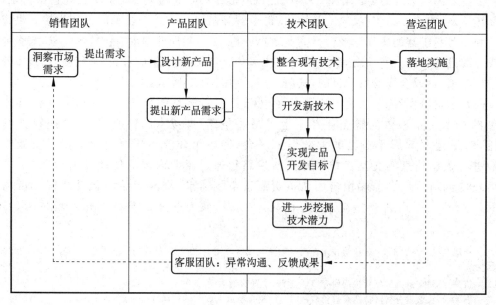

图 7-23　技术独立研发路径

（3）综合研发路径。综合研发路径是将技术合作研发与独立研发相结合，依靠市场的力量，将技术研发向供应链的上下游延伸。例如，如果某一个行业的供应链共性技术具有真空地带，在此行业中的领先企业就可以选择把其竞争力从提供领先的产品上转移到提供领先的共性技术上，从而获得更大的技术主动权。但共性技术难以在短期内产生效用，因此需要坚持较长时间的研发。并且共性技术开发依赖于企业间的合作关系，取决于企业在供应链中的地位，具有很大的风险且竞争十分激烈。技术的综合研发也可来源于其他供应链上的企业，如供应商、客户以及代理等合作伙伴，共同解决整条供应链上的痛点，以增加整体盈余。按照合作企业在供应链中位置的不同，可将技术综合研发路径分为横向合作研发和纵向合作研发，如图 7-24 所示。

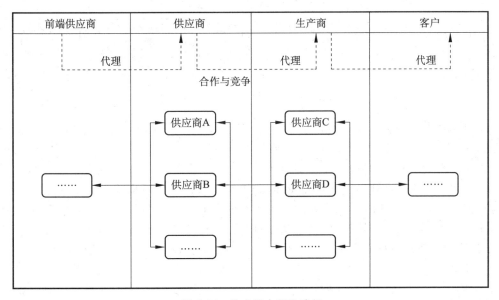

图 7-24　技术综合研发路径

案例 7-18

国家电网的智慧供应链创新应用

国家电网公司是国内最大的电工装备采购方，同时拥有最多的电工装备标准制定专家。国网电商公司以智慧供应链为切入点，建设工业互联网，实现智能制造与智慧供应链深度融合。国家电网面向电工装备智能制造全产业链服务支撑需求，建立电工装备制造云平台，提供智慧制造全产业链服务，实现全产业链的资源管控，借助人工智能、大数据分析、虚拟工厂等技术，提升电工装备制造的自动化水平，提升电工装备制造的生产效益，智能分析，节省人工成本。同时应用全业态数据集成和分析管控模型，对原材料、生产、交易、配送、交付、仓储、支付、安装、运行、检修、评价、售后及金融服务等环节信息数据进行集成分析与协同管控，形成智能制造和智慧供应链深度融合的工业互联新生态。

平台业务基于"七大中心"，即制造中心、招采中心、电商中心、物流中心、工程中心、信用中心、金融中心，串联电工装备全产业链及价值链，业务联系图如图 7-25 所示。

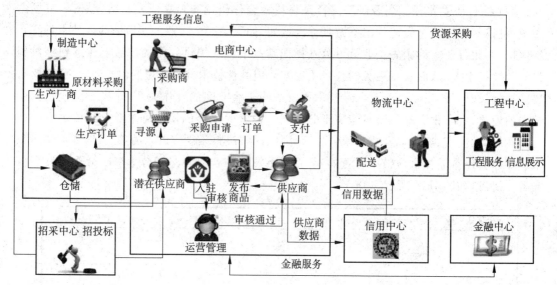

图 7-25　电工装备制造云平台业务关系图

(案例来源：石瑞杰,李闯,张宾,等.基于智慧供应链的电工装备智能制造应用研究[J].物联网技术,2020,10(6):94-97.)

2. 商业模式创新

进行智慧供应链商业模式的创新设计,需要考虑到企业实际运作中各个环节对构建智慧供应链所起的作用。实际上,商业模式主要考虑成本结构与收入来源两大方面,对企业的重要伙伴、关键业务、核心资源、价值主张、客户关系、渠道通路以及客户细分等方面进行分析,找出适合本供应链的商业模式。如今在发展创新型智慧供应链的大环境下,消费者不断对产品和服务提出新的个性化需求,企业对繁杂冗余的数据进行分析,其结果指向了多种机会与选择,衍生出新的商业模式创新路径。根据资源组织形式的不同,智慧供应链商业模式创新路径可以分为共享化路径、封闭化路径和综合化路径。

(1) 共享化路径。在新兴技术飞速发展的今天,供应链商业模式呈现共享化、扁平数字化的新特征,共享化商业模式成为管理供应链资源的先进手段。在共享化平台上,可以随时利用区块链技术进行溯源,实时追踪供应链上的各个环节。共享化商业模式致力于打造F2C 商业模式(factory to customer),从供应商直接面向消费者群体,省去了传统供应链中间代理商、经销商环节,直接把人、货、场三者串联起来。同时,O2O(online to offline)商业模式也必不可少,将线上线下资源成功对接,打造"互联网＋"信任社群。甚至还出现了B2C2B(business to customer to business)的以消费者为中心,卖方与交易平台共同为买方提供优质的服务,把供应商、生产商、经销商到消费者的整个产业链接成一体,实现产品、服务解决方案的全面升级,如图 7-26 所示。

(2) 封闭化路径。与共享化路径对应的是封闭化路径,是指在商业模式创新中企业将自身的资源或者运营方式等封闭起来进行独家创新的模式。在封闭化路径中,供应链企业可以通过封闭的资金供给与有限研发力量的结合,保证技术的保密、独享与垄断(王圆圆等,2008)[①]。例如技术密集型高科技行业、自然资源能源垄断行业等其他供应链行业,大多建

---

① 王圆圆,周明,袁泽沛.封闭式创新与开放式创新:原则比较与案例分析[J].当代经济管理,2008(11):39-42.

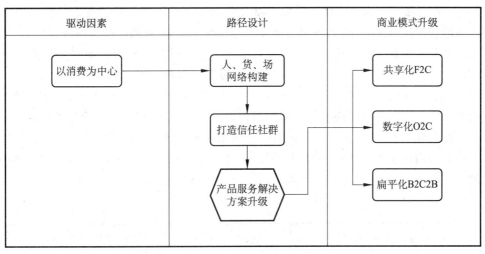

图 7-26　商业模式共享化路径

立内部的采购、销售、其他物流环节等于一体的供应链生态环境,在下一步推进智慧供应链体系建设时,打造自给自足的数字化、智能化平台。

智慧供应链选择封闭化商业模式创新路径需要有三个前提:①供应链核心企业必须有行业领域中绝对或者相对的议价权,这是进行封闭创新的基础前提;②核心企业信用在业界被消费者认可,相信其能提供可靠的产品和服务;③只有企业确定进行商业模式变革可以为其带来新的竞争优势时,才是其进行商业模式封闭化创新的最佳时期。

综上所述,该模式的创新路径如图 7-27 所示。

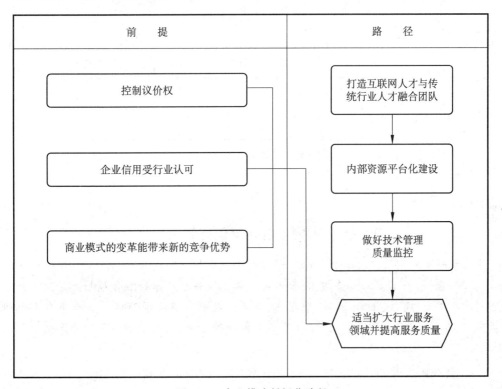

图 7-27　商业模式封闭化路径

（3）综合化路径。综合化路径是将共享化和封闭化两种商业模式相结合的一种方式，该模式集两者的优点于一体，对外商业交互实施开源共享化，对内产品实施封闭化。一些可以从闭环供应链中直接获取经济效益的企业非常适合这种综合化商业模式创新路径，例如汽车、电器、材料等供应链，企业可以对这种产品进行回收再利用。

与传统的供应链信息共享平台相比，这种综合化的闭环供应链共享化商业模式更专注于企业对其产品进行全生命周期的数据跟踪把控，对正向供应链提供运营与绩效监控服务，提高正向供应链效率，并对逆向供应链提供产品回收定价等服务。同样的，这种模式也需要建立全链条的信息采集、传输、存储、加工等云平台，使不具有利益冲突的供应链上下游企业有效地进行数据共享，便捷地对异常及错误数据进行再采集（贺超等，2018）[①]。商业模式综合化路径如图 7-28 所示。

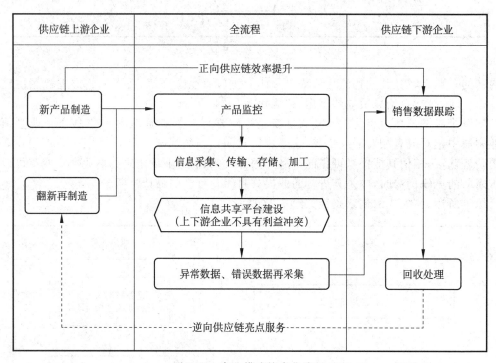

图 7-28　商业模式综合化路径

案例 7-19

陕西卡一车物流的智慧供应链服务平台

陕西卡一车物流科技有限公司（以下简称"卡一车物流"）成立于 2015 年，是一家集物流运输、装卸、仓储、加工、配送、贸易、金融以及信息化服务于一体的综合型物流企业。公司业务范围涉及煤炭、建材、化工、装备、粮油、快消品以及电商物流等领域。目前公司平台拥有加盟车辆 20 多万辆，服务客户上千家，基本形成以储运中心、公铁联运集运站车辆综合维修

---

① 贺超，庄玉良，张岩.面向"互联网＋"的闭环供应链信息共享平台及其商业模式[J].中国矿业大学学报，2018，20（1）：84-91.

中心、大型仓储物流中心、车辆零配件销售点、加油加气服务点为布局的较为完善的综合物流供应链服务保障体系。卡一车物流以供应链为基础,将大宗商品的商品销售、商品采购、运力信息、服务需求等多方面信息进行整合,打造了供应、物流、车后、金融供应链一体化服务平台。

在深刻理解大宗商品供应链金融业务场景的前提下,卡一车物流依托企业实际的交易过程,打造了全流程化的供应链金融服务系统,系统支持多种资金渠道、多样化资产生态对接,围绕核心企业,通过技术对接各方经营活动中所产生的商流、资金流、信息流的轨迹和外部数据源整合。通过建立用户多账户体系、基于电子合约的清分清算机制、在线收款支付多通道融合等,实现了供应链过程中资金支付管控,大大降低企业的资金风险,同时提高了供应链服务环节的成交率。为平台客户建立了信用保障体系,依托保障体系提供供应链金融服务,通过支付渠道降低金融风险。

(案例来源:中国物流与采购网.陕西卡一车物流智慧供应链服务平台[EB/OL].(2021-07-02). http://www.chinawuliu.com.cn/xsyj/202107/02/553521.shtml.)

3. 制度创新

在宏观层面,供应链制度涉及生产者责任延伸制度、绿色供应链制度、供应链战略联盟制度等。在微观层面,子制度包括第三方监控制度、合作规范、认证制度、反馈制度和契约等。各种宏观与微观制度相互结合,使供应链成员之间朝着一个方向努力,从而减少内部消耗,增加供应链总盈余。当下,我国相对低效粗放的供应链制度限制了供应链企业发展的潜力,因此,研究者们不得不重新审视这种模式所带来的弊端,并寻求建立创新型的制度。根据人为因素影响的大小,制度创新路径可分为随机演进路径、计划演进路径和综合演进路径。

(1)随机演进路径。随机演进是指制度变迁主要不是靠人为的有意识设计而完成的,而是随着历史过程而自然演化,具有随机性。在供应链创新中,制度的随机演进过程主要分为三个部分:①与人类社会制度的随机演进类似,供应链制度自然演进受到员工数量和劳动方式的制约,进而还受到供应链合作方式的制约。②供应链制度自然演进的动因主要是资源的稀缺性以及技术的进步,在供应商管理方面往往具有滞后性。③制度的自然演进在带来利益的同时,难免会有一些制度漏洞被供应链中的投机者利用,相应的自我修复客户管理应运而生,如图7-29所示。

(2)计划演进路径。制度的计划演进方式是指供应链上的直接主体,包括个人、企业、社会组织以及政府组织等,在制度演进所带来的潜在利润的驱动下,有意识地采取行为推动供应链制度变迁或者对制度变迁施加影响的一种制度演进方式,并且该方式受人为因素影响的程度较大。

计划演进路径从源头上把控整个供应链,把市场的自我调节机制能力用更稳固的计划管理模式进行替代。通过制定一系列的制度,可以有效把控供应商、生产商的生产活动。通过掌握并调节技术水平的高低,从而扩大整个供应链的经济效益。这种计划演进的路径通常适用于客户需求稳定的情况,如图7-30所示。

(3)综合演进路径。综合演进路径是指随机演进路径与计划演进路径相结合的一种方式,通常在某个环节或者部分采取不同的制度创新方式。①要尊重市场的自主调节机制,供应链的生产、流通、消费环节都是由市场通过价格、供求、竞争等要素实现的,市场这只无形

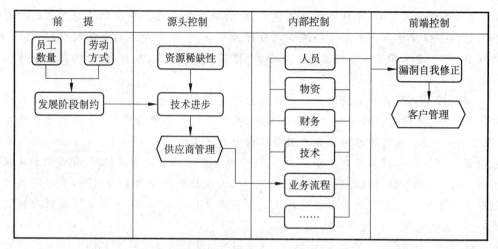

图 7-29 制度随机演进路径

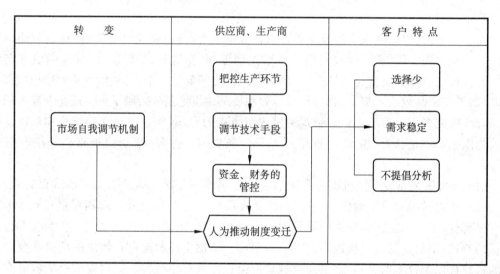

图 7-30 制度计划演进路径

的手调节了要素流动,实现了资源的合理配置(李金玲和李光洙,2017)[1]。②要发挥供应链核心企业的计划指导策略,这里的计划不再是僵硬的计划,而是对市场变化进行灵活调整的宏观调控,是一种科学的供应链管理手段。

历史进程决定了现在的发展状态,制度的初始体系一旦形成,往往会沿着既定的路径前进,逆转需要投入非常高的成本(李旭东等,2020)[2],因此制定初始供应链行动规则非常重要。若企业处在供应链的关键环节,是整个供应链的规则制定者,那么在制度设定上便具有一定的主导权,可以依照环境的不同而对采取的制度进行调整和改善。再将制度进行细化,分割为多个子制度,不同的制度适用于不同的制度演进模式,根据其特色采取不同的制度,

---

[1] 李金玲,李光洙. 物联网背景下智慧供应链的发展与创新研究[J]. 新商务周刊,2017(13):187.
[2] 李旭东,王耀球,王芳. 区块链技术在跨境物流领域的应用模式与实施路径研究[J]. 当代经济管,2020,42(7):32-39.

如图 7-31 所示。

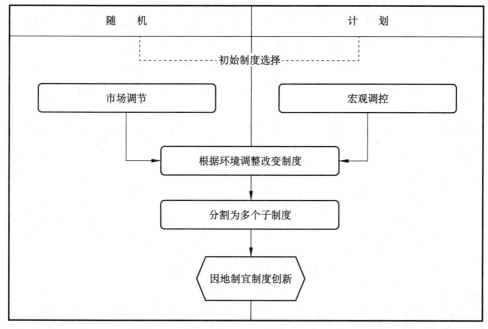

图 7-31　制度综合演进路线

案例 7-20

方向物流的信息化建设

方向物流通过云计算、边缘智能、物联网、人工智能、区块链等技术赋能物流行业，已成为中国为数不多的拥有自主知识产权和行业领先技术的公司。方向物流深知大宗商品物流行业发展的痛点和难点，大宗商品物流行业必须变革传统的运输组织管理模式，将互联网与物流行业深度融合，实现行业的转型升级发展。在国家政策的倡导支持下，方向物流通过平台打通中小企业的信息孤岛，大幅降低了行业运行成本，提升了运行效率。在降本方面，方向物流把磅室、门房、财务相关人员解放出来，统计人员减少 80%；在增效方面，物流运转效率提升 120%～130%，车辆进出厂的时间由过去的 30 分钟缩短至 10 分钟，效率大幅度提升。

具体来说，方向物流通过信息平台整合碎片化资源，实现大宗商品物流行业信息化、标准化、集约化发展，降低社会物流成本，自主研发智能设备，结合区块链、大数据、云计算、人工智能及 5G 技术，推动资源高效利用、车辆轨迹时间精准预测和企业成本精细控制，形成物流生态圈，赋能网络货运平台，构建物流命运共同体。方向物流在信息化进程方面提供解决方案，同时取得了很多可圈可点的"阶段性"成绩，解决了诸多实际问题，如方向物流自主研发多个软件产品，取消中间信息环节，为晋能集团、凯嘉集团等一年至少节省 5 000 余万元；方向云智慧物流管理系统，可为企业降本增效"堵漏洞"，已经在晋神集团旗下的磁窑沟煤矿及其附属洗煤厂落地运营，提供了全流程的派车、过磅、现场管理、物流、存储的数字科技解决方案，并通过应用大量专利技术，包括筒仓自动控制放煤技术、车辆多式联网识别技术、人脸识别等技术,实现了全自动化无人值守的愿景,成功降低了煤矿企业的管理成本,大大提高了物流效率。

平台为大宗商品物流企业所打造的智慧物流管理系统解决方案,采用创新管理模式,通过移动端和企业物流管理系统相关联,将厂外任务分配、车辆运输监控、货物监控以及运费结算的管理,与厂内七大管理模块相互协同,形成商流、物流、数据流、资金流、票据流的五重闭环管理,帮助大宗商品企业管理实现了数据化、信息化、智能化、电子化,为企业提供了完整的智慧物流信息化解决方案。

(案例来源:中国物流与采购网.方向物流信息化建设案例[EB/OL].(2021-05-06). http://www.chinawuliu.com.cn/xsyj/202105/06/548037.shtml.)

4. 三大创新路径的比较

从上述供应链创新路径设计方式来看,技术研发路径、商业模式创新路径、制度演进创新路径的构成各不相同,并且各具特点,表 7-11~表 7-13 对比了三种创新路径的特点和构成,并给出具体的案例参考。

表 7-11 三种技术创新路径的比较

技术创新路径	特 点	构 成	案 例
合作研发路径	① 资源共享; ② 优势互补; ③ 风险共担; ④ 利润共享	打造技术供应者、技术创新者、技术使用者交互网络	供应链企业与研发机构、高校研发团队合作研发,如比赛及项目等
独立研发路径	① 专业; ② 高效; ③ 垄断; ④ 投入高	技术密集型供应链企业打造研发团队,服务于供应链大网络	顺丰科技、华为科技等
综合研发路径	① 针对性强; ② 时间长; ③ 具有滞后性	供应链中上下游的技术领先企业进行共性技术开发	平台型企业所在供应链、无人超市等

表 7-12 三种商业模式创新路径的比较

商业模式创新路径	特 点	构 成	案 例
共享化路径	① 资源节约型; ② 成本低; ③ 以消费者为中心	供应商、生产商、经销商到消费者一体化联结,资源需求方与供给方互利互惠	货拉拉、共享单车、新零售行业等
封闭化路径	① 垄断; ② 技术或资源为主导; ③ 用户黏性强	搭建企业内部采购、销售、其他物流环节等于一体的供应链生态环境	高科技行业供应链、自然资源能源垄断行业等
综合化路径	① 自主与控制相结合; ② 正向与逆向相结合	以产品为主体,联结其闭环式生命周期供应链网络	汽车、电器等可回收材料所在供应链

表 7-13　三种制度创新路径的比较

制度创新路径	特　点	构　成	案　例
随机演进路径	① 适用于初期； ② 资源制约； ③ 滞后性	供应链源头、内部、前端的资源、技术、管理方式等发现问题自我修正的过程	早期社会政府企业、传统型供应链企业
计划演进路径	① 针对性强； ② 效果显著； ③ 个性化弱	把控供应商、生产商的生产活动,掌握并调节技术水平的高低,客户少量参与	垄断行业计划生产模式、行业内遏制不良竞争而达成协议的手段
综合演进路径	① 优劣平衡； ② 因地制宜	随机演进与计划演进相结合	供应链中关键话语权节点企业

本章小结

本章主要介绍了供应链服务及其相关概念,服务型企业承接工贸企业非核心业务外包,并对其供应链的商流、物流、信息流和资金流进行整合和优化,从而形成一种以共享、开放、协同为特征,以平台化为手段的创新性一体化商业服务。

供应链服务发展的驱动因素是顾客需求的变化。供应链服务的利润来源归纳为服务、管理以及结合三个方面。当前供应链服务的主要特征包括：①以商业平台形式集聚众多跨界的经营主体,为其提供一体化供应链协同服务；②"四流合一"的供应链综合服务；③重视信息技术在供应链服务中的应用；④通过增值服务获得利润增值；⑤强调"类金融"服务；⑥依托保税物流基地延伸服务。

根据发源的主体企业类型和发展轨迹的不同,目前可供应链服务主要呈现以下五种模式：欧美增值经销商型供应链服务模式、欧美第三方物流型供应链服务模式、日韩综合商社供应链服务模式、香港利丰供应链服务模式、深圳供应链服务模式。

供应链金融作为供应链服务发展的新趋势,它与物流金融在服务对象等方面都存在一定差异。国内企业在实践中主要涉及的供应链金融模式有应收账款融资、库存融资、预付款融资以及战略关系融资四种。前三种是传统的供应链金融模式,有相对成熟的体系,而战略关系融资是新形势下出现的新型供应链金融模式,有广阔的发展前景。随着全球供应链迈向智慧供应链阶段,智慧供应链金融的概念产生并快速发展,相比传统供应链金融,其具有技术渗透性高、数据驱动性强、面向供应链运作全过程的特点,拥有物流服务型、应收型、预付型三类典型服务模式,并在指标体系和运行机制上体现出巨大变革。

随着物联网、移动互联网、大数据、云计算、人工智能等颠覆性技术的广泛应用,资源共享型的供应链平台应运而生,通过多边企业合作和资源灵活组合来为供应链创造价值。在此背景下,当前供应链平台服务的创新内容主要体现在面向个性化商品快速流通的服务创新、面向智慧供应链金融的服务创新以及基于平台的综合供应链服务创新三个方面。

从发展趋势上来看,一是我国制造业会持续向供应链服务靠拢；二是供应链服务企业开始纷纷打造"生态圈",以保证企业的持续发展；三是供应链金融在政策引导和市场支持下将成为供应链服务发展的热门领域。

同时,智慧供应链成为当前供应链发展的主题,智慧供应链服务创新具有时代赋予的独特性。智慧供应链创新具有以平台为创新主战场、重视客户个性化需求、面对繁杂冗余的数据冲击、快速响应和弹性运作、多主体协同化创新的主要特征,并可分为智慧供应链技术创新、商业模式创新和制度创新三大路径。

关键概念

供应链服务　供应链管理　"四流合一"　供应链金融　物流金融　智慧供应链

思考题

1. 如何理解供应链服务的概念?
2. 供应链服务发展的一般过程是什么?
3. 供应链服务的五种经典模式的区别在哪儿?
4. 辨析供应链金融和物流金融的联系及区别。
5. 供应链服务发展的趋势是什么?
6. 智慧供应链有哪些方面的变革?

课堂讨论题

1. 供应链服务与传统的物流服务的本质区别是什么?
2. 智慧供应链服务与传统供应链服务的区别体现在哪些方面?

第 7 章扩展阅读

案例分析

上海爱姆意公司制造业全产业链工业互联网平台

一、企业基本情况

上海爱姆意机电设备连锁有限公司是国企上海市机电设备总公司转制而来的混合所有制企业,由上海物贸股份、沈阳机床股份、瓦轴股份等上市公司和上海机床厂、北京第一机床厂等国内著名工业企业共同出资组建的有限责任公司,公司成立于 1998 年 10 月,现为多元化的投资控股集团公司,旗下投资产业包括工业品供应链服务、工业品集成、电商物流、信息技术、拍卖等产业,拥有爱姆意云商、上海国拍、鼎宏网络科技等多家子公司。公司投资经营机电产品销售、拍卖、物流等行业,于 2012 年在全国物资系统首家推出"爱姆意在线"电商平台,是一个专注于工业互联网第三方服务平台,拥有强大的持续研发能力、资本投入能力、市场融合能力、制度创新能力,为工业制造企业及其延伸服务企业、代理商提供一站式综合工业互联网服务,为客户提供定制化产品分销、采购数字化系统解决方案,2018 年 4 月,爱姆意云商获得进博会"6 天+365 天"常年展示交易平台授牌,成为 30 家获牌平台中唯一为制造业提供全品类展示、交易、服务的互联网平台。

二、平台服务的主要内容

爱姆意的制造业全产业链工业互联网平台以市场需求为中心,整合了产业链上下游,打破了原有的经销模式,实现传统产业与创新平台的高效组合,将原有分布在各个环节的产品库存信息实现实时共享,并在整个流通过程中动态可追溯,打造新型工业化下制造业物流管理创新。

具体说来,平台为制造厂商提供标准的数据交换和系统对接服务,制造商通过爱姆意全产业链互联网平台可以对上游产品供货商直接下达采购计划和订单,监控货物交付情况,最低限度地控制在库库存,使社会生产能力得到合理应用,使事务性的人力成本降到最低;对下游代理商分销商,可及时了解销售情况及库存情况,且可在电子商务平台上无地域边界地拓宽销售渠道。平台帮助制造企业提升效率、降低成本,优化资源的配置利用率,为制造产业从大而全向高精研发转型提供助力,进一步提高国内制造业的国际竞争力。

1. 供需有效对接

一方面,企业为了保证生产的连续与持续性,确保生产供应稳定,希望拥有充足的库存;另一方面,为了追求尽可能大的利润空间,希望尽可能快的资金流动,不希望有任何形式的库存。如何在两者中找到一个平衡点至关重要,互联网化背景下的供应与需求对接使其成为现实。

通过全产业链工业互联网平台,产品供应方与需求方能直接找到对方,在数据足够大的情况下,选择余地大,可以在一个更开放和更为充分竞争的环境下获取更好的产品和服务,并且库存资源实时透明,制造厂商可以实现在不影响生产的前提下、尽可能少的备库存,利用电子商务平台的信息共享优势,提高操作效率。

2. 实现社会库存产品资源共享

为产品制造商提供了快速进入市场的渠道,提供高效、便捷、低成本、低风险、高可控性的商务模式,使制造商具备对库存产品资源的集中管理、合理配备和对物权的绝对控制和调度的能力和手段;具备了对产品的价格在应对市场变化而拥有统一有效的调控手段和能力;具备了借助互联网的应用而建立起具有无限扩展前景的产品分销体系的条件;实现了社会库存产品资源的共享。

3. 实现零库存管控模式

(1) 为行业内的分销商、经销商提供了高效、低成本、低风险的销售商务模式;实现分销商零库存,避免了库存积压或沉淀而造成的损失;实现了对庞大的社会库存产品资源的享用。

(2) 供应商库存服务。大多制造企业备件品种多、采购批量小、消耗低且无规律,大部分备件通过市场上众多零售商采购,造成备件质量无法保证,严重影响企业的正常生产。

通过平台认证的集成服务商提供的供应商库存服务能够帮助客户实现真正的JIT库存管理,提高供货速度,减少缺货发生,降低企业的库存。

4. 实现制造商系统与平台的对接

提供第三方平台与制造企业ERP系统的无缝对接,实现信息实时传输和共享,提高自动化操作效率,深化制造企业的信息化应用。

5. 实现第三方物流商进入平台服务

通过集聚区域性的制造商入驻平台,带动区域范围内的集成服务商及物流商提供定向的仓储物流服务,直接对接用户与物流商,使社会物流资源得到最大化利用。

6. 物流过程全程可视化

用户可登录平台查看订单配送情况,对于订单执行进度更有掌控感,实现线下服务与线上展示的O2O融合,打破传统工业品流通行业物流信息闭塞、流程不透明的现状,实现物流过程全程可视化。

(案例来源:中国物流与采购联合会,中国物流学会.物流行业管理现代化创新案例报告(2015—2016)[M].北京:中国财富出版社,2016;爱姆意云商官网,http://www.shmec.com/home/aboutUs,2022-01-19.)

思考题:

1. 上海爱姆意公司制造业全产业链工业互联网平台是否属于供应链服务的范畴?请说明理由。
2. 爱姆意的服务模式与供应链服务的五种经典服务模式有何异同?
3. 你认为爱姆意互联网平台未来的发展方向是什么?

参考文献

[1] 郭倩."互联网+"下传统物流企业战略转型研究[J].合作经济与科技,2020(8):146-147.

[2] 贺登才,刘伟华,周志成.物流行业企业管理现代化创新成果报告(2012—2013)[M].北京:中国财富出版社,2013.

[3] 贺登才,刘伟华,周志成.物流行业管理现代化创新案例报告(2015—2016)[M].北京:中国财富出版社,2016.

[4] 胡皓琼.精益管理 数字互联[N].中国水运报,2021-10-29(007).

[5] 喜崇彬.一汽大众佛山工厂的智慧物流系统[J].物流技术与应用,2020,25(10):108-112.

[6] 李薇,黄晖.马士基"多轮驱动"打造综合物流服务商[N].中国水运报,2021-07-09(007).

[7] 国家发展和改革委员会经贸司,中国物流与采购联合会.物流业制造业深度融合创新发展典型案例(2021)[M].北京:中国财富出版社,2021.

[8] ALLEN S, CHANDRASHEKAR A. Outsourcing services: the contract is just the beginning[J]. Business Horizons,2000,43(2):25-25.

[9] AKKERMANS H, VOS B. Amplification in service supply chains: An exploratory case study from the telecom industry[J]. Production and operations management,2003,12(2):204-223.

[10] ELLRAM L M, TATE W L, BILLINGTON C. Understanding and managing the services supply chain[J]. Journal of supply chain management,2004,40(3):17-32.

[11] 傅烨.供应链与服务链管理比较研究[J].物流技术,2005(2):70-72.

[12] 葛基中,刘伟华.夹缝中生存:打造利润之舟[M].上海:百花出版社,2008.

[13] 侯亚男.物流信息平台生态化发展策略研究[D].长安:长安大学,2019.

[14] 姜志敏.O2O时代之药店"变型记"[J].中国药店,2021(1):97-99.

[15] 王慧敏,何明珂,张晓东.全国制造业与物流业联动发展示范案例精编[M].北京:中国物资出版社,2011.

[16] 徐秋杭.集团型企业物流资源整合研究[J].安徽工业大学学报(社会科学版),2015,32(3):32-34.

[17] 吴勇毅.家电C2M赛道竞争白热化 群雄逐鹿C2M[J].现代家电,2020(3):48-50.

[18] 景峻,冯林,宋晓丽.基于产业生态平台的供应链金融模式研究:理论分析与案例实证[J].金融发展研究,2021(2):80-87.

[19] HUANG C, CHAN F T S, CHUNG S H. Recent contributions to supply chain finance: towards a theoretical and practical research agenda[J]. International Journal of Production Research,2022,60(2):493-516.

[20] 刘宗沅,骆温平,张梦莹,等.电商物流平台生态合作价值创造路径与实现框架——以菜鸟网络为例[J].管理案例研究与评论,2021,14(1):79-90.

[21] 舒辉,胡毅.农业物流生态圈协同发展机制及路径——基于江西淘鑫的单案例分析[J].南开管理评论,2021,24(4):16-28.

[22] 庞彪.日日顺:以场景物流引领数字化转型[J].中国物流与采购,2021(9):18-19.

[23] 石瑞杰,李闯,张宾,等.基于智慧供应链的电工装备智能制造应用研究[J].物联网技术,2020,10(6):94-97.